De P

Voor Diana en Paul

De Portugese keuken

Edite Vieira

GrubSerie

SCHUYT & CO UITGEVERS

Oorspronkelijke titel: *The Taste of Portugal*
Oorspronkelijke uitgever: Grub Street, Londen 2000

Nederlandstalige uitgave: Schuyt & Co Uitgevers bv, Haarlem 2002
e-mail: info@schuytco.nl

Vertaling: Jacques Meerman
Redactie: Thijs Bartels
Vormgeving: Studio Jan de Boer bNO - Roald Triebels, Amsterdam
Opmaak: Roland van Helden bNO, Amstelveen
Drukker: Krips b.v., Meppel

De kaart met de wijnregio's werd met toestemming van de ICEP (Organisatie voor Portugese handel en toerisme) overgenomen.

ISBN 90 6097 603 7
NUR 442

INHOUD

VOORWOORD

Zoals de auteur van dit uitstekende en veelomvattende boek over de traditionele Portugese keuken aan het begin al zegt, zijn er niet veel boeken over dit onderwerp en nog minder met de vereiste kwaliteit. Deze uitgave is daarmee op zichzelf al gerechtvaardigd, des te meer omdat de Portugese kookkunst hoog in aanzien staat vanwege haar variatie, rijkdom en opvallende karakter te midden van de andere keukens waarop de westerse wereld zich beroemt.

Eten is niet in alle landen even belangrijk, maar voor de Portugezen is het een hoofdzaak, niet alleen het eten zelf maar ook de kwaliteit ervan en de discussie erover. Deze liefde voor een van de grote genoegens van het leven is geen schande. De grote Franse filosoof Michel de Montaigne zei ooit dat 'de kunst van het eten geen geringe kunst en het genot geen gering genot' is. Geen enkele Portugees zal het met de auteur van de beroemde *Essays* oneens zijn.

Goed eten draagt bij tot een beter en gelukkiger leven. Niemand (en zeker geen Portugees) ziet de wereld *voor* en *na* een goede maaltijd in hetzelfde licht. Daarin verschillen we waarschijnlijk niet erg van andere volkeren. Aldous Huxley, wiens werk in Portugal op grote schaal vertaald is en gelezen wordt, schreef ooit dat 'iemand vóór het middagmaal een pessimistische determinist en erna een optimistische aanhanger van de vrije wil kan zijn'.

In andere maar niet minder treffende bewoordingen zei de grote gourmet en expert Brillat-Savarin dat de ontdekking van een nieuw gerecht meer bijdraagt tot het geluk van de mensheid dan de ontdekking van een ster. Ik heb mevrouw Vieira's leerzame boek met heel veel genoegen gelezen en weet zeker dat haar nuttige en levendige bijdrage aan de kennis over de Portugese kookkunst het geluk van de mensheid niet weinig zal bevorderen – zeker dat van haar niet-Portugese lezers.

João Hall-Themido
voormalig Portugees ambassadeur in Groot-Brittannië

Voorwoord van de auteur

Toen de Engelse uitgave van dit boek in 1988 voor het eerst verscheen, moest de term 'mediterraan voedingspatroon' nog worden uitgevonden en leidde het koken met veel knoflook, olijfolie, wijn, korianderblad en – lieve hemel! – gezouten kabeljauw nog wel eens tot fronsende blikken. De ingrediënten waren natuurlijk ook toen al te koop, maar je moest er in winkels van buitenlanders naar zoeken. Die fase ligt gelukkig achter ons: al die smaken zijn ook buiten Portugal ingeburgerd geraakt.

In die tijd was ik erg bezorgd over de gevolgen van chemicaliën voor de landbouw en allerlei EU-wetten die een bedreiging leken voor zowel het bestaan van kleine boerenbedrijfjes als de grote variëteit aan traditionele producten zoals schapen- en geitenkazen, die in Portugal en elders een grote zegen zijn. Ik ben bijzonder blij dat die dreiging is afgewend dankzij de dappere mensen die zich ervoor blijven inzetten. Het is heerlijk om te zien hoe men terugkeert naar organische methoden en boerenmarkten, en tegenwoordig worden producten als kaas, wijn en olijfolie ontwikkeld als nooit tevoren.

Ik geef in dit boek enige achtergrondinformatie over Portugal (enkele gebruiken, wat gegevens over de geschiedenis, enzovoorts) om mijn onderwerp te omkaderen en beter te belichten. De lezer krijgt daarmee enig idee over de context waarin de gerechten tot stand zijn gekomen. Daarom hoop ik dat dit boek plezierige lectuur zal blijken, ook als u niet onmiddellijk naar de keuken stormt om Portugees te gaan koken.

Tot voor kort dacht ik dat het lezen van kookboeken mijn eigen gekte was, maar ik heb ontdekt dat veel mensen ze zelfs meenemen naar bed. Ik hoop echter dat dit boek geen slaappil zal blijken maar een handleiding voor de keuken.

Als ik Portugese gerechten klaarmaak, ben ik vooral ook *matando saudades* naar de Portugese keuken. Mensen die Portugees verstaan, weten dat *saudade* zoiets als 'heimwee' betekent, maar niet helemaal hetzelfde en moeilijk te omschrijven is. Portugezen hebben het altijd over *saudade.* Ze bedoelen ermee dat ze iets of iemand wanhopig missen. Om die pijn weg te nemen moeten ze *matar saudades* (*matar* betekent 'doden') door de juiste handelingen te verrichten. In dit geval: koken.

Toen mijn kinderen nog klein waren (vlak nadat we in Londen waren gaan wonen), keken ze altijd gretig naar de maaltijden uit. Ik werkte een tijdlang niet en had veel tijd voor hen. Ze vonden mijn gerechten heerlijk en zeiden een keer in hun onschuld dat zelfs bij de Engelse koningin van Engeland niet zulke lekkere dingen op tafel kwamen als bij ons. Het is nog steeds een genoegen om dingen voor hen klaar te maken als *caldo verde* (groene soep), *fatias douradas* (gouden plakken), rijstpudding en andere gewone maar heerlijke en typisch Portugese gerechten. En elke keer als ze op bezoek komen, willen ze dat ik een van 'mijn soepen' klaarmaak.

Het voedsel waarmee ik opgroeide, sprak voor mij vanzelf. Pas toen ik uit

Portugal vertrok (ik ben eerst in Afrika, toen in Spanje en ten slotte in Groot-Brittannië gaan wonen), drong tot mij door hoe heerlijk de maaltijden uit mijn jeugd waren geweest en hoeveel zorg en moeite mijn moeder elke dag spendeerde aan de maaltijden die ze ons voorzette. Vooral naar Kerstmis keek ik als kind altijd smachtend uit, al was het alleen maar vanwege de verrukkelijk gefrituurde flappen (*azevias*) die ze vulde met een compote van zoete aardappel en kaneel – mijn lievelingsvulling. Ze zijn voor mij nog steeds uniek en helaas voorgoed verdwenen, want ik denk niet dat ik ooit nog eens zulke lekkere flappen met zoete aardappel zal proeven.

Mijn moeder was ook bijzonder bedreven in het maken van soep en stoofgerechten. Portugezen houden erg van gestoofde dingen, en in dit boek vindt u heerlijke gerechten met vis, lamsvlees, rundvlees, kip en bijna al het andere. De basis van een stoofgerecht is de *refogado*, die ik op blz. 26 uitleg, en die is zelfs als zodanig al lekker, vooral met een stuk zelfgebakken brood.

Ik heb de afgelopen jaren heel wat tussen Londen en Lissabon 'geforensd' en vind het fascinerend om te zien hoe de Portugese culinaire gewoonten zich ontwikkelen. De mensen staan tegenwoordig veel meer open voor de internationale keuken, maar zijn zich tegelijkertijd steeds sterker bewust van de authentieke gerechten die in veel restaurants nog steeds te vinden zijn, vooral op het platteland.

Veel fundamentele Portugese gerechten gebruiken eerlijke ingrediënten en zijn even simpel als gezond. Er bestaan zoveel nationale en regionale specialiteiten (die op geen stukken na allemaal in restaurants te krijgen zijn) dat ik me in dit ene boek noodgedwongen tot een klein deel heb moeten beperken: ik heb de populairste en representatiefste voor u uitgezocht. Aan sommige moet u misschien wennen, maar ik weet zeker dat u avontuurlijk genoeg bent om ze te proberen. En als u zit te eten, vergeet dan niet om net als de Portugezen aan anderen te vragen: '*É servido?*' ('wilt u ook iets?'), waarop ze antwoorden: '*Não obrigado, bom proveito*' ('nee, dank u; eet smakelijk'). Dat geldt hopelijk ook voor u.

EEN
Inleiding

De smaak van het land

Portugal is maar 560 kilometer lang en 210 kilometer breed maar heeft desondanks een heel opmerkelijke verscheidenheid aan klimaten, landschappen, mensen, gerechten, ambachten, enzovoorts.

De grote verschillen tussen de mensen zijn te danken aan de versmelting van talloze rassen. Sommige Portugezen zijn lang en blond en hebben soms blauwe ogen; anderen zijn klein en gedrongen met een bijna olijfkleurige huid, donkere ogen en donker haar. Dat is de nalatenschap van de vele veroveraars en kolonisten (Grieken, Feniciërs, Carthagers, Iberiërs, Kelten, Zwaben en Noord-Afrikaanse islamieten) in dit gebied, dat in 1143 na Christus een natie werd.

Portugal geldt meestal als een mediterraan land en heeft ook enkele eigenschappen daarvan, maar vertoont toch ook duidelijke verschillen. Het land concentreert zich op de Atlantische Oceaan en keert Europa als het ware de rug toe. Daaraan is natuurlijk te danken dat de Portugezen al in de vijftiende eeuw aan hun grote avontuur van ontdekkingsreizen en koloniale expansie begonnen. Prins Hendrik de Zeevaarder omringde zich toen met zeelieden en geleerden en bereidde de expedities voor naar gebieden die alleen uit fantastische verhalen en legenden bekend waren. Dat was het begin van een rijk dat vijfhonderd jaar standhield. De Portugese taal raakte daardoor over de hele wereld verspreid: het is nog steeds een van de meest gesproken talen ter wereld en de officiële taal van zeven verschillende landen.

Portugal valt grofweg in twee grote, heel verschillende streken uiteen: het deel ten noorden van de Taag (beheerst door hoogvlaktes en het centrale gebergte) en dat ten zuiden ervan, dat uit laagland bestaat, behalve waar de vlakte van de Alentejo plaatsmaakt voor de Algarve. Tussen de kust en de provincies in het binnenland bestaat een soortgelijk verschil: na de kustvlakten, waar veel zandstranden liggen, stijgt de grond naar het binnenland steeds verder, vooral in het noorden. Dankzij die kenmerken, maar ook dankzij de heersende winden en de invloed van de Golfstroom, heeft Portugal een gematigd klimaat, zij het dat het noorden natter en koeler is. Het klimaat is daar Atlantisch, terwijl ten zuiden van de Taag een mediterraan klimaat heerst met minder regen en veel hogere zomertemperaturen.

Ongeveer een kwart van de werkende bevolking wijdt zich op bijna de helft van de grond aan de landbouw, maar de productie blijft ver achter bij de behoeften. De belangrijkste landbouwproducten zijn tarwe, maïs, rijst, aardappels, wijn en olijfolie.

In de vruchtbare en schilderachtige provincies Minho en Douro Litoral is elke vierkante centimeter bebouwd of met bos bedekt. Deze streek is dicht bevolkt met levendige, hard werkende mensen die talloze godsdienstige feesten hebben. Er zijn daar veel gerechten ontstaan die later door het hele land zijn overgenomen. De belangrijkste stad is het trotse Oporto – de *Invicta* ('onoverwinnelijke') – waar enige wrok heerst over alle aandacht die naar Lissabon, de hoofdstad, uitgaat. De streek wemelt van de oude, nog steeds bewoonde of tot restaurants omgebouwde paleizen en herenhuizen, die er met hun simpele, witte gevels, waarin de deuren en ramen granietblokken lijken, een waardige en elegante sfeer scheppen.

In het noordoosten liggen de afgelegenste en dunst bevolkte provincies (Trás-os-Montes en de twee Beiras). Het ruige, spectaculaire en strenge landschap wordt kleurrijker in het diepe Dourodal, dat dwars door de streek heen loopt en opkijkt naar de wijnstokken die de druiven voor port leveren en op bijna ontoegankelijke terrassen staan. De streek is een en al soberheid en traditie, wat nog opvallender wordt door de warmte van de bewoners.

De provincie Beira Litoral met de oude, romantische stad Coimbra als middelpunt staat bekend om haar mousserende wijnen, kuuroorden, speenvarkentjes en prachtige stranden. Het hart van het land is daarentegen het domein van glooiende heuvels en enorme vlaktes (de provincies Ribatejo en Alentejo), waar een intens plattelandsleven plaatsvindt. Er worden volbloedpaarden en vechtstieren gefokt en de kurkeiken en het tarwe geven het landschap gele en okeren tinten.

De provincie Estremadura en het majesteitelijke schiereiland van Setúbal zijn drukke streken waar men aan de vraag van de hoofdstad probeert te voldoen. Net als Rome ligt Lissabon op zeven heuvels. De enorme haven in het estuarium van de Taag werkte ooit als magneet op alle Europese kooplieden en is nog steeds een belangrijke aanloophaven, net als zes eeuwen lang onder de Romeinen, toen de stad Olissipum Felicitas Julia heette.

In het zuiden ligt de Algarve, die wereldberoemd is om haar glorieuze stranden. Minder beroemd zijn helaas de belangrijke natuurreservaten en mooie dorpen in het binnenland. De streek kent vrijwel geen winters en is een paradijs vol vijgen, amandelen, sinaasappels en veel ander fruit. De Algarve is veel toeristischer dan enige andere provincie, behalve misschien Madeira.

Ook de archipels Madeira en de Azoren horen bij Portugal, maar hebben een zekere autonomie. Ze zijn terecht 'juwelen in zee' genoemd. Hun springlevende tradities, gerechten, ambachten en godsdienstige feesten zijn diep geworteld en worden met liefde en toewijding in stand gehouden. Op Madeira (populair bij de Engelsen en ooit vaak het doel van Churchills schilderreizen) wordt de landbouw hoogst serieus genomen op door mensenhand aangelegde, nauwelijks bereikbare terrassen. Ze worden bevloeid met een ingenieus systeem van *levadas*, dat het hele eiland omspant. Hier worden tropische bloemen, bananen, zoete aardappels, passievruchten, vele andere fruitsoorten, suikerriet en maïs verbouwd, nog afgezien van de wijnstokken voor madera, het waardevolste product van het eiland.

De nog afgelegener en eveneens ongelooflijk mooie Azoren zijn een waar vogel- en bloemenparadijs. Elke akker en weg is met blauwe of witte wilde hydrangea's en dieproze azalea's afgezet en in oude kraters liggen blauwgroene meren. Ook hier is de landbouw van belang, zoals de teelt van geurige ananassen, de grote en goed onderhouden organische theeplantage Gorreana en de kleine maar serieus opgevatte wijnproductie. Dankzij de overvloed aan weidegrond zijn er uitmuntende kazen; elk eiland heeft zijn eigen specialiteiten. De beroemdste is de *queijo da ilha* ('eilandkaas'), een soort cheddar die op São Jorge in grote hoeveelheden gemaakt wordt.

Eten en traditie

Wat is een nationaal gerecht? Hoe definiëren we een authentieke streekspecialiteit? Fialho de Almeida formuleerde in zijn *Os gatos* (1893) onomwonden wat hij vond: 'Dat is een culinaire schepping die niet graag in boeken wordt vastgelegd. Een van de kenmerken is dat zo'n gerecht zich niet laat vastleggen in hoeveelheden ingrediënten, kooktijden en de snelle of trage inwerking van kou, hitte, water, ijs, het gebruik van een zeef, een groentemolen, een mes of een lepel... Net als een nationale legende is een nationaal gerecht het product van een collectief genie; geen enkel individu heeft het uitgevonden – het is de uitvinding van iedereen. Als je geboren wordt, vraag je er al huilend om, en als je ver buiten je land reist, is het je eerste herinnering – eerder dan die aan je vader en moeder.'

Na zo welsprekend te hebben uitgelegd wat hij als een authentiek gerecht beschouwde, beklaagde hij zich bitter over normvervaging: 'De kunst van het koken en eten is bij ons in verval zoals tegenwoordig ook al het andere. Er is een gebrek aan samenhang in de smaak van de mensen en dat is ook de schuld van hersenloze vernieuwers voor wie onze nationale tradities nooit het peil van een oninteressant Engels of Frans ratjetoe bereiken... U vindt hopelijk net als ik dat deze kwestie een patriottische kruistocht verdient om de vroeger zo hoge normen in dit land in ere te herstellen. Als de mensen hun nationale keuken verdedigen, verdedigen ze tegelijk hun land. Gewapende invasies beginnen in de keuken.'

Fialho de Almeida verklaarde ook met de grootste nadruk: '...de Portugese keuken is zonder een zweem van twijfel de verfijndste, sensueelste en verrukkelijkste ter wereld... We spreken de waarheid als we zeggen dat we uitstekende leermeesters hebben gehad en bijvoorbeeld van de Arabieren het stoofgerecht en de kunst van het bakken hebben geleerd, en dat is heel wat. En onze ontdekkingsreizen betekenden meer dan alleen een uitlaatklep voor de vechtlust en slechte gewoonten van lawaaierige edelen die in de hoofdstad failliet gingen. We verwierven er – dankzij de specerijen uit de Oriënt, de pittige hapjes uit Brazilië en de kunst van het gebruik van suiker bij zoetekauwende volkeren zoals Turken, Indiërs, Noord-Afrikaanse moren – culinaire vaardigheden, ingrediënten, lekkernijen en recepten mee waarmee onze gastronomie op het hoogste niveau kwam. Geen ander land heeft zo veel nationale gerechten.'

Op iets andere toon eist ook de klassieke schrijver Almeida Carrett (1799-1854) in zijn *Inleiding tot de pelgrim* trouw aan de traditie: 'Laten we onszelf blijven; laten we zelf blijven kijken en onszelf kopiëren – en de navolging van de Grieken, Romeinen en wie al niet vergeten.' En: 'Ik heb meer vertrouwen in de volkstradities dan in alle boeken van kroniekschrijvers, archeologen of commentatoren samen' (*De boog van Sint-Anna*).

Dat waren in die tijd de gevoelens van veel patriotten tegenover het binnendringen van buitenlandse (vooral Franse) gewoonten en gebruiken in Portugal. Ze hadden zich echter geen zorgen hoeven maken. Een eeuw later is onze traditie nog springlevend, vooral op culinair gebied.

De rijkdom van een gastronomisch erfgoed is misschien geen goede maatstaf voor de hele cultuur van een land, maar is wel een belangrijk aspect ervan. Eten is inderdaad een basisbehoefte, maar goed eten is een kunst. Iemand heeft een keer gezegd dat mensen zonder belangstelling voor eten – of liever gezegd: zonder veel waardering voor echt goed eten – ook op andere gebieden ongevoelig zijn. Het zou me niet verbazen als dat waar was.

Portugal is al sinds 1143 (meer dan 850 jaar geleden) een afzonderlijk land, dat in 1267 als eerste Europese land zijn grenzen vastlegde. We mogen er dus een rijk erfgoed aan culinaire schatten en vaardigheden verwachten, en ondanks zijn kleine omvang heeft het land inderdaad een verfrissend veelzijdige keuken.

Veel gedrukte bronnen en manuscripten over de traditionele Portugese keuken gingen verloren toen Lissabon in 1755 een zware aardbeving beleefde. De stad werd vrijwel verwoest. Meer dan 15.000 mensen kwamen om, en bij die verwoesting verdwenen veel boeken voorgoed. Het is dus bijzonder plezierig dat nog maar een paar jaar geleden in de Nationale Bibliotheek van Napels Portugese documenten uit de zestiende eeuw met middeleeuwse recepten werden aangetroffen. Toen de Portugese prinses Maria (1538-1577) in 1565 trouwde met de hertog van Parma, nam ze haar persoonlijke bibliotheek mee naar Italië, en die bevatte aantekenboeken met recepten en nuttige adviezen voor het huishouden. Dit materiaal is nu in modern Portugees herschreven (met respect voor de kleurigheid van de archaïsche beschrijvingen), en het is duidelijk dat minstens een deel van de recepten toen al was overgeleverd. Ze zijn dus nog ouder en voor een historicus des te fascinerender. Wat ons betreft bevestigen ze de stokoude wortels van veel traditioneel-Portugese recepten.

Recepten in zulke documenten weerspiegelen echter vermoedelijk eerder de gewoonten van de adel en het koningshuis dan die van de gewone mensen. Dat zou bijvoorbeeld het gebruik van oosterse specerijen (vooral kaneel en kruidnagels) in veel recepten verklaren. Veel specerijen waren in het middeleeuwse Portugal te koop bij *especieiros* (specerijenhandelaars) maar tegen prijzen die buiten het bereik van de gewone man lagen, zelfs toen de Portugese ontdekkingsreizigers per schip India en het Verre Oosten hadden bereikt.

De kookboekjes van prinses Maria zijn methodisch opgesteld en netjes onderverdeeld in recepten voor vlees, eieren, melk en conserven. Ze bevatten ook opmerkelijke tips voor het huishouden, die beslist nog steeds nuttig zijn. Voor de vele longlijders uit die tijd wordt bijvoorbeeld een pittige kippenbouillon (blz. 30) aanbevolen en het nu volgende recept diende ter bestrijding van *esquinecia* (in modern Portugees *angina tonsilar*, dat wil zeggen: keelontsteking). Neem steeds 15 gram kaneel, gember en nootmuskaat, 4 of 5 kruidnagels en 30 g suiker, allemaal tot een heel fijn poeder gestampt. De patiënt moet zo veel poeder tussen drie vingers nemen als hij kan, en het zo diep mogelijk in zijn keel duwen. Drink er wat koud water bij en herhaal dat drie tot vier dagen achter elkaar driemaal daags.

Een kleurrijk recept voor melktaartjes, die misschien de voorloper van de populaire roompasteitjes (blz. 190) zijn, luidt: 'Neem een pan en zet hem op het vuur met een hoeveelheid water gelijk aan 3 deciliter en geen zout. Breng het aan de kook en voeg de melk en suiker toe – dat moet 225 gram zijn als u een half dozijn taartjes wilt maken. Als die hoeveelheid niet genoeg is, doet u er wat meer bij. Neem dan de bloem en doe die in een kom met een dozijn eieren, dooiers en witten. Klop ze los en doe ze bij de melk; het vocht mag niet te dun zijn. Giet het in de pan. Kook tot alles gaar is en haal de pan van het vuur. Maak dan het deeg met een beetje suiker en 2 eierdooiers en boter, allemaal goed geroerd. Vorm de taartjes en zet ze in de oven. Laat ze niet overgaar worden. Giet er de gekookte melkcrème in, maak ze vol en giet er boter op. Zet ze weer in de oven en haal ze eruit als ze gaar zijn.' De introductie van eiercrème in Italië wordt aan de Portugezen toegeschreven, en recepten als dit hebben daar misschien iets mee te maken.

Ook in de paar kookboeken van na de zestiende eeuw, die de aardbeving overleefd hebben, staan erg interessante recepten. Net als Maria's aantekenboeken schrijven ze kaneel voor en laten ze curieus genoeg kip klaarmaken met suiker, wat in sommige streken nog steeds gebeurt. Hier volgt een recept voor 'met ei bedekte kip': 'Maak de kip schoon en braad hem goed. Verdeel hem na het braden in stukken en bedek elk stuk met losgeklopte eieren – de dooiers en de witten – en bak ze in boter in een koekenpan, die u op het vuur moet zetten. Bak daarna in dezelfde boter sneden brood, die eveneens door losgeklopte eieren zijn gehaald. Doop de kip en het brood in een suikerstroop. Leg dan alles op een schaal met het brood onder de kip, bestrooid met kaneel en overgoten met siroop.' Een ander zoet gerecht werd gemaakt van fijngewreven kipfilet met gemalen rijst en suiker. Het was in de Middeleeuwen heel populair, niet alleen in Portugal maar in ieder geval ook in Spanje en Italië. Een oud, nog steeds klaargemaakt gerecht uit Coimbra is vrijwel identiek en heet nog steeds hetzelfde: *manjar branco* – blancmanger (blz. 175).

Dingen die in het moderne Portugal nog steeds in brede kring gangbaar zijn, zoals kweeperengelei (*marmelada*), luchtig gebak (*pão de ló*) en kaastaartjes (*queijadas*), maar ook het gebruik van marinades voor konijn en andere soorten vlees, staan allemaal in deze middeleeuwse receptenboeken die (vergeet dat niet) zelf ook verzamelingen van oud, traditioneel materiaal zijn.

Over eten – zij het zonder de recepten – gaan ook allerlei nog bewaard gebleven kronieken, die vanaf de geboorte van het land de Portugese eetgewoonten beschrijven en kleurrijk laten zien hoe ernstig de zaak ook toen al genomen werd.

Koningen, edelen en hoge militairen selecteerden met veel zorg de dienaren die hen aan tafel moesten bedienen, de wijn moesten inschenken en een oogje moesten houden op de kwaliteit en de hoeveelheid van het voedsel dat in de voorraadkast van hun heer werd opgeslagen. In ruil voor hun toewijding en efficiency kregen ze bijzondere voorrechten, en hun werk hield hen de hele dag bezig, want ze waren ook verantwoordelijk voor de vele kommen, schalen, bekkens en al het andere gerei (vaak van zilver) voor het grote aantal gasten dat meestal meeat. De dames aten overigens gewoonlijk aan aparte tafels.

Brood was in de Middeleeuwen een belangrijk levensmiddel en het beste werd gebakken van tarwebloem. Maïsbrood (blz. 60) heet tegenwoordig *broa*, en die naam komt van het woord *borona*, dat al in documenten uit 1258 voorkomt. Dat laatste brood werd van gierst en dergelijke graansoorten gemaakt, want maïs werd pas na het einde van de vijftiende eeuw vanuit Zuid-Amerika geïntroduceerd en verdrong de teelt van gierst in Portugal daarna volledig.

Tot de invoering van borden van metaal of aardewerk legden de eters hun vlees- en visgerechten op platte schijven brood, die doorweekt raakten met smakelijke saus. De rijken gaven dat brood vaak aan hun honden of aan de vele bedelaars die zich bij hun deur verdrongen. Bestek werd in die periode niet veel gebruikt. Er bestonden al heel lang lepels, maar vooral als keukengerei. Het eerste 'gereedschap' dat regelmatig gedekt werd, was een puntig mes om vlees af te snijden en er stukjes aan te prikken, zoals we tegenwoordig met een vork doen. In sommige Europese landen bestonden al sinds lang tweetandige vorken, maar de meeste Europeanen gingen ze pas in de zeventiende eeuw samen met een mes en een lepel gebruiken, en de modernere drie- en viertandige vorken raakten pas twee eeuwen later in zwang.

Het voordeel (al dan niet tussen aanhalingstekens) van geen bestek hebben was dat iedereen er een grotere behoefte aan had om voor en na het eten zijn handen te wassen, iets dat men na de invoering ervan niet altijd nodig vond.

Wat aten ze met hun vingers? Vooral vlees. En daaraan bestond kennelijk een overvloed, in ieder geval voor de hogere klassen. Ze aten het vers, gezouten en gedroogd, varkensvlees, rundvlees, schapenvlees, veel gevogelte en een oneindige verscheidenheid aan wild. Ze voelden zich tekort gedaan als ze niet bij elke maaltijd vlees aten, en dat gevoel heerst bij velen nog steeds. Vis werd vooral door de minder rijken gegeten, en dat gold ook voor schaal- en schelpdieren en eieren. De rijken beperkten hun visconsumptie tot de dagen waarop de Kerk dat voorschreef. Ook groenten golden als armeluisvoedsel, maar iedereen schijnt vers en gedroogd fruit te hebben gegeten, vooral bij wijze van hapje bij een grote kom wijn. In het middeleeuwse Portugal werd overal wijn gemaakt en in grote hoeveelheden geëxporteerd, vooral naar Engeland. Zelfs kloosterzusters dronken vrijelijk wijn (dat werd pas later tegengegaan) en uit een oud document blijkt dat ze in sommige kloosters anderhalve liter 'dagelijkse wijn' dronken.

De Portugese middeleeuwers aten tweemaal per dag: het middageten (de zwaarste maaltijd) begon tussen 10 en 11 uur, was om een uur of 12 afgelopen en werd door een siësta gevolgd. Het avondeten viel rond 7 uur. Volgens diverse kronieken at men ook bij zonsopgang iets lichts met wat wijn erbij, en dat gebeurde ook tussen de maaltijden en 's avonds.

Bij de hogere klassen omvatte een maaltijd soep, twee of (meestal) drie vleesgerechten, bijgerechten en desserts. Het avondeten was meestal een variant daarop, maar bijvoorbeeld op een wat kleinere schaal. Minder rijke mensen deden ongeveer hetzelfde maar met een kleinere verscheidenheid, een of twee vleesgerechten per maaltijd en ook wat vis. Het grootste deel van de bevolking moest vaak tevreden zijn met groenten, peulvruchten, kastanjes en grote hoeveelheden brood, wat allemaal met veel wijn werd weggespoeld.

Men neemt aan dat de voedselconsumptie in het middeleeuwse Portugal naar onze normen reusachtig is geweest, want af en toe werden wetten uitgevaardigd om het aantal vleesgerechten in overeenstemming te brengen met iemands stand. Koning Duarte, die van 1433 tot 1437 regeerde en vanwege zijn culturele gaven en intelligentie de bijnaam 'de Welsprekende' kreeg, adviseerde in twee van zijn vele boeken bijvoorbeeld om aan tafel sober te zijn, tussen twee maaltijden een pauze van acht uur in te lassen en wijn te verdunnen met water. Duarte was een van de vijf begaafde zoons van koning João I en zijn Engelse koningin Philippa van Lancaster (dochter van John of Gaunt), en ze schijnen allemaal bescheiden eters te zijn geweest. Dat minstens enkele prinsen vastten, kan aan de invloed van hun vrome moeder te danken zijn geweest.

Prins Hendrik de Zeevaarder, bevorderaar van de Portugese ontdekkingsreizen waaruit de Europese maritieme expansie en de kolonisatie van nieuwe gebieden voortvloeiden, was dus de aanstichter van ondernemingen die niet alleen de loop van Portugals geschiedenis radicaal wijzigden maar ook de stoot gaven tot een studie van de producten uit die vreemde landen. De schepen namen op de terugweg nieuwe planten en zaden mee, en sommige bleken voor het Europese klimaat geschikt. Andere – zoals koffie, thee, cacao, pinda's en tropische vruchten – sloegen in andere nieuwe territoria aan.

De uittocht van grote aantallen kolonisten begon met de kolonisatie van Madeira en de Azoren in 1425 en 1439. Merkwaardig genoeg trokken later juist vanuit deze eilanden enorme groepen emigranten naar de Verenigde Staten, Canada en Zuid-Amerika (Venezuela, Argentinië en vooral Brazilië). In Portugal zelf traden in de loop van de eeuwen tallozen in de voetsporen van de eerste pioniers. Ze vestigden zich niet alleen in Brazilië maar ook in Afrika, India en elders. Men heeft zelfs uitgerekend dat vier miljoen Portugezen die in het buitenland wonen (recente immigratie was binnen Europa, i.v.m. het zoeken naar werk), exclusief de tweede en derde generaties die in hun gastlanden geïntegreerd zijn – vooral in Brazilië, Canada en de Verenigde Staten te vinden zijn. De laatste emigratiegolf was weliswaar vooral op andere Europese landen gericht, maar alleen al in de Verenigde Staten wonen zo'n twee miljoen Portugezen van de eerste en tweede generatie.

Portugezen passen zich bijzonder makkelijk aan. Als dat niet het geval was geweest, zouden ze niet op deze schaal naar alle hoeken van de aarde zijn uitgezwermd. Maar op culinair gebied klagen ze in het buitenland altijd. Voor hun gezin blijven ze Portugese gerechten klaarmaken, zeker op feestdagen, en ze zoeken zoveel mogelijk landgenoten op om samen lekker te eten en Portugese wijn te drinken, om naar volksliederen en melancholieke *fado's* te luisteren of ze zelf te zingen en om met *saudade* over hun land te praten. Zelfs de tweede en derde generaties bewaren minstens een deel van de culinaire tradities die ze van hun ouders hebben meegekregen, en als ze Portugal bezoeken, is een van de hoofdattracties het proeven van traditionele gerechten ter plaatse.

Van alle godsdienstige en wereldse feesten in Portugal is Kerstmis het belangrijkste. Op die dag komt de familie bijeen, en dat is een uitstekende gelegenheid om iedereen een met liefde, tijd en ieders hulp bereide maaltijd voor te zetten.

De avondmaaltijd op de dag voor Kerstmis is het echte hoogtepunt van het feest en een uitgebreide aangelegenheid die tot na de nachtmis duurt. De klassieke schrijver Ramalho Ortigão (1836-1915) schreef in zijn *As farpas*: 'Er bestaat een Portugese feestmaaltijd die alles overtreft wat in Parijs te vinden is: dat is het diner op de avond voor Kerstmis...' Iedereen heeft trek, er komen verleidelijke geuren uit de keuken, schalen vol voedsel verdringen elkaar op de tafel en komen uiteindelijk op bijzettafeltjes en dressoirs terecht. Altijd is er vers en gedroogd fruit, rijstpudding en een grote verscheidenheid aan gebak (uit de oven en uit de frituur), die speciaal voor deze gelegenheid in grote hoeveelheden gemaakt zijn zodat iedereen er tot aan het einde van het jaar van kan eten.

Het beroemdste menu voor de avond voor Kerstmis komt uit Minho. Het wordt in veel andere delen van het land min of meer getrouw nagevolgd en omvat bijvoorbeeld de volgende gerechten:

Zoutevis met alles (*Bacalhau com todos* of *bacalhau de consoada*, blz. 76)
Octopus met rijst (blz. 102)
Bacalhaukoekjes (blz. 80)
Gouden kerstsoep (een nagerecht; blz. 165)
Rijstpudding (blz. 155)
Gefrituurd gebak (blz. 204)
Warme port (blz. 244)

Het middagmaal op Kerstmis begint bijvoorbeeld met een huiselijke, geurige kippensoep (*canja*, blz. 41) of in de noordelijke provincies met een rest bacalhau van de avond ervoor, die in een olijfoliesaus wordt opgewarmd. Dan volgen de kalkoen of een of twee kapoenen met toebehoren en net zulke nagerechten als de avond ervoor.

Seizoens- of feestgerechten die voor bepaalde streken kenmerkend zijn, zijn in de recepten gemarkeerd, maar veel gerechten worden ook bij andere gelegenheden gemaakt. De gefrituurde kerstkoekjes komen bijvoorbeeld ook met carnaval of Pasen op tafel, in elk geval in de noordelijke provincies. Het carnaval is in de meeste Portugese streken nog steeds een groot feest, en de speciaal voor die gelegenheid klaargemaakte gerechten bewijzen met hoeveel zorg zo'n festiviteit omringd wordt. Het carnaval komt na het slachtseizoen, en dus staan er varkensvleesgerechten op het menu, in Trás-os-Montes bijvoorbeeld *cozido à portuguesa* (blz. 108), hoewel dat elders een doordeweeks gerecht is.

Op Madeira en de Azoren wordt carnaval gevierd met straatfeesten, jonge mensen verkleden zich, er is muziek, er zijn 'bloemengevechten' en algemeen vermaak. Op de Azoren worden de *fofas* (blz. 197) voor dit feest gereserveerd. Ook in de provincie Algarve wordt carnaval gevierd met levendige optochten.

Met Pasen worden geen bepaalde menu's klaargemaakt, maar er moeten wél genoeg suikeramandelen in huis zijn, en de kinderen krijgen behalve het speciale paasbrood met eieren (*folares*) ook cadeautjes. In Braga in de provincie Minho wordt Pasen met bijzondere plechtigheid gevierd. Braga is een van de oudste steden van het land, heette bij de Romeinen Bracara Augusta en was de hoofdstad van de Sueven. Dankzij zijn mooie heiligdommen, zijn kathedraal en zijn vele belangrijke kerken wordt Braga wel het 'Rome van Portugal' genoemd.

Kort na de Goede Week vieren Guimarães (de geboorteplaats van de eerste Portugese koning) en Barcelos – allebei in Minho – het Kruisfeest dat aan het lijden van Christus is gewijd. De pelgrimages worden zoals gewoonlijk gevolgd door vuurwerk en een luidruchtige plattelandskermis. Barcelos is een mooie Romeinse stad met veel middeleeuwse gebouwen en een belangrijk centrum voor plaatselijke ambachten. Vanuit de wijde omtrek komen er dan ook mensen naar de markten om er aardewerk en andere ambachtelijke producten zoals houtsnijwerk, zilver- en koperwerk, borduurwerk en kant te kopen en te verkopen. Barcelos is ook beroemd om zijn haantjes, die voor velen Portugal symboliseren. (Volgens de legende verklaarde een man die ten onrechte van een misdaad werd verdacht, dat een gebraden haan op de tafel van de rechter ten bewijze van zijn onschuld zou gaan kraaien. Tot grote verrassing van de rechter stond het gare dier inderdaad op om te kraaien, en de man werd vrijgesproken.)

Bij volksfeesten raakt de godsdienst algauw verstrengeld met heidense gebruiken. In heel Portugal krijgen bij de oude rituelen die met christelijke feestdagen gepaard gaan, de heiligen de beschermende rol toebedeeld die heidense goden hadden. Het hele jaar door, maar vooral in de zomer en met name in het noordwesten van het land, gaat er nauwelijks een zondag voorbij zonder dat er hier of daar een *romaria* plaatsvindt: een heiligenfeest dat met zang, dans en wijn gevierd wordt nadat de patroonheilige van dat bepaalde dorp of stadje geëerd is en het verzoek heeft gekregen om zekere wonderen te doen.

Sint-Antonius (in 1195 in Lissabon geboren en in 1231 in het Italiaanse Padua gestorven) is de patroon van de geliefden. Hij moet een van de meest aangeroepen heiligen zijn en overladen worden met verzoeken om verloren zaken terug te vinden en (vooral) echtgenoten voor ongetrouwde meisjes op te sporen. Zijn feest wordt in heel Portugal gevierd, maar in Lissabon eert iedereen hem, samen met twee andere zogenoemde volksheiligen: Sint-Johannes en Sint-Petrus. De feesten beginnen op 13 en eindigen op de 29 juni; ze vallen dus samen met oude, heidense zonnewendefeesten. Op geschikte plaatsen in de oude wijken van de stad worden altaren opgericht, en de mensen blijven de hele nacht zingen, dansen en sardines grillen. Overal worden potjes met aromatische basilicum verkocht om ze als geurige souvenirs weg te geven of mee naar huis te nemen.

's Nachts steken jongeren vreugdevuren aan. Ze springen eroverheen en schroeien daarna distels om te zien of ze de volgende dag bloeien: een oud 'liefdesorakel'. Soortgelijke zonnewendefeesten, die samenvallen met de feestdag van Sint-Johannes, vinden ook elders plaats. De beroemdste voorbeelden daarvan zijn die van Vila do Conde, Braga en Oporto. Het Sint-Johannesfeest van Oporto is zelfs het grootste in zijn soort. Iedereen gaat de straat op met een prei of een takje citroenmelisse in zijn hand en begroet de anderen. Over de hele stad verspreid staan altaren met allerlei afbeeldingen en de mensen zingen en dansen de hele nacht. De vinho verde gaat dan goed samen met het traditionele geitenvlees.

Op het platteland zijn religieuze feesten en bazaars ondenkbaar zonder de prachtige pasteitjes (*fogaças*) die ook als offerandes dienen, naast zoete broodjes, luxebrood, broodpasteien, allerheiligenbroodjes, gebak en andere zoetigheid.

In heel Portugal gedijen de banketbakkerijen en theehuizen, want het is een Portugese gewoonte om bij gebak altijd koffie, thee of iets anders te drinken. Er zijn in Lissabon straten waar elke tweede deur naar een banketbakkerij leidt. U kunt daar ook licht lunchen met hartig gebak, pasteien en garnalenrissoles, die meestal staande worden opgegeten. Voor een gerieflijker maaltijd staan in veel van die winkels ook tafeltjes waar de mensen zakelijke gesprekken voeren of elkaar het hof maken. Ze mogen er soms urenlang blijven zitten met alleen een stuk gebak en een kop koffie of thee.

Maar het buitenshuis eten beperkt zich niet tot banketbakkerijen. Alle steden en dorpen hebben eethuizen van allerlei soort. U kunt het beste een gelegenheid kiezen waar veel plaatselijke bewoners komen, en kijk dan naar de gerechten die ze bestellen. De meeste restaurants hebben *pratos de dia* (dagschotels) op het menu, en daar zijn altijd Portugese gerechten bij. Veel mensen vinden de lange afstanden die ze moeten afleggen om naar een restaurant te gaan dat in bepaalde streekgerechten gespecialiseerd is, geen enkel bezwaar. Sommige van die gerechten zijn in hun authentieke vorm alleen te krijgen in de streek waar ze vandaan komen.

Culinaire festivals en wijnroutes

De Portugese keuken is inmiddels officieel tot 'nationaal erfgoed' uitgeroepen dankzij het succes van veel regionale feesten en vooral dankzij het Nationale Gastronomiefestival, dat al twintig jaar lang in Santarém (Ribatejo) gehouden wordt. Dit kleurrijke herfstfeest duurt meer dan twee weken, is van twaalf tot vier uur en van zeven uur tot half twaalf open en werkt als een magneet voor gezinnen die komen eten. Het geheel is een nationale tentoonstelling van levensmiddelen, ambachtelijke producten en folklore, allemaal onder één enorm dak. Minirestaurants uit alle streken serveren tegen heel redelijke prijzen volledige maaltijden en kleine porties van streekgerechten. Op de bovenverdieping concentreert een grote eetzaal zich met een zorgvuldig gekozen menu elke dag op een middagmaaltijd uit een andere streek. Het festival is bijzonder aangenaam, en elk jaar gaan Portugese gezinnen uit de wijde omtrek er minstens een weekend naartoe, terwijl de plaatselijke bevolking haar best doet om tijdens de duur van het grote feest geen enkele avondmaaltijd te missen. Het is echt een plek om iets te eten, inkopen te doen, vrienden te treffen en rond te lopen – heel anders dan de voedselbeurzen waaraan we gewend zijn. Als u de sfeer en de vele smaken van Portugal eens in Santarém wilt proeven, dan is het Portugese verkeersbureau u maar al te graag met details behulpzaam.

Ook sommige hotels organiseren culinaire festivals. Het vijf-sterrenhotel Altis in Lissabon (Rua Castilho) organiseert bijvoorbeeld in de loop van het jaar 'voedselweken' die steeds aan een andere streek gewijd zijn. In de loop van zo'n week is er elke dag een ander menu met de beste gerechten van de betrokken streek, en vooral zakenlieden komen er graag lunchen.

Elke provincie heeft tegenwoordig ook wijnroutes, en in bepaalde wijnbedrijven kunt u op verzoek proeven om een indruk te krijgen van de vele en uitstekende streekwijnen.

Voorgerechten en hapjes

De meeste goede restaurants in Portugal hadden vroeger een ruime keuze aan *voorgerechten* op het menu, en voor sommige geldt dat nog steeds. Deze *acepipes* (het equivalent van de Italiaanse *antipasti*) zijn erg populair als begin van een bijzonder middag- of avondmaal, en op recepties en in moderne wijnbars zijn ze het enige eetbare. Thuis zijn ze ideaal als feestelijk buffet. Vaak bestaat zoiets uit de volgende traditionele gerechten:

Bacalhaukoekjes (blz. 80) zijn in Portugal onmisbaar. Ze moeten klein zijn; geef ze voor het frituren met een dessertlepel hun vorm.
Kleine *garnalenrissoles* (blz. 96).
Kleine *bacalhaubeignets* (blz. 83).
Gebakken amandelen. Bak hele maar gedopte amandelen in wat olie goudbruin. Leg een deksel op de pan tegen de spatten, maar vergeet niet dat de amandelen in een paar minuten klaar zijn (keer ze af en toe). Bestrooi ze na het bakken met wat zout.
Stukjes tonijn, sardines of andere vis uit blik. Laat ze goed uitlekken.
Salade van garnalen, kreeft, tonijn of ansjovis. Meng het gare of goed uitgelekte hoofdingrediënt met zelfgemaakte mayonaise (blz. 144), blokjes gare aardappel, plakjes hardgekookt ei, olijven, een paar dunne plakjes milde ui en wat sla of waterkers (of allebei).
Zwartoogbonensalade (blz. 147). Even heerlijk als onmisbaar. U kunt er ook koude, gare kikkererwten voor nemen.
Gevulde eieren. Kook de eieren 10 minuten, laat ze in koud water 'schrikken' en pel ze. Snijd ze in de lengte doormidden en schep de dooiers eruit. Roer wat zelfgemaakte mayonaise en wat tonijn of sardines uit blik door de dooiers (van elk ingrediënt een theelepel per dooier). Snijd een plakje van de onderkant van alle halve eieren, zodat ze blijven staan, en vul ze met het dooiermengsel. Garneer ze met een ontpitte zwarte olijf en wat peterselie, en decoreer de schaal met plakjes tomaat en blaadjes sla. In plaats van vis uit blik kunt u ook wat gepureerde tomaat nemen; ga verder te werk zoals hierboven.

Sardine- of tonijnboter. Deze pasta kunt u tevoren klaarmaken en in de diepvries bewaren. Meng boter op kamertemperatuur heel grondig met evenveel vis uit blik. Maak er een gladde puree van, voeg wat citroensap, zout en peper toe en bestrijk er canapés mee. Goed afgedekt is dit smeersel in de diepvries tot maximaal een maand houdbaar.
Vleeswaren zoals plakjes *presunto* (gerookte ham), plakjes rauwe *chouriço* van goede kwaliteit, dunne plakjes in eigen vet gebakken *chouriço* of in eigen vet gebakken *morcela* (blz. 30).

Thee en koffie

Het Portugese woord voor 'thee' is *cha*, net als in de landen waar de drank vandaan komt (China, Japan, Indochina, India en Ceylon). De ontdekkingsreizigers brachten de theestruiken mee terug en plantten ze in Portugals Afrikaanse kolonies, Brazilië en de Azoren.

De Portugese adel dronk al aan het einde van de zeventiende eeuw graag thee, en deze drank werd aan het Engelse hof populair toen Catharina van Braganza met Karel II trouwde. Men kan zich makkelijk voorstellen dat de koningin een groepje vrouwen om zich heen verzamelde om tijdens de vele ledige uren aan het hof bij een kopje thee roddels uit te wisselen. Catharina was een ongelukkige en onvruchtbare vrouw, en hoewel de koning haar niet om die reden verstootte en veel respect voor haar had, was haar huwelijksleven verre van gemakkelijk. Maar het betrof dan ook een uitgesproken verstandshuwelijk dat een bondgenootschap bezegelde waaraan grote behoefte bestond. Catharina bracht bovendien een aanzienlijk bruidsschat mee: een grote som geld, de Noord-Afrikaanse stad Tanger en de Indiase havenstad Bombay – het uitgangspunt voor de Engelse expansie in India.

De Portugezen drinken nog steeds veel, zij het nogal slappe thee zonder melk of citroen. Als u 's middags bij iemand op bezoek gaat, krijgt u thee met een koekje aangeboden, en thee is ook in banketbakkerijen te krijgen. Thee met toast is een geliefd tussendoortje bij vrouwen, vooral van de oudere generatie.

Warme koffie is in Portugal echter nog veel populairder en wordt de hele dag gedronken: bij het ontbijt, na de maaltijd of als tussendoortje, met of zonder melk, maar altijd zonder room.

De koffiestruik schijnt in de Abessijnse bergen inheems te zijn. Men zegt dat een geitenhoeder zijn dieren opvallend levendig zag worden als ze van een bepaalde struik aten. Dat nieuwtje deed de ronde. Later werden de bonen ook door mensen genuttigd, en uiteindelijk volgde de hele wereld het voorbeeld van de geiten na, zoals we weten.

Al in de vijftiende eeuw werd in veel oosterse landen koffie gedronken, maar pas in de zestiende eeuw ging in Mekka het eerste koffiehuis open. In de zeventiende eeuw leerde ook Europa ervan genieten. Portugal liet in zijn Afrikaanse kolonies en Brazilië koffiestruiken planten en drinkt sindsdien uitstekende koffie.

De Portugezen zijn op koffiegebied heel kieskeurig en eisen altijd de beste. De drank wordt op diverse manieren opgediend, en die hebben allemaal een eigen naam: *galão* (het Engelse *gallon*) is een groot glas vol koffie met veel melk; *garoto* ('jongetje') is een klein kopje of glaasje koffie met melk – als u minder melk wilt, vraagt u een *garoto oscuro* ('donker jongetje'). Het populairst is *bica* ('spuit'): een klein kopje sterke, zwarte koffie, en mensen die niet graag veel cafeïne drinken, bestellen *carioca* (de aanduiding voor een inwoner van Rio de Janeiro), dat wil zeggen: een iets verdunde *bica*.

De mensen gaan op elk moment van de dag naar een café, cafetaria of banketbakkerij om een kop koffie te drinken, al dan niet met een stuk gebak erbij (of met een broodje ham, kaas, rundvlees of omelet).

Populair bij mensen die geen cafeïne willen, is *carioca de limão* ('citroencarioca'): kokend water dat over citroenschil wordt gegoten. De schil blijft in het water liggen terwijl u de geurige carioca opdrinkt. Erg lekker en voor de verandering erg verfrissend.

Als koele dorstlesser bestaat er echter niets beters dan *limonada* van koud water met citroensap ($^1/_2$ citroentje per glas), wat citroenschil en suiker naar smaak.

De Portugezen zijn natuurlijk verzot op wijn (en op koffie en op thee) maar houden ook veel van mineraalwater. Het land heeft een grote verscheidenheid aan waters te bieden, en die komen vooral uit de beroemde, oude kuuroorden waarmee het noorden en midden van het land bezaaid zijn. Het zuiden heeft maar één beroemd mineraalwater, namelijk dat uit de uitstekende en mooie Moncique Spa in de Algarve. Op de Azoren bestaan de kuuroorden Varadouro en Furnas.

Nationaal gezien concurreren zo'n vierenveertig kuuroorden met geneeskrachtig water, dat soms ook gebotteld wordt. Dat geldt bijvoorbeeld voor Vimeiro, Luso, Pedras Salgadas en Vidago. Die waters drinkt u voor de gezondheid of omdat ze lekker zijn. Sommige zijn alleen ter plaatse te krijgen, en u kunt zich daar ook voor allerlei klachten laten behandelen, van leverziektes tot aandoeningen van huid of spijsvertering. In Portugal is het heel gewoon om regelmatig een tijdje naar 'het water' te gaan: een therapeutische vakantie in een mooi landschap, die rust en behandeling combineert. En als u geen wijn mag of wilt drinken, neemt u thuis en in een restaurant water bij het eten. 'Wat wilt u drinken?' vraagt de ober. Als u dan geen wijn neemt, stelt hij meteen allerlei mineraalwaters voor.

'De bediende kwam op een zilveren schaal twee net geopende flessen Vidagowater brengen,' schreef Eça de Queiroz in zijn *A ilustre casa de Ramires.* 'Gonçalo wilde het prachtige gebruis niet missen en schonk meteen een groot kristallen glas vol. "Wat een lekker water, man!" riep hij uit.'

De voorbereidingen

Ingrediënten

Kruiden en specerijen

Vanaf de vijftiende eeuw brachten Portugese schepen grote ladingen oosterse specerijen naar Europa. Tot die tijd kwamen die alleen via traditionele landroutes en de Rode Zee in Italië terecht en werden dan naar Europa doorgesluisd. Toen de Portugezen ze rechtstreeks gingen aanvoeren en verkopen, konden ze de prijzen verlagen, en zo verhuisde de specerijenmarkt van Genua en Venetië naar Lissabon.

Desondanks is eenvoud nog steeds het kenmerk van de Portugese keuken. Kruiden en specerijen worden op discrete manieren in gerechten verwerkt, maar zodanig gecombineerd dat ze de smaak accentueren en er iets typisch Portugees van maken. De variatie aan kruiden die op een markt te koop is (bij aankoop van groente aan een kraam krijgt u ze soms gratis), blijft vaak tot de meest gebruikte beperkt: bladpeterselie (erg populair en in de meeste gerechten verwerkt), munt, laurier en korianderblad. Portugal is verzot op korianderblad en opmerkelijk genoeg het enige Europese land waar dit kruid op grote schaal rauw of gaar in traditionele gerechten verwerkt wordt – van salades tot stoofgerechten en soep.

Hier volgt een lijst van de meest gebruikte kruiden, specerijen en andere ingrediënten in de traditionele Portugese keuken:

Allspice (*pimenta da Jamaica*; op de Azoren veel gebruikt)
Anijszaad (ook in poedervorm; het is erg lekker in kastanjegerechten en gebak en de moeite van een speurtocht waard, maar vervang het zo nodig door venkelzaad en steranijs)
Bonenkruid
Chilipeper (*piri-piri*; ook in de vorm van allerlei soorten kant-en-klare pasta's te koop)
Citroen
Dragon
Kaneel (in Portugal de populairste specerij)
Knoflook (een nationale verslaving)
Komijn (vooral geliefd in Minho, Alto Douro en op de Azoren)
Korianderblad (in veel gerechten onmisbaar)
Kruidnagels
Laurier
Mandarijn
Munt
Nootmuskaat

Oregano
Paprikapoeder (*colorau*, een populaire smaakstof van gemalen paprika; er wordt ook een pasta – *massa de pimentão* – van gemaakt voor marinades, gebraden vlees en vleeswaren zoals de diverse soorten chouriço)
Peper
Peterselie (de soort met kleine, platte en heel geurige blaadjes)
Rozemarijn
Saffraan
Salie
Sinaasappel
Uien
Vanille
Wijn (rood, wit, port en madera)
Wijnazijn

Uien en knoflook staan al op de lijst maar verdienen, wat de Portugese keuken betreft, nadere toelichting. Zonder deze twee onmisbare ingrediënten zou er misschien niet eens een Portugese keuken bestaan. Een oud Portugees spreekwoord zegt: 'Zoutevis wil knoflook,' maar eigenlijk is het zo dat de meeste traditionele recepten – zoutevis of niet – knoflook 'willen'. En wat de uien betreft: als uitgangspunt voor talloze gerechten worden ze met wat olijfolie of ander vet gebakken. Soms gaan er ook knoflook, tomaten en peterselie bij, maar hoe dan ook, dit uitgangspunt heet *refogado*, want *refogar* betekent 'bakken'. De baktijd hangt af van datgene waarvoor u de *refogado* gebruiken wilt.

Olijfolie

Er is veel geschreven over de voordelen van olijfolie. De meeste mensen hebben zich inmiddels bekeerd tot wat men het 'gezonde mediterrane voedingspatroon' noemt, dat wil zeggen: een voeding met onder andere rode wijn, tomaten, paprika's, knoflook, uien, uitmuntend brood en... scheuten olijfolie, die een heel bijzondere, heerlijke smaak aan het voedsel geven. Deze manier van eten is in Portugal natuurlijk traditioneel. Strikt genomen is het weliswaar geen mediterraan land, maar het klimaat, de gewassen en de culturele achtergronden zijn vergelijkbaar. U zult merken dat de recepten in dit boek – allemaal voorbeelden van de traditioneel-Portugese keuken – al deze ingrediënten bevatten. Er zijn zelfs heerlijke kruidkoeken met olijfolie. Ook groentesoepen, stoofgerechten en gebraden vlees worden ermee op smaak gebracht, en zowel thuis als in restaurants staat altijd een olie- en azijnstelletje op tafel voor gepocheerde vis, gare groenten en salades. In Portugal worden al sinds mensenheugenis met liefde olijven geteeld, en het is dus geen wonder dat olijfolie in veel gerechten onmisbaar is.

Binnen de EU is Portugal de op drie na grootste producent, hoewel de export tot dusver grotendeels beperkt is gebleven tot de Portugese gemeenschappen overal ter wereld. De productie groeit gelukkig, want in allerlei streken worden nieuwe olijfgaarden aangelegd. Dankzij de moderne methoden en fabrieken en een enthousiaste, bekwame groep deskundigen heeft de Portugese olie een uitstekende naam gekregen en doorstaat zij de vergelijking met de beste oliën van elders. De organische olie expandeert zelfs het snelst en vindt haar weg ook naar buitenlandse markten zoals Duitsland, Frankrijk, België, Nederland, enzovoorts. Sommige producenten verkopen het grootste deel van hun olie bijvoorbeeld aan Duitsland en kunnen de vraag nauwelijks aan. Omdat organische oliën uiteraard duurder zijn, heeft de binnenlandse markt er minder belangstelling voor getoond, maar nu steeds meer informatie beschikbaar komt, is die houding aan het veranderen.

Douro, Trás-os-Montes, Beira Baixa, Ribatejo en Alentejo produceren allemaal uitstekende oliën, maar ook de rest van Porugal is olijvenland.

Portugese olijfolie heeft een heel goede prijs-kwaliteitverhouding en het steeds groeiende aantal kleine winkels van Portugezen verkopen een grote verscheidenheid aan oliën voor in de keuken en voor op tafel. U kunt daar dus heel goed terecht, en als blijkt dat er belangstelling voor echt goede oliën bestaat, zullen ze die zeker in hun assortiment opnemen. Het zou dan ook een goed idee zijn om hun aandacht op de topklasse te vestigen, liefst oliën met de aanduiding DOP ('afgebakend gebied') of organische oliën, want dan krijgt de klant de garantie dat hij een met veel zorg gemaakt en gecontroleerd product in handen heeft.

Uitmuntende oliën – vooral voor salades en bepaalde andere gerechten – zijn bijvoorbeeld Azeite Moura, de serie van Esporão (dezelfde fabriek die in de Alentejo ook uitstekende wijnen maakt), Porca de Murça, Romeu, Quinta do Douro, Rosmaninho, Vatel, Tradição, Terra Quente, Casa Aragão Virgem Sardeiro Extra Especial en Alfandagh (twee bekroonde oliën uit dezelfde fabriek), Sardeiro (van een kleine maar supermoderne producent) en de uitstekende serie van de Casa Agricola Reboredo Madeira: Quinta do Côa (bekroond), Quinta das Marvalhas, Quinta da Urze en Quinta Calabria. Deze moderne producent perst ook de oliën voor een paar porthuizen die tegenwoordig eveneens olie van eigen olijven verkopen; dat geldt onder andere voor Niepoort, Ramos Pinto, Taylor's en Quinta do Crasto.

Portugese oliën zijn vaak milder dan die uit andere landen. Ze hebben een prettige fruitigheid, peperige ondertonen en een goed evenwicht. Het is interessant te bedenken dat olijfolie uniek is omdat de smaak, kleur, geur, zuurgraad en andere factoren variëren met de grondsoort, het olijvenras, de manier van persen, enzovoorts. Bewaar uw olie liefst op een koele, droge plaats, bijvoorbeeld in de voorraadkast, en houd haar uit de buurt van hittebronnen. Sluit haar na elk gebruik goed af om oxidering te voorkomen en overschrijdt de uiterste houdbaarheidsdatum liever niet, want olie kan ranzig worden. Oude olie is niet schadelijk maar ontwikkelt wel een minder aangename smaak.

Het is handig om meer dan één soort olie in huis te hebben: een heel goede voor salades, mayonaise, gepocheerde vis en andere gerechten waarin de fruitige en soms peperige nasmaak goed tot zijn recht komt, plus normale olie om te bakken. Maar koop nooit slechte olie, want die is zonde van het geld.

Olijfolie staat bij de EU tegenwoordig in het middelpunt van de belangstelling, en alle lidstaten weten dat hun fabrieken piekfijn in orde moeten zijn, anders dreigt sluiting.

Wie zijn voedingspatroon met olijfolie wil verbeteren, doet er goed aan een gespecialiseerd boek over dat onderwerp te raadplegen, dat er meer over kan vertellen.

U zult merken dat de meeste Portugese maaltijden met soep beginnen en dat de meeste soepen overheerlijk zijn. Een van de geheimen daarvan (afgezien van het feit dat groente gewoon heerlijk is) is de toevoeging van olijfolie. Ook een scheutje rauwe olie in het bord vlak voordat u toetast, haalt de smaak van de soep op. Portugese landarbeiders eten graag *tibornas*: grote sneden geroosterd en in vers geperste olie gedoopt brood. Gerechten met veel olijfolie staan op menukaarten aangeduid als *à lagareiro*, want de *lagar* is de plek waar de olijven worden uitgeperst.

Ander keukenvet

Ook andere plantaardige oliën worden in de Portugese keuken gebruikt, maar nooit rauw over salades en dergelijke. Arachide-, maïs- en zonnebloemolie zijn de populairste. Ook boter wordt veel gebruikt. Een ander populair keukenvet is reuzel en dat komt natuurlijk door het vele varkensvlees. Sommige recepten schrijven half reuzel, half boter of olie voor. Ook in koeken wordt soms reuzel verwerkt, en ze worden er des te lekkerder van. Reuzel is zelfs na olijfolie het populairste vet voor traditionele gerechten.

Zoutevis of bacalhau

Al duizend jaar geleden stond kabeljauw bij de Scandinaviërs hoog in aanzien. Om er het hele jaar van te kunnen eten plachten ze de vis te drogen, waardoor hij hard werd als een plank. Later gingen ze zout van de Portugese kust importeren. Die contacten leidden tot een uitwisseling van informatie, waardoor de Portugezen belangstelling kregen voor de conservering van kabeljauw (die in de Portugese territoriale wateren niet voorkomt) in zout om de vis daarna in de zon te drogen. Wat als iets exotisch begon, werd een levenslange hartstocht met een goed ontwikkelde visindustrie. Vanaf de vijftiende eeuw voeren de vissersschepen elk jaar helemaal tot Newfoundland. De Portugezen van tegenwoordig vissen echter nauwelijks nog op kabeljauw en betrekken die vis uit Noorwegen, IJsland en zelfs Groot-Brittannië. De consumptie van deze *bacalhau* bleef echter in stand, hoewel hij tegenwoordig veel duurder is dan vroeger en niet meer als armeluiskost geldt. Toch blijft hij waar voor uw geld bieden dankzij zijn rijkdom aan eiwitten en het feit dat zijn volume bij het weken verdubbelt.

Bacalhau is buiten Portugal overigens niet alleen in Portugese, maar onder iets afwijkende namen ook in Spaanse, Italiaanse en zelfs Surinaamse winkels te koop.

Varkensvlees

Varkensvlees is in Portugal erg in trek en de kunst van het hammen drogen en worst maken is er tot een opmerkelijk niveau ontwikkeld. *Presunto* is een met zorg voorbereide en heel smakelijke gerookte ham, die rauw als hapje, op brood en met meloen als voorgerecht wordt gegeven maar ook in bepaalde gerechten wordt verwerkt. *Presunto* komt van hele varkenspoten die met zout, paprikapoeder, wijn en knoflook geconserveerd worden. De samenstelling ervan kan per streek verschillen. Het vlees wordt dan een paar weken in zout gelegd, waarna het eraf wordt geschraapt en het vlees in een traditionele *fumeiro* ('rookkamer') wordt gehangen. Het roken kan tot twee maanden duren, maar ook dat verschilt per streek. Als die operatie achter de rug is, wordt de ham met olijfolie bestreken en met paprikapoeder bestrooid, gevolgd door een beetje borax, dat als conserveringsmiddel dient. De *presunto* is dan klaar voor consumptie maar moet eigenlijk nog verscheidene maanden rijpen. Men zegt dat een ham die de aanschaf waard is, een heel jaar gerijpt moet zijn. De beste Portugese *presuntos* komen uit de streken Lamego en Chaves in Trás-os-Montes. Probeer de ham buiten Portugal in Portugese winkels te vinden en neem er desnoods Italiaanse *prosciutto* of Spaanse *serrano* voor in de plaats.

Tal van soorten worst bestaan alleen in Portugal, maar zelfs daar verschillen ze van streek tot streek. Soms zijn ze het hoofdingrediënt van een maaltijd. Sommige worden vers gegeten, andere kort gerookt, maar meestal worden ze alleen lang gedroogd. U kunt ze grillen, bakken, koken of in de oven klaarmaken, en een paar soorten zijn rauw als hapje of op brood erg lekker.

De sterk gekruide en smakelijke *chouriço* is Portugals populairste worst. Enkele plakjes ervan halen de smaak van sommige soepen en stoofgerechten bijzonder op. Een goede *chouriço* is ook rauw heel lekker. Elke streek gebruikt er een iets ander specerijenmengsel voor, maar het gaat altijd om worst van ongeveer 2½ cm dik en circa 15 cm lang. De lengte kan echter ook verdubbeld zijn, en in dat geval wordt de worst tot een lus dichtgebonden. De vulling bestaat uit mager en vet varkensvlees, knoflook, chilipeperpasta en zout, en de worst wordt in de *fumeiro* grondig gerookt. *Linguiça* is een heel dunne en lange soort chouriço.

Ook in veel andere landen worden zulke worsten gemaakt, maar die hebben nooit helemaal de typische, volgens mij unieke smaak van *chouriço*. Om die reden vervang ik *chouriço* niet graag door schijnbaar identieke worst uit andere landen en neem ik er liever *presunto* of ontbijtspek voor in de plaats. *Paio* en *salpicão* lijken qua smaak op *chouriço*, maar zijn veel dikker en bovendien gemaakt van varkensfilet, waardoor ze nog lekkerder zijn. Het verschil tussen *paio* en *salpicão* is dat de eerste heel weinig vet bevat. Vroeger waren ook de specerijen anders.

Er zijn ook allerlei soorten bloedworst, gevuld met varkensvlees, brood, bloed, wijn en specerijen. Koop bijvoorbeeld *morcelas, chouriço mouro* en *chouriço de sangue.* Ze zijn gebakken of gegrilld erg lekker en worden in gerechten zoals gestoofde bonen verwerkt, maar zijn niet geschikt om rauw te eten.

Alheiras zijn zware worsten met een aantal lichte soorten vlees, zoals kip of wild, brood als bindmiddel en veel smaakstoffen met knoflook in de hoofdrol. Ze zijn gelig van kleur en vooral gegrilld of gebakken heerlijk.

Farinheiras zijn een andere, licht gekleurde worstsoort. Zoals de naam al zegt (*farinha* betekent 'meel') zijn ze gemaakt van bloem, varkensvet (geen vlees) en smaakstoffen, onder andere wijn. In sommige gerechten zijn ze samen met andere worsten erg lekker, maar u moet er eigenlijk van leren houden.

Een andere soort varkensvlees die in veel gerechten voorkomt, is vetspek, dat in Portugal *toucinho* heet. U kunt er ook ontbijtspek voor nemen.

Als er bij u in de buurt geen Portugese winkel is, kunt u met sommige recepten in dit boek beter wachten totdat u aan de ingrediënten kunt komen.

Wijn en wijnazijn

In veel Portugese gerechten spelen marinades een grote rol (meestal met witte maar soms met rode wijn). In ook niet-gemarineerde gerechten kan echter wijn zijn verwerkt, en hoe dan ook, bijna alle vleesgerechten zijn met een scheutje wijn lekkerder. Weer andere recepten schrijven een beetje met water verdunde wijnazijn voor. Neem er alstublieft nooit goedkope moutazijn of zoiets voor, want die tast het karakter van het gerecht aan. Ciderazijn geeft echter goede resultaten, heb ik gemerkt. Sommige gerechten worden verrijkt met port of madera.

Marinade van wijn en knoflook

> 'Knoflook en pure wijn leiden naar een veilige haven.'
> *Portugees gezegde*

Met een marinade wordt het vlees mals en krijgen sommige vleesgerechten hun smaak. De basismarinade bestaat uit alleen wijn en knoflook, maar afhankelijk van het gerecht kunt u er laurier, peterselie, olijfolie, paprikapoeder en dergelijke aan toevoegen. Bij gebrek aan (meestal witte) wijn kunt u ook een paar eetlepels wijnazijn nemen en die met dezelfde hoeveelheid water verdunnen. In sommige marinades wordt citroen- of sinaasappelsap verwerkt. Marineer als regel bijna al het gevogelte, wild, lams-, geiten- en varkensvlees. Hier volgt een basisrecept.

1½ dl droge witte wijn
2 eetlepels olijfolie
1 theelepel wijnazijn (voor de pittige smaak)
1 laurierblad
2-3 tenen knoflook, uitgeperst of heel fijn gehakt
wat zout en peper

Desgewenst kunt u chilipeperpasta (*piri-piri*), een grote theelepel paprikapoeder en 1 eetlepel citroensap toevoegen.

Meng alles goed en leg het vlees een paar uur in de marinade. Een deel van de vloeistof kunt u in het gerecht verwerken; in de recepten vindt u de procedure.

Grof maïsmeel

In Portugal, inclusief Madeira en de Azoren, groeit een overvloed aan maïs en het gewas wordt voor veel meer dan alleen veevoer gebruikt. Maïsbrood (*broa*) is een heerlijk streekgerecht (zie het recept in het hoofdstuk over brood), maar van maïsmeel wordt ook een soort soep (*papas*) gemaakt, die hartig of zoet kan zijn. In dat laatste geval is het een met suiker bestrooid nagerecht. Op Madeira en de Azoren is het een bijgerecht bij vis en andere ingrediënten en heeft het ongeveer de dikte van aardappelpuree. Op Madeira wordt die massa uitgestreken op een schaal of groot bord, na afkoelen in vierkantjes gesneden en vervolgens gebakken (*milho frito*, oftewel gebakken maïs). Dat is natuurlijk hetzelfde als de Italiaanse *polenta*, die de laatste tijd ook elders populair is. Het juiste maïsmeel voor deze gerechten is dus ook in Italiaanse winkels te krijgen.

In Portugal wordt maïsmeel soms ook gebruikt als bindmiddel in soep.

Citrusfruit

Het waardevolle citrusfruit werd op het Iberisch schiereiland geïntroduceerd door de Moren, die het zelf uit het Oosten hadden gehaald. Citrusvruchten groeien in heel Portugal, maar vooral in de streek rond Setúbal en de Algarve. Sinaasappels uit de Algarve zijn vooral als handsinaasappels geschikt: het zijn grote, pitloze, geurige, sappige en heel zoete navels. Die uit Setúbal zijn veel kleiner en zijn zowel geschikt om vers te eten als om ze te conserveren.

Citrusfruit dient op grote schaal als smaakgever in gebak, pudding en heerlijke zelfgemaakte likeur (zie blz. 245). Sinaasappels en citroenen worden in partjes of plakjes gesneden om er vis- of vleesgerechten mee te garneren. De schil kan gekonfijt worden en wordt vaak gebruikt bij gebak (vooral de *bolo rei* van blz. 224) en gegeten als snoepgoed. Even populair zijn ook gekonfijte *abóbora* (witte pompoen) en gekonfijte kersen, hele mandarijntjes, vijgen, peren, abrikozen en pruimen. Fruit konfijten is misschien te bewerkelijk voor thuis, maar het konfijten van sinaasappelschil is niet erg moeilijk, en veel Portugese huisvrouwen doen het nog steeds (blz. 188).

Amandelen

In Portugal groeien op grote schaal amandelbomen, vooral in de Algarve, waar het areaal heel groot is, hoewel ze de laatste tijd deels door andere bomen zijn vervangen omdat de landbouw in de Algarve steeds diverser wordt.

Als hapje worden de amandelen geroosterd of gebakken en met zout bestrooid (blz. 22) en voor Pasen met een hard suikerlaagje bedekt, maar ze worden vooral gemalen en in de banketbakkerij gebruikt. Veel mooie zoetigheden bevatten gemalen amandelen met eierdooier en suiker. Marsepein is bijvoorbeeld een specialiteit van de Algarve (blz. 180).

Een heerlijk romantische legende verhaalt over een prinses uit het noorden, die naar de Algarve kwam om met de Moorse heerser te trouwen. Het werd winter, en omdat ze de besneeuwde velden van haar verre vaderland miste, begon ze triest te piekeren en huilde ze veel. Haar liefhebbende echtgenoot kwam op een idee: hij wilde zijn land vol zetten met amandelbomen want dan zouden ze in de bloeitijd (rond februari) net sneeuw lijken. Zo gezegd, zo gedaan. Toen de bomen in bloei stonden, keek de prinses uit het raam, en zie! De velden leken met sneeuw bedekt. De prinses klapte lachend in haar handen, wat ze al heel lang niet gedaan had, en ze leefden nog lang en gelukkig.

Kastanjes

> 'Zodra Caetana bedacht om veel kastanjes en bloedworst te gaan eten,
> dingen waarop ze bijzonder verzot was, begon ze direct aan te komen.'
> Camilo Castelo Branco (1825-1890), *Noites de Lamego.*

In de noordelijke provincies van het binnenland staan veel kastanjebomen, die in het seizoen het hele land van kastanjes voorzien (de laatste tijd worden ze ook geëxporteerd). Gekookt in water met wat zout en een handje anijszaad (wat heerlijk ruikt) zijn ze een heel populair tussendoortje of nagerecht, maar ze worden ook in de oven gebakken en in een speciale aardewerk pot vol gaten boven houtskool gepoft. Veel kastanjes worden gedroogd en zo als hapje gegeten, of geweekt en in hartige gerechten verwerkt.

Toen er heel vroeger nog geen aardappels waren, dienden kastanjes vaak als bijgerecht. In Trás-os-Montes is dat gebruik nog steeds in zwang. Mijn vriendin Maria de Lourdes Paixão, wier familie uit die streek komt, vertelde dat in bepaalde afgelegen dorpen nog steeds de gewoonte bestaat om verse kastanjes te begraven – ze schijnen op die manier veel langer houdbaar te zijn.

Reformwinkels verkopen uitstekende gedroogde kastanjes en het is de moeite waard om aan hun milde zoetheid te leren wennen.

Gedroogde kastanjes kunt u het beste 24 uur weken om ze daarna in hetzelfde water een uurtje te koken (verwijder eerst de losse velletjes).

Rapengroen

Het is jammer dat sommige groenten in bepaalde landen als oneetbaar gelden. In veel landen eet men bijvoorbeeld geen rapengroen, maar de Portugezen houden erg van deze verfijnde groente in soep en als bijgerecht. De blaadjes moeten natuurlijk heel mals zijn, anders zijn ze alleen voor pureesoep geschikt.

Het lekkerste rapengroen wordt geoogst voordat de meirapen zelf rijp zijn. De groente ziet er dan uit als groot radijsblad. Als u geen enkele kweker kunt overhalen om het u te leveren maar wel een tuin hebt, kweek het dan zelf. Het groen groeit heel gemakkelijk en is in drie of vier weken klaar voor consumptie. Zaai het meiraapzaad met flinke tussenruimtes in goed voorbereide grond en wacht af. Klein rapengroen is in een paar minuten gaar.

Ook de bladeren van volledig rijpe meirapen zijn lekker, vooral de kleine, en u kunt ze verwerken als boven. Ze hebben alleen een langere kooktijd nodig – ongeveer zoals koolbladeren. Ze halen de smaak van groentesoep op en u mag ze niet weggooien.

Vlak voordat het rapengroen zaad gaat vormen, krijgt het mooie toppen (*grelos*) die op kleine trosjes bijna bloeiende bloemen lijken. Ze zien er ongeveer uit als broccoli, alleen minder compact.

In deze fase zijn de bladeren tamelijk taai, maar de punten van de spruiten en de kleinere blaadjes eromheen zijn heel zacht en teer, en de Portugezen eten ze al heel lang graag. Ze worden net als kool in water met wat zout gekookt, dienen als bijgerecht bij vis of vlees en zijn bijvoorbeeld lekker bij gepocheerde vis of *bacalhau.*

Als u aan rapengroen kunt komen of het zelf kunt kweken, zult u merken hoe heerlijk het is.

Zoete aardappels

In het milde klimaat van de Algarve, Madeira en de Azoren worden al eeuwenlang zoete aardappels verbouwd. Vooral op Madeira spelen ze in talloze gerechten en als bijgerecht een belangrijke rol. Ondanks hun zoete smaak zijn ze heerlijk bij hartige gerechten, maar ze dienen ook als hoofdingrediënt van gebak. In de Algarve zijn zoete aardappels populair als hapje en zelfs als nagerecht. Ze worden dan bijvoorbeeld ongeschild in de oven gelegd totdat ze barsten en de schil bijna gekarameliseerd is (eet ze warm), waarna ze in dikke plakken gefrituurd worden en met suiker en kaneel worden bestrooid. Maar ze worden ook gekookt en met een suikerstroop gepureerd, zodat een dikke vulling ontstaat voor flappen, die vooral rond Kerstmis gegeten worden.

Kweeperen

Van kweeperen wordt al eeuwenlang jam en gelei gemaakt, en anders dan sommige andere landen (vooral in Noord-Europa) heeft Portugal ze altijd in ere gehouden.

Het land heeft twee soorten kweeperenbomen (de Japanse soort is er onbekend). De eerste is de *marmeleiro*, die *marmelos* oplevert – vandaar het woord *marmelada* voor 'jam' (het Engelse woord voor jam van bittere sinaasappels kan zijn afgeleid van het Portugese woord voor kweeperenjam). De andere soort is de *gamboeira* met een vrucht die *gamboa* heet. Een *gamboa* is groter, gladder en zoeter dan een marmelo maar heeft dezelfde soort smaak en geur. Van beide wordt jam en gelei gemaakt, en dan zijn ze niet meer van elkaar te onderscheiden.

De Engelsen noemen de Portugese *marmelada* 'kweeperenkaas' omdat de jam na drogen als kaas snijdbaar is. Kweeperen zijn ook een lekker nagerecht: kook ze net als moesappels met wat water en suiker, of leg ze ongeschild in de oven, bestrooi ze aan tafel na het schillen met suiker en eet ze lauw op.

Kweeperenbomen groeien in een mild klimaat bijna in het wild. In Portugal ziet u ze langs heggen en in achtertuinen staan. U kunt de vruchten in de keuken als moesappels behandelen, maar ze zijn voor rauwe consumptie te zuur. Zie de recepten in het hoofdstuk over jam en gelei.

Kaas

Kaas wordt in Portugal meestal niet in hartige recepten verwerkt, behalve als toplaag van moderne gerechten, maar het is wel een belangrijk ingrediënt in allerlei gebaksoorten en puddingen, en natuurlijk als hapje, broodbeleg, nagerecht en zelfs voorgerecht (vooral kleine, verse of droge kazen). Het land heeft altijd een grote verscheidenheid aan heerlijke kazen gekend (van schapenmelk, van koemelk, van geitenmelk en van combinaties daarvan), maar de laatste tijd zijn er nog veel meer op de markt gekomen, en ik ben blij te kunnen melden dat er nog maar één probleem is: het zijn er zoveel en ze zijn zo lekker!

Kleine kazen hebben meestal hun eigen seizoen, en u vindt ze dus vers, half gerijpt of gerijpt. Veel soorten zijn zacht en romig, andere hard (als ze té hard worden, worden ze soms in grote bakken vol olijfolie bewaard, maar dat gebeurt vooral op boerderijen). Elke streek heeft zijn eigen soorten, die altijd de moeite waard zijn maar zelfs onderling verschillen als ze van dezelfde soort melk gemaakt zijn. Het oude gezegde *pão e queijo e a mesa está posta* ('brood en kaas, en de tafel is gedekt') bewijst dat u voor een goede maaltijd eigenlijk niets anders nodig hebt. Veel landarbeiders eten onder het werk brood en kaas totdat ze 's avonds een echte maaltijd krijgen voorgezet.

Veel kazen komen in heel Portugal uit de huisindustrie en worden op markten en in kleine winkels verkocht, maar grotere producenten vervaardigen een flinke verscheidenheid en veel streken zijn inmiddels afgebakend voor hun kazen, zoals ook voor hun wijnen en olijfoliën. Sommige beroemde kleine kazen komen uit de provincies Ribatejo en Alentejo en worden soms van geitenmelk maar meestal van schapenmelk gemaakt. Weer andere zijn een combinatie daarvan met wat koemelk erbij. Die informatie vindt u op het etiket. In de streken rond Sintra en Mafra worden heerlijke verse kaasjes gemaakt die vooral voor Lissabon bestemd zijn. Supermarkten verkopen het hele jaar door verse kaas in grote vormen, die per kilo van de hand gaan. Ze bestaan meestal uit koemelk en zijn werkelijk heerlijk

De bekendste kleine en middelgrote droge kazen zijn *évora*, *nisa*, *serpa*, *saloio* en *rabaçal*. Sinds kort is echter ook een nieuwe soort op de markt, en de kwaliteit ervan is uitstekend: *quintã*. De provincie Trás-os-Montes heeft grotere kazen van schapenmelk (soms ook van geitenmelk). Ze zijn allebei uitstekend, maar de beste zijn *queijo terrincho* en *queijo de cabra transmontana* (beide DOP). Ook *monte* komt uit het noorden. *Castelo Branco* produceert onder zijn eigen naam een – tot vreugde van velen – uitgesproken pittige kaas. De koning van de Portugese kazen, die naar iedere maatstaf uitstekend is, is echter de unieke *serra* ('berg'). Het is een kaas van 18 cm doorsnee uit de Serra da Estrela (de hoogste van Portugal) in de streek Beira Baixa ten noorden van de Alentejo. Hij bestaat uitsluitend uit schapenmelk en is uitzonderlijk romig, zodat u hem 's winters als boter kunt uitsmeren (vandaar de categorie *amanteigado* oftewel 'boterig'). In die fase gaat er een lap katoen omheen om te verhinderen dat hij inzakt, en wordt de kaas met een lepel vanaf de bovenkant opgediend. Later wordt hij harder en snijdbaar, maar zijn textuur blijft romig. Er zijn ook veel andere 'boterige' kazen in het hele land (bijv. *barral*), die *tipo serra* heten en heel goed kunnen zijn, maar nooit kunnen tippen aan het origineel.

Veel verkocht en hoog geprezen is ook de *queijo da ilha* ('kaas van het eiland'), die vooral op het eiland São Jorge gemaakt wordt. Deze kaas kan iets kruimelig zijn en heeft een uitstekende smaak met peperige ondertonen. Andere kazen van de Azoren worden helaas niet in zo grote hoeveelheden gemaakt dat ze op het Portugese vasteland te koop zijn. Dat is erg jammer, want elk eiland heeft veel prachtige kazen, die allemaal anders zijn hoewel ze allemaal van koemelk gemaakt worden.

Voor de meeste soorten kaasgebak en puddingen gebruiken de Portugezen echter *requeijão*, die gemaakt wordt van de wei van de melk en overal vers te koop is. De smaak en structuur lijken op die van *ricotta*, die in deze gerechten eveneens bruikbaar is.

Harde kaas en zelfs *requeijão* zijn erg lekker met kweeperenjam, maar in sommige provincies neemt men er pompoenjam voor in de plaats.

Ik heb hier de belangrijkste traditionele kazen opgesomd, maar Portugal produceert ook andere soorten naar buitenlands voorbeeld en maakt bijvoorbeeld heel aanvaardbare versies van edammer en camembert.

Brooddeeg

In Portugal is kant-en-klaar brooddeeg te koop, dat u zo in de oven kunt zetten maar vermoedelijk eerder verwerkt tot luxebrood (met vlees) of gefrituurde koekjes voor de kersttijd (blz. 208). Als u geen kant-en-klaar deeg kunt krijgen, maak dan de vereiste hoeveelheid of bak van de rest brood.

Portugees boerenbrood is zwaarder dan gewoon wittebrood. Neem er harde, ongebleekte bloem voor, want dan krijgt u een goede textuur die heel anders is dan bij 'wollige' broodsoorten.

Als u brood maakt, houd dan zo mogelijk alle gereedschappen warm en zorg dat de keuken tochtvrij is, want beide factoren beïnvloeden het eindproduct.

1½ kg ongebleekte bloem
50 g bakkersgist of het equivalent daarvan als droge gist (zie de aanwijzingen op de verpakking)
1 liter lauw water
15 g zout

Er zijn veel manieren om deeg te maken, maar hier volgt een heel simpele methode die goede resultaten geeft, mits u goed kneedt.

Doe de bloem in een grote, warme kom, strooi er het zout over en maak een kuiltje in het midden.

Verkruimel de gist en roer er een beetje lauw water door. Doe de rest van het water bij dit papje, roer goed en giet het in het kuiltje. Strooi er wat bloem over en zet de kom afgedekt een halfuur op een warme plaats. Het midden moet sponzig worden. De gist krijgt zo de tijd om te rijzen, wordt luchtig en is klaar om met de rest van de bloem gemengd te worden.

Kneed het deeg 8-10 minuten grondig en voeg nog wat lauw water toe als het te droog blijft. (Dat hangt van de soort bloem af.) Het moet echt glad zijn. Maak er een bal van, leg het in een kom en laat het afgedekt rijzen totdat het volume verdubbeld is (ca. 1½ uur). Kneed het opnieuw zoals eerst, leg het in een ingevette kom of vorm en laat het nog eens 15-20 minuten rijzen. Dan is het klaar voor de oven of voor verwerking in gerechten die gewoon brooddeeg voorschrijven.

Zet het deeg het eerste kwartier in een hete oven (230 °C, stand 8) en verlaag de temperatuur dan tot 190 °C (stand 5) voor de resterende baktijd (30-40 minuten). Het brood is klaar als het hol klinkt wanneer u op de onderkant tikt.

Pasteideeg voor gebakken flappen

In de Portugese keuken wordt het fornuis veel vaker gebruikt dan de oven. Dat geldt ook voor veel gefrituurde pasteitjes (*pasteis*) met een zoete of hartige vulling in een pasteideeg dat in het vet niet doorweekt raakt of wegsmelt. Hier volgt een goed basisrecept voor zowel zoete als hartige vullingen.

300 g bloem
½ eetlepel boter
1 eetlepel reuzel
water en zout

Werk de twee vetsoorten met uw vingertoppen door de bloem, totdat het resultaat op broodkruim lijkt. Maak een kuiltje in het midden, doe er wat zout in en giet er ca. 1½ dl koud water bij – u hebt misschien niet zo veel water nodig, want de hoeveelheid hangt van de soort bloem af; gebruik dus niet alles in één keer. Kneed grondig en sla op het deeg totdat het glad en elastisch is. Maak er een bal van en leg hem onder een doek, afgedekt met een vochtige servet, zodat het deeg niet uitdroogt. Laat het 1-1¼ uur liggen. Rol het tot de vereiste dikte uit, steek er rondjes uit en leg wat vulling in het midden. Vouw ze dicht en druk de halvemaantjes overal goed aan. Frituur ze in hete olie aan beide kanten goudbruin en laat ze op keukenpapier uitlekken. Eet ze heet of koud.

Suikerstroop

In veel Portugese zoetigheden wordt een stroop van suiker en water verwerkt, maar de dikte daarvan varieert al naar gelang het gerecht. De bereiding is eigenlijk heel simpel: na een beetje oefening kunt u het zonder tabellen, thermometers en dergelijke stellen. Maar als u er niet vertrouwd mee bent, houd u dan aan de volgende richtlijnen.

Meng de suiker grondig met het water en breng alles op laag vuur aan de kook. Neem er een sterke en ruime pan voor, zodat de vloeistof niet borrelend overkookt.

Houd de stroop niet langer dan nodig aan de kook. De stroop wordt steeds dikker en uiteindelijk karamel, waarna de suiker verbrandt. Als de stroop te dik is, voegt u nog wat water toe en laat u het pruttelen totdat de gewenste dikte bereikt is.

Een lichte stroop is al vlak na het kookpunt van het water bereikt. Voor een dikkere stroop zijn hogere temperaturen nodig. Hieronder vindt u de stadia die u in recepten tegenkomt, plus de bijbehorende temperaturen in graden Celsius en Réaumur (voor als u een suikerthermometer hebt). Ook zonder thermometer kunt u de bereikte fase echter testen, en wel door op het gedrag van de stroop te letten.

Glad (101 °C/81 °R). De stroop is in deze fase heel dun en vloeibaar. Als u er een lepel insteekt, komt hij er glimmend en druipend weer uit.
Kleine draad (108 °C/86 °R). Als u in deze fase een druppel stroop tussen duim en wijsvinger neemt en uittrekt, ontstaat een zwakke draad die direct afbreekt.
Draad (110 °C/88 °R). Er ontstaat nu een iets sterkere draad met meer samenhang.
Karamel (154 °C/123 °R). De stroop wordt heel droog, lijkt op zand en wordt goudgeel. Kook de karamel heel voorzichtig door totdat de gewenste kleur bereikt is.

Tussen de genoemde fases bevinden zich nog vele andere stadia, die voor allerlei harde en zachte zoetigheden gebruikt worden. Voor de recepten in dit boek hebt u ze echter niet nodig. Sommige recepten beschrijven de stroop die in dat bijzondere geval vereist is.

Karamel voor pudding

Voor een grote vorm

150 g kristalsuiker

1½ eetlepel water

Doe water en suiker in een pannetje en kook totdat bruine vlekjes verschijnen. Dat betekent dat de suiker in karamel verandert. Zet het vuur lager en laat al roerend met een houten lepel koken totdat alles een bruine toffeekleur heeft. Giet de karamel direct in de vorm, draai hem rond en bedek de bodem en zijkanten zo nodig met behulp van de houten lepel. Karamel verbrandt makkelijk en is dan onbruikbaar. Zodra de gewenste kleur bereikt is, haalt u de pan van het vuur en verwerkt u de karamel.

TWEE

Soep

In Portugal is een dag zonder soep ondenkbaar, zeker 's avonds maar liefst ook 's middags. In het algemeen gesproken is soep onmisbaar.

De Portugezen zeggen: er is altijd ruimte voor soep. ('Wat hebben we voor soep vandaag?' is de eerste vraag die een huisvrouw te horen krijgt als de rest van het gezin thuiskomt.) Sommige mensen eten soep echter als laatste gang en niet als eerste.

Op het platteland eten sommigen, als er nog iets over is, ook graag soep als ontbijt. Daarmee kunnen ze het harde werk van die ochtend aan, vooral als er vlees, vetspek, peulvruchten en groenten in zitten.

Het is prettig om te zien dat ook elders in Europa de maaltijdsoepen de laatste tijd zo serieus worden genomen dat 'soepbars' populair worden. Dat is goed nieuws, want soep kan heel voedzaam zijn. Er is zelfs alle reden om soep als fastfood te gaan beschouwen – het is in ieder geval lekkerder dan de rest van die categorie.

Portugal kent talrijke soeprecepten. De soepen zijn vaak dik en stevig. Alleen het fundamentele bindmiddel (aardappels, bonen, kikkererwten of wat dan ook) wordt dan gepureerd; de rest wordt in kleine stukjes gesneden en toegevoegd. Maar ook consommé-achtige soepen zijn populair, en dat geldt met name voor *canja*, een bouillon van stukjes kip of alleen de ingewanden, met of zonder wat *chouriço* voor de smaak en met wat rijst of kleine pasta. Ook van vis en schaal- en schelpdieren maken de Portugezen heerlijke soep. Overigens is brood soms het hoofdingrediënt in plaats van een garnituur in de vorm van bijvoorbeeld croutons. Iedereen neemt aan dat deze soepen (de *açordas*), net als veel andere dingen, te danken zijn aan de Arabieren. (Ze hebben immers vijf eeuwen lang over Portugal geheerst.) Deze broodsoepen vindt u in het hoofdstuk over broodgerechten vanaf blz. 59.

Caldo verde

Groene soep

Provincie Minho, maar in het hele land veel gegeten

Voor 4-6 personen

Deze heel simpele maar heerlijke soep geldt tegenwoordig als dé Portugese soep bij uitstek, en het is toepasselijk dat het recept uit de noordelijke provincie Minho komt, want de soep is even groen als de streek.

Een echte *caldo verde* bevat ook wat knoflookworst (*chouriço*; zie blz. 29) en in sommige streken doen ze er een klein beetje ui in. Maar eigenlijk hebt u niet meer nodig dan de simpele versie met alleen gesnipperde kool, gepureerde aardappels, olijfolie en bijvoorbeeld wat knoflook. De kool moet zo fijn gesnipperd zijn dat hij op een bergje gras lijkt. Volgens een verkeerd ingelichte Britse journalist waren de Portugezen dan ook zo arm dat ze zelfs soep maakten van gras!

Zodra een Portugese emigrant ergens een stukje grond op de kop kan tikken, gaat hij er deze speciale koolsoort kweken, die *galega* heet omdat de groente uit de aangrenzende Spaanse streek Galicië afkomstig is. Het zijn hoge planten zoals ook boerenkool- en spruitjesplanten, en alle blaadjes aan de stengel zijn eetbaar. Deze soort is buiten Portugal bijna nooit te krijgen (behalve uit de privé-tuintjes van emigranten) en daarom heb ik met andere koolsoorten geëxperimenteerd. Boerenkool blijkt opmerkelijk vergelijkbaar met *galega*, maar in 'echte' *caldo verde* is *galega* natuurlijk onontbeerlijk.

4 middelgrote bloemige aardappels
desgewenst: 1 teentje knoflook
desgewenst: ½ uitje, fijngehakt
water en zout
2 eetlepels olijfolie
500 g boerenkool
4-8 dunne plakjes chouriço

Kook de aardappels met knoflook en desgewenst ui in water met zout gaar, terwijl u de gewassen boerenkool zo klein mogelijk snijdt. Pureer de aardappels met een vork, gooi de knoflook weg, doe de puree bij het water en voeg de olie en de kool toe. Breng het geheel aan de kook en laat het een paar minuten pruttelen.

De kooktijd van de kool hangt van zijn malsheid af, maar omdat hij heel klein is gesneden, is hij meestal snel gaar. *Caldo verde* hoort bovendien niet met slappe kool te worden opgediend. Reken er 4-5 minuten voor, controleer of de kool gaar is, corrigeer zo nodig de smaak en dien de soep direct op. Giet in elk bord desgewenst een scheutje olijfolie.

In Portugal krijgt u er een heerlijk stuk maïsbrood bij, dat kenmerkend is voor het platteland (zie blz. 60). Dien de soep anders op met een bijgerecht of vers volkorenbrood. Leg in elk bord 1-2 plakjes *chouriço* en zet er zo mogelijk schaaltje zwarte olijfjes bij.

Varianten: In alle normale, in Portugal populaire *caldo verde*-varianten is aardappel het bindmiddel. In plaats van boerenkool kunt u ook waterkers, rapengroen (zie blz. 33) of heel malse jonge sperziebonen nemen, maar pas de kooktijd dan aan. Ook Chinese koolsoorten zijn lekker in deze soep.

Canja

Kippensoep

Voor 4-6 personen

> 'De nog steeds wantrouwige Jacinto nam een hapje geurige kippenbouillon en keek naar me op... Zijn ogen glansden verrast. Nog een hap en nóg een, steeds voller en hoger opgetast. En hij glimlachte verbaasd. "Wat lekker!" Dat was het ook; het was goddelijk. Er zat lever en maag in. De geur was innemend. En met grote ijver viel ik driemaal op die soep aan. "Ik neem ook nog wat," riep Jacinto uit. Hij was nu volledig overtuigd. "Ik rammel van de honger!" zei hij. "Mijn God! Ik heb in jaren niet zo'n honger gehad!"... De volle geur van de soep in de terrine was om van te watertanden. Een malse kip op een grote schaal, bedekt met vochtige rijst en met worstjes gegarneerd, bood de schitterende aanblik van een maaltijd voor een edelman.'
> Eça de Queiroz, *A cidade e as serras*

Na *caldo verde* (zie blz. 40) is *canja* waarschijnlijk de bekendste Portugese soep. Hij wordt in de klassieke literatuur genoemd, is diep in de traditie geworteld en geldt als een uitstekend gerecht voor zieken. Al in de vijftiende en zestiende eeuw werd *canja* aanbevolen als geschikt voedsel voor tuberculoselijders. De middeleeuwse kookboekjes van prinses Maria adviseerden bij deze ziekte een geconcentreerde bouillon van een kip, die in heel weinig water gekookt werd en daarna werd fijngewreven. De puree werd dan door een zeef gedrukt om er alle waardevolle stoffen aan te onttrekken. De patiënt kreeg dit 'medicijn' elke dag voorgezet totdat hij zich beter voelde. De huidige versie is een stuk simpeler maar altijd een succes.

1 middelgrote kip met ingewanden
1 ¼ liter water
150 g rijst
zout
desgewenst: 4 kleine takjes verse munt

Maak de kip schoon en snijd hem in stukjes. Breng hem met de ingewanden in het water aan de kook en laat hem op laag vuur gaar worden. Schuim de bouillon een of twee keer af. Laat het gare vlees uitlekken en houd het apart. Kook de rijst in de bouillon gaar, proef of er nog zout bij moet, en voeg zo nodig nog wat water toe. Dien de soep op met een paar stukjes gare kip en de in blokjes gesneden ingewanden. Sommige mensen leggen graag een takje munt in elk bord.

Verwerk de rest van de kip in andere gerechten, zoals de kipfricassée van blz. 130.

Varianten:
1. Neem kleine pasta in plaats van rijst. Of voeg tegen het einde van de kooktijd voor de volle smaak een paar plakjes *chouriço* (blz. 29) toe, behalve als de soep voor een zieke bedoeld is.
2. U kunt de bouillon ook als zodanig (als consommé) opdienen, bijvoorbeeld met een paar croutons in elke kom.
3. Als u de bouillon als consommé opdient, kunt u op het allerlaatste moment, als de pan al van het vuur is, twee eierdooiers toevoegen (als de bouillon kookt, gaat het ei schiften).

Opmerking: U kunt ook *canja* maken van alleen ingewanden, mits ze vlezig genoeg zijn.

Sopa de pedra
Steensoep

Provincie Ribatejo
Voor 4-6 personen

Aan deze soep, die ondanks zijn naam heel gezond en voedzaam is, is een leuk verhaal verbonden.

Een monnik trok altijd door het hele land maar nam nooit geld of proviand mee, zodat hij af en toe moest bedelen om voedsel. Hij klopte dan bij iemand aan en vroeg een kleine kom soep. Als de mensen antwoordden dat ze geen soep in huis hadden, bood hij hun aan te laten zien hoe ze een heerlijke soep van een steen konden maken. De verbaasde gastheren volgden dan zijn aanwijzingen op: 'Neem een schone, flinke pan en doe er wat water in. Breng het aan de kook. Was intussen een middelgrote steen en leg hem in de pan. En als we dan ook nog een stuk ontbijtspek en wat botten met vlees en bijvoorbeeld een paar wortelen kunnen vinden... En als we dan ook nog wat kool en ui te pakken kunnen krijgen...' Enzovoorts.

Steensoep werd op het Portugese platteland veel gegeten. Hier volgt een recept, maar in feite kunt u er ook bijna elke andere soort groente en vlees voor gebruiken.

200-225 g gekookte ham of ontbijtspek
200 g rode bonen of gedroogde limabonen
1 liter water
1 middelgrote varkenskluif
desgewenst: een paar mergpijpen
1 middelgrote bloedworst
100 g chouriço (zie blz. 29)
200 g ui
1 middelgrote meiraap
200 g wortelen
350 g aardappels
100-150 g kool
1 teentje knoflook
1 laurierblad

Neem desgewenst in plaats van de bonen de dubbele hoeveelheid groente (behalve de ui) of 200 g geweekte kikkererwten.

Breng het vlees, desgewenst de geweekte bonen en de botten in het water aan de kook en laat alles gaar pruttelen. Als dat bijna het geval is, voegt u de kleingesneden andere ingrediënten toe. Schuim de soep af en laat alles heel gaar worden. Corrigeer zo nodig de smaak en de hoeveelheid vloeistof (het moet een dikke soep zijn). Dien de soep heel heet op en geef er knapperig brood bij.

Sopa de caldo de carne

Runderbouillonsoep

Voor 4 personen

Deze soep is bedoeld als verwerking van een rest runderbouillon of van de bouillon die hopelijk overblijft na zo'n enorme maaltijd met *cozido* (zie blz. 108).

genoeg bouillon of stoofvocht van een *cozido* (voor 4 personen)
4 sneden goed wittebrood, in de oven gedroogd en grof verkruimeld
4 kleine takjes munt

Breng het vocht aan de kook (u kunt desnoods wat bouillon van een goed blokje toevoegen) en giet het over het brood. Doe de soep in borden, leg in elk bord een takje munt en zet ze op tafel.

Variant: U kunt de genoemde vloeistof ook heel goed tot een prima doordeweekse soep verwerken door er wat kleine pasta in gaar te koken (1½ eetlepel pasta per persoon).

Sopa de carne

Rundvleessoep

Voor 4 personen

¾ liter runderbouillon
2 eetlepels kleine pasta
1 kleine aardappel, in heel kleine blokjes
1 middelgrote wortel, in dunne plakjes
1 kleine meiraap, in dunne plakjes
¼ middelgrote kool, gesnipperd
zout

Laat alle ingrediënten pruttelend gaar worden (20-25 minuten). Voeg zo nodig meer bouillon toe, corrigeer de smaak en dien de soep gloeiend heet op.

Variant: Halverwege de kooktijd kunt u een paar plakjes *chouriço* (zie blz. 29), wat ontbijtspek of wat gaar rundvlees toevoegen voor een vollere smaak.

Sopa da romaria

Festivalsoep

Madeira
Voor 4 personen

Madeira en de Azoren hebben oeroude tradities die trouw in ere worden gehouden, ongetwijfeld omdat het eilanden zijn. Na alle pret van een *romaria* wordt u van deze soep weer mens.

500 g rundvlees (naborst of schenkel)
1 middelgrote tomaat, ontveld, ontpit en kleingesneden
1 grote ui, fijngehakt
2 grote wortelen, in dunne plakjes
4 middelgrote aardappels, in vieren
zout

Laat het vlees in genoeg water met zout bijna gaar pruttelen. Voeg de andere ingrediënten toe en laat alles nog eens 40-50 minuten op laag vuur doorpruttelen. Zowel de groenten als het vlees moeten heel zacht zijn. Dien de soep gloeiend heet en met knapperig brood op.

Sopa seca do Minho

Droge soep uit Minho

Voor 4 personen

Een Portugese huisvrouw is zuinig en fantasierijk. In haar keuken wordt heel weinig verspild en het is bijna een zonde om goed voedsel weg te gooien, alleen maar omdat het aan tafel is overgebleven. Daar staat tegenover dat ze te vaak te royale hoeveelheden klaarmaakt. Dat zijn dus twee goede redenen om op allerlei manieren aan restverwerking te doen. Na een *cozido* is het altijd prijs, want het vlees is geschikt voor allerlei vullingen en van de groenten en het stoofvocht maakt ze soep. Maar als u toevallig een rest *cozido* en wat gare kikkererwten over hebt, probeer dan eens deze voedzame 'droge soep', die een volledige maaltijd is.

2 middelgrote uien, fijngehakt
2 middelgrote tomaten, ontveld, ontpit en kleingesneden
2 eetlepels olijfolie
2 eetlepels peterselie, fijngehakt
beetje bouillon
genoeg gaar vlees voor 4 personen
6-8 sneden brood
wat gare kool (de hoeveelheid hangt af van de vraag of u sperziebonen gebruikt),
300 g gare kikkererwten
200 g gare sperziebonen (mits in het seizoen)

Fruit de uien in de olie doorschijnend en bak de tomaten en peterselie dan nog 3-4 minuten mee. Doe de inhoud met wat bouillon in de pan met vlees. Kook alles 4-5 minuten en houd het apart.

Bekleed een diepe, beboterde vlamvaste schaal met de helft van het brood. Leg daarop lagen vlees, groenten en kikkererwten. Dek alles met brood af. Giet er weer wat bouillon over en zet het gerecht in de oven (190 °C, stand 5) totdat de bovenkant goudbruin en knapperig is. Dien het direct op.

Sopa de coelho bravo (ou lebre)

Soep van wild konijn (of haas)

Binnenland
Voor 4-6 personen

Soep van wild is altijd iets bijzonders en wat meer inspanning waard. In plaats van een heel dier kunt u natuurlijk ook stukken vlees, het karkas, alle afsnijdsels (hoe meer hoe beter natuurlijk) en de ingewanden nemen (mits ze in goede conditie zijn).

1 klein wild konijn of deel ervan (zie boven)
ca. 100 g presunto (zie blz. 29) of goed ontbijtspek, in blokjes
1 eetlepel reuzel
1 eetlepel boter
3 eetlepels port of droge madera
1 grote ui, fijngehakt
2 blaadjes laurier
2 middelgrote wortelen, kleingesneden
2 tenen knoflook, fijngehakt
3 takjes peterselie, fijngehakt
4-6 peperkorrels
1¼ liter kippenbouillon of andere goede bouillon zonder uitgesproken smaak
1 eetlepel maïzena, opgelost in wat water
1½ dl witte wijn
garneren met: handje croutons per persoon

Doe alle ingrediënten (behalve de wijn en maïzena) in een pan en laat alles gaar worden. Zeef de soep, houd de bouillon apart en gooi alle botjes en ongewenste delen weg. Snijd het vlees en de groenten heel klein, doe ze bij de bouillon, breng alles aan de kook en voeg de maïzena toe. Laat de soep in een paar minuten binden. Voeg de port of madera en zo nodig nog wat water toe. Breng de soep zo nodig op smaak en dien hem op met de croutons.

Variant: Uit hetzelfde gebied komt ook een iets andere soep van wild konijn.

3 dl witte wijn
2 tenen knoflook, fijngehakt
versgemalen peper
zout
3 takjes peterselie, fijngehakt
1 middelgroot wild konijn, schoongemaakt en in stukjes
1 liter water

100-150 g vet ontbijtspek, in stukjes
2 grote wortelen, gehalveerd
1 grote ui, fijngehakt
1 middelgrote aardappel, gehalveerd
3 sneden oud brood

Maak een marinade van de wijn, knoflook, wat water, zout, wat peper en peterselie. Marineer het konijn 4-6 uur. Breng de rest van het water met alle andere ingrediënten aan de kook, voeg het konijn met zijn marinade toe en laat het vlees gaar pruttelen. Zeef de soep om alle stukjes konijn te pakken te krijgen. Been ze uit en pureer de wortelen en de aardappel grof. Doe het uitgebeende vlees en de gepureerde groenten weer in de bouillon. Voeg zo nodig nog wat water en zout toe, laat de soep nog 3-4 minuten pruttelen en bind hem door er een paar oude boterhammen in te weken.

Sopa de perdiz

Patrijzensoep

De meeste provincies in het binnenland
Voor 4 personen

Als u patrijzen hebt klaargemaakt en wat van de bouillon over hebt, is dit een heerlijke manier om het restant te verwerken. Elke andere soort wild is echter ook geschikt, en u kunt een soep als deze heel goed verrijken met bijvoorbeeld room, eierdooiers en port. Maar experimenteer eerst met een klein gedeelte voordat u er uw hele bouillonvoorraad aan waagt.

1 liter patrijzenbouillon
1 grote ui, fijngehakt
1 eetlepel boter
1 eetlepel reuzel
ca. 100 g presunto (zie blz. 29) of mager ontbijtspek, in dobbelsteentjes
genoeg boterhammen voor croutons (geroosterd of gebakken)
zout en peper naar smaak

Controleer of de bouillon nog wat peper nodig heeft, maar voeg pas zout toe als het gerookte vlees gaar is. Fruit de stukjes ui in de boter en reuzel doorschijnend. Doe ze bij de bouillon, voeg het vlees toe en laat alles gaar pruttelen. Schep de soep in een terrine, doe er veel croutons bij en dien het gerecht op.

Variant: Voeg rijst en gesnipperde kool toe, als toevoeging op de suggesties die hierboven zijn vermeld.

Sopa de camarão e mexilhões

Garnalensoep met mosselen

Provincie Douro Litoral

Voor 6 personen

Deze voedzame soep is een volledige maaltijd.

700 g ongepelde garnalen
700 g levende mosselen
1½ dl witte wijn
1 flinke theelepel paprikapoeder
3 peperkorrels
zout en peper
1 grote ui, fijngehakt
2 eetlepels boter
2 eetlepels bloem
4 hardgekookte eieren
1 dl slagroom

Doe alle goed schoongemaakte garnalen en mosselen in een pan, voeg zo veel water toe dat ze onderstaan, en doe er wijn, paprikapoeder, peperkorrels, peper en zout bij. Breng alles aan de kook en laat het 3-4 minuten afgedekt pruttelen. Haal de pan van het vuur en zeef de inhoud. Gooi mosselen weg die niet zijn opengegaan, en haal de rest uit de schelp. Pel de garnalen. Houd ze samen met de mosselen apart. Wrijf de garnalenpantsers fijn om er het vocht aan te onttrekken, zeef het en doe het bij de bouillon. Bak de ui in de boter lichtbruin en voeg de bouillon toe en breng de kook. Laat alles 8-10 minuten pruttelen. Maak een papje van de bloem met wat water en bind er al roerend de bouillon mee. Voeg zo nodig nog wat water en zout toe, doe er de garnalen en mosselen bij en verwarm de soep weer. Garneer met kleine stukjes hardgekookt ei en 'eilandjes' room in het midden. Dien de soep direct op en geef er stukken vers brood bij.

Sopa de camarão

Garnalensoep

Lissabon en omstreken

Voor 4-6 personen

De garnalen geven een opvallende en verfijnde smaak aan deze soep, en mensen die van pikant eten houden, zullen merken hoe lekker de chilipepers erin zijn.

1¼ liter water
zout en peper
500 g rauwe, ongepelde garnalen
desgewenst: paar chilipepertjes
1 grote ui, fijngehakt
1 grote tomaat, ontveld, ontpit en kleingesneden
1 grote teen knoflook, fijngehakt
3 takjes peterselie, fijngehakt
1 laurierblad
4 eetlepels olijfolie
1 dessertlepel maïzena
4 middelgrote sneden oud of gebakken brood, in blokjes

Breng een deel van het water met wat zout aan de kook. Was intussen de garnalen heel goed en kook ze 3-4 minuten. Laat ze zover afkoelen dat ze hanteerbaar zijn, laat ze uitlekken en pel ze. Wrijf de pantsers met het vocht in een vijzel fijn. (Op die manier komt zoveel mogelijk smaak en vocht vrij.) Kook de pulp en desgewenst de chilipepers 8-10 minuten in de rest van het water. Zeef het en gooi de pantsers en chilipepers weg. Bak intussen de ui, knoflook, tomaat, peterselie en laurierblad in de olie op laag vuur en doe er dan de twee gezeefde bouillons bij. Breng alles aan de kook, maak een papje van de maïzena met wat koud water en bind er in 4-5 minuten al roerend de soep mee. Voeg de garnalen toe, breng de soep weer aan de kook, corrigeer zo nodig de smaak en dien hem op met blokjes brood.

Sopa de peixe da Madeira

Vissoep uit Madeira

Voor 4-6 personen

Net als de meeste andere Portugese vissoepen is dit een dikke soep. Het verschil is dat men op Madeira andere kruiden gebruikt, zodat de soep anders smaakt. Op Madeira wordt er degenvis voor gebruikt, maar u kunt er ook een andere soort vis met glad visvlees voor nemen.

500 g vis met kop en staart
1 grote ui, fijngehakt
500 g tomaten, ontveld, ontpit en kleingesneden
6 eetlepels olijfolie
2 grote aardappels, geschild en in dikke plakken
2 takjes bonenkruid
1 flinke theelepel oregano
4 eetlepels witte wijn
ca. 300 g oud brood, in grove stukken
zout en peper

Kook de vis gaar in zo veel water dat hij onderstaat, en verwijder dan de graten en het vel. Wrijf het visvlees een beetje fijn en houd het apart. Bak de ui en tomaten in de olie gaar (8-10 minuten), doe ze met de aardappels en kruiden bij de visbouillon en kook de aardappels gaar. Laat dan de vis en de wijn 3-4 minuten meepruttelen, corrigeer zo nodig de smaak en voeg desgewenst nog wat water toe. Giet de soep over het brood.

Sopa de peixe
Vissoep uit Alentejo

Voor 4 personen

Dit is een voedzame maaltijdsoep met veel vis.

600 g rog of een soortgelijke (witte) vis, in dikke moten
1 dl wijnazijn
2 blaadjes laurier
1 grote theelepel paprikapoeder
zout
8 takjes koriander, fijngehakt
2 tenen knoflook, fijngehakt
4 eetlepels olijfolie
1 dessertlepel maïzena
ca. 200 g oud brood

Marineer de vis ca. 2½ uur in een mengsel van azijn, laurier, paprikapoeder en zout. Fruit de koriander en knoflook in de olie. Doe er de vis en de marinade bij en voeg zo veel kokend water toe dat alles onderstaat. Kook de vis gaar (10-15 minuten). Haal de moten eruit, ontgraat ze als ze niet perfect presentabel zijn en laat ze anders heel. Houd ze warm. Maak een papje van de maïzena met wat water en bind er in 3-4 minuten al roerend de kokende bouillon mee. Voeg zo nodig nog wat zout en water toe. Leg het kleingesneden oude brood in een terrine, schep er de vis op en giet er de kokende soep overheen, of geef de soep in individuele kommen.

Sopa de peixe
Vissoep uit de Algarve

Voor 4 personen

Het gaat in dit geval om de verwerking van een vissenkop en bouillon. Meestal neemt men er zeebaars of heek voor, en die moet natuurlijk kakelvers zijn.

4 eetlepels olijfolie
1 grote ui, fijngehakt
5 middelgrote tomaten, ontveld, ontpit en in grove stukken
3 takjes peterselie, fijngehakt
1¼ liter visbouillon van afsnijdsels (20-25 minuten gekookt en dan gezeefd)
500 g aardappels, in dikke plakken
1 grote rode paprika, zonder zaadjes en in dunne reepjes
zout
1 grote kop van een witte vis (of 2 kleinere), schoongemaakt
4 gepocheerde eieren
4 sneden oud brood

Maak een *refogado* (zie blz. 26) van olie, ui, tomaten en peterselie. Laat alles gaar worden, voeg de bouillon toe en breng het geheel aan de kook. Voeg de aardappels, de paprika en wat zout toe en laat ze half gaar worden (10-15 minuten). Leg de vissenkop in de pan en laat alles nog 15 minuten afgedekt pruttelen. Voeg zo nodig nog wat zout toe. Pocheer de eieren. Leg het brood in een terrine, giet er de soep over, voeg de eieren toe en bekroon het geheel met de kop als garnering. Dien de soep gloeiend heet op.

Sopa de ameijoas
Venusschelpensoep

Algarve
Voor 4-6 personen

In de Algarve vindt u een overvloed aan heerlijke venusschelpen en allerlei andere schelpdieren. Iedereen eet ze en veel mensen gaan ze zelf op het strand zoeken, want dan zijn ze werkelijk vers.

750-1000 g venusschelpen
1¼ liter visbouillon
6-8 eetlepels witte wijn
1 teen knoflook, uitgeperst
2 blaadjes laurier
2 middelgrote uien, fijngehakt
2 middelgrote tomaten, ontveld, ontpit en kleingesneden
2 eetlepels olijfolie
mespunt paprikapoeder
zout en peper
100 g rijst
4 takjes peterselie, fijngehakt

Maak de schelpdieren schoon en leg ze een tijd in water met zout. Breng intussen de bouillon met alle andere ingrediënten (behalve de peterselie en de rijst) aan de kook. Laat alles 10 minuten pruttelen, voeg de uitgelekte schelpdieren toe en kook ze 10-12 minuten mee. Schuim de soep af. Haal de scherpdieren eruit en kook de rijst in de bouillon gaar. Haal intussen de schelpdieren uit de schelpen en doe ze in de soep. Corrigeer zo nodig de smaak, voeg de peterselie toe en laat de soep nog 2-3 minuten pruttelen. Geef er knapperig brood bij.

Sopa de ameijoas

Venusschelpensoep uit Minho

Voor 4-6 personen

Venusschelpen komen niet alleen aan de zuidkust voor. Ook langs andere stranden zijn ze te vinden, en in Minho wordt er een heerlijke soep van gemaakt.

1 kg venusschelpen (of mosselen)
water of visbouillon
1 grote teen knoflook, fijngehakt
1 takje peterselie, fijngehakt
3 takjes koriander, fijngehakt
4 eetlepels olijfolie
zout en peper
4 sneden oud maïs- of volkorenbrood

Maak de schelpdieren goed schoon en breng ze met wat water of visbouillon, knoflook, peterselie, koriander, olie en peper en zout aan de kook. Laat de schelpdieren in 4-5 minuten opengaan en gaar worden. Scheur intussen het brood in kleine stukjes en verdeel ze over de soepkommen. Haal de pan van het vuur en voeg zo nodig nog wat zout en bouillon toe. Verdeel de schelpdieren met een schuimspaan over de kommen en schep er de bouillon over. De hoeveelheid vocht hangt af van hoe vloeibaar u de soep wilt eten.

Sopa de grão

Kikkererwtensoep

Voor 4-6 personen

Dit is een heerlijke soep en een voedzaam begin van een goede middagmaaltijd. U kunt er een rest kikkererwten voor gebruiken. Maak bijvoorbeeld een dubbele hoeveelheid en warm het restant een paar dagen later op.

350 g kikkererwten
2 middelgrote uien, fijngehakt
1 teen knoflook, fijngehakt
300 g scheuten van rapengroen (zie blz. 33), spinazie of een bosje waterkers
3 eetlepels olijfolie
zout

Week de kikkererwten een nacht en kook ze met de ui en knoflook in 1 liter kokend water gaar (de tijdsduur hangt van hun ouderdom af; het kan best meer dan een uur duren, maar met een snelkookpan bent u in de helft van die tijd klaar). Pureer ze, werk ze door een zeef en houd ze apart. Kook de groente intussen in een minimale hoeveelheid water gaar en roer de blaadjes met hun kookvocht door de puree. Corrigeer zo nodig de smaak met peper, zout en olie en voeg, als nodig, nog wat water toe.

Variant: Laat de groente weg en voeg 100 g gare rijst toe. Roer goed.

Sopa de feijão

Bonensoep met kool

Voor 4 personen

Dit is een van de meest gegeten, voedzaamste en lekkerste doordeweekse soepen in Portugal. U kunt variëren door ontbijtspek, *chouriço* (zie blz. 29), gerookte ham, een stuk vet varkensvlees of rundvlees toe te voegen.

1¼ liter water
200 g rode nierbonen, een nacht geweekt
1 middelgrote ui
2 eetlepels olijfolie
1 teen knoflook
1 laurierblad
zout en peper
1 kleine kool, gesnipperd

Doe het water en de bonen in een pan en breng ze met ui, olie, knoflook, laurier en peper aan de kook. Kook ze 10 minuten op hoog vuur, zet het vuur dan laag en laat de bonen gaar worden. Gooi het laurierblad weg en zeef of pureer de bonen, maar laat er een paar heel voor de garnering. Voeg de kool en het zout toe en kook de kool gaar. Corrigeer de smaak, doe er zo nodig nog wat water bij en schep de soep in borden. Garneer ze met wat hele bonen en giet een scheutje olijfolie in elk bord.

Sopa de favas

Tuinbonensoep

Alle provincies in het noordelijke binnenland
Voor 4 personen

Deze zeer voedzame en smakelijke soep is een volledige maaltijd en vooral erg lekker met maïsbrood of compact volkorenbrood. Of geef er croutons bij.

500 g tuinbonen (gedopt gewogen; door ze dubbel te doppen wordt de soep fluweelzacht)
100 g presunto (zie blz. 29), in kleine blokjes
1 grote ui, fijngehakt
1 middelgrote wortel, in kleine blokjes
60 g rijst
2 eetlepels olijfolie
zout en peper
4 takjes verse koriander

Kook de tuinbonen met de andere ingrediënten in water gaar en pureer ze (bijvoorbeeld in een blender) tot een gladde, romige soep. Geef er maïsbrood, volkorenbrood of croutons bij.

Varianten:
1. Neem gedroogde tuinbonen in plaats van verse. Week ze een nacht, kook ze gaar en pureer en zeef ze. U kunt er vlak voor het opdienen, als de soep nog kokend heet is, gare bloemkoolroosjes en een eierdooier aan toevoegen.
2. Vegetariërs kunnen de ham gewoon weglaten en er wat sojasaus bij doen.

Sopa de puré de ervilhas

Erwtensoep

Maak deze soep net zoals tuinbonensoep (hierboven) en neem er verse of gedroogde (een nacht geweekte) erwten voor. Voor deze verrukkelijke soep zijn croutons het klassieke garnituur. Dezelfde varianten zijn mogelijk, maar u kunt ook andere bedenken.

Sopa de legumes

Groentesoep

Deze eenvoudige, gezonde soep wordt glad en romig als u hem met een blender of zeef pureert.

200 g aardappels
200 g meiraapjes
200 g wortel
desgewenst: 150-200 g pompoen
1 middelgrote ui
1 teentje knoflook
1 klein laurierblad
2 eetlepels olijfolie
zout
7½ dl kokend water
garneren met: croutons en wat fijngehakte peterselie

Kook alle ingrediënten in ca. 25 minuten gaar. Verwijder het laurierblad en pureer de rest. Voeg zo nodig nog wat water toe. Corrigeer de smaak en dien de soep met croutons en peterselie op.

Variant: Ik maak deze soep graag zonder meiraapjes maar met een flinke eetlepel fijngehakt korianderblad, die ik in de laatste 2 minuten van de kooktijd toevoeg. In dat geval laat ik ook de peterselie weg.

Sopa de tomate com ovo e pão

Tomatensoep met ei en brood

Lissabon en omstreken
Voor 4-6 personen

Dit is een heel simpele, dikke soep waarvan u gemakkelijk een lichte maaltijd kunt maken. Hij is lekker en voedzaam, en écht makkelijk te maken. Ik kook hem vaak voor mijn gezin als ik iets gezonds, goedkoops, snels, kleurigs en lekkers op tafel wil zetten.

2 eetlepels goede olijfolie
200 g ui, in plakjes
250 g rijpe tomaten, ontveld, ontpit en kleingesneden
laurierblad
1 teentje knoflook, geschild en met wat zout fijngewreven
2 takjes peterselie, fijngehakt
desgewenst: ¼ theelepel paprikapoeder
6 dl water (om te beginnen)

300 g aardappels, geschild en in dikke plakken
zout
4-6 dikke sneden oud boerenbrood
4-6 eieren, gepocheerd

Doe de olie in een pan en fruit de ui op laag vuur goudbruin. Voeg tomaten, laurier, knoflook, peterselie en (desgewenst) paprikapoeder toe. Laat alles 5 minuten zweten en giet er het water bij. Voeg de aardappels en wat zout toe en laat de aardappels gaar pruttelen. Corrigeer de smaak en voeg zo nodig nog wat water toe (maak de soep in deze fase niet te dik, want straks gaat er brood bij, en dat absorbeert een deel van de vloeistof). Leg in elke soepkom eerst een snee brood en daarna een gepocheerd ei en schep er de soep overheen. (De eieren worden traditioneel in de soep zelf gepocheerd, voordat de pan van het vuur gaat en nadat u de smaak en dikte gecontroleerd hebt.)

Sopa de feijão verde com tomate

Sperziebonensoep met tomaat

Voor 4 personen – Provincie Ribatejo

Als er sperziebonen zijn, worden ze in Portugal veel gegeten, hetzij als bijgerecht bij vlees of vis, hetzij als soep. We zijn ze als variant van *caldo verde* (blz. 40) al tegengekomen, maar ze zijn ook heerlijk als soep met ui en tomaat.

1 middelgrote ui, in ringen
2 eetlepels olijfolie
100 g rijpe tomaat, ontveld, ontpit en kleingesneden
2 takjes peterselie, fijngehakt
1 teentje knoflook, fijngehakt
1 klein laurierblad
1 liter kokend water
zout
4 middelgrote bloemige aardappels, geschild en gehalveerd
250 g heel jonge sperziebonen, kleingesneden
desgewenst: mespunt oregano

Fruit de ui 4-5 minuten op een laag vuur in de olie. Voeg de tomaat, peterselie, knoflook en laurier toe en bak ze 2-3 minuten mee. Voeg het water, wat zout en de aardappels toe, laat alles 5 minuten pruttelen, doe er de sperziebonen bij en laat alles op laag vuur gaar worden. Gooi de laurier weg, haal de aardappels eruit, pureer ze en doe ze weer bij de soep (maak u geen zorgen als ze in het water een beetje kapot zijn gegaan). Corrigeer zo nodig de smaak, dien de soep gloeiend heet op en bestrooi hem dan met wat oregano.

Variant: Een voedzamere versie ontstaat als u in elk bord voor het opdienen een paar stukken zelfgebakken brood legt en het per persoon van een gepocheerd ei voorziet. Laat in dat geval de oregano weg.

Sopa de castanhas piladas

Kastanjesoep

Noordelijke provincies

Voor 4 personen

Het kastanjeseizoen is kort, en daarom worden ook gedroogde kastanjes gegeten. Die hebben een heel eigen, stevige structuur en zijn mild zoet.

1 middelgrote ui, in plakjes
3 eetlepels olijfolie
ca. 100 g gedroogde kastanjes, een nacht geweekt (bewaar het weekwater)
100 g gedroogde limabonen, een nacht geweekt
60 g rijst
zout

Fruit de ui op zacht vuur gaar zonder kleur te laten krijgen. Breng de kastanjes (met hun weekwater) en de bonen aan de kook en laat ze bijna gaar worden. Voeg de rijst, zo nodig nog wat water, zout en de ui toe en laat alles afgedekt gaar pruttelen. Corrigeer zo nodig de smaak en de dikte en dien de soep bij koud weer gloeiend heet op.

Papas de milho

Maïspap

Voor 4-6 personen – De meeste provincies in het binnenland

Dit hartige gerecht kunt u een soep noemen. De dikte ervan is een kwestie van persoonlijke smaak, maar het gerecht wordt meestal opgediend als pap met de dikte van pudding. Op koude dagen is het een prettige, voedzame eerste gang. Zie ook de zoete maïspap van blz. 179.

1 dl water
200 g grof maïsmeel (zie blz. 31)
2 eetlepels olijfolie
zout

Breng de ene helft van het water aan de kook en roer intussen het meel met de andere helft van het water. Doe de meelpap in de pan kokend water. Roer op laag vuur grondig en voeg olie en wat zout toe. Laat het afgedekt 15-20 minuten pruttelen en roer af en toe om klontjes te voorkomen. Voeg meer water toe als u de pap te dik vindt. Corrigeer zo nodig de smaak en dien het gerecht gloeiend heet op. Probeer *papas* eens; het zal niet bij die ene keer blijven.

Variant: Neem de helft van de hoeveelheid maïsmeel en voeg een bosje kleingesneden waterkers, spinazie of rapengroen (blz. 33) toe.

Opmerking: Maïspap is hetzelfde als polenta en is de laatste tijd populair geworden. In Portugal wordt de pap echter op smaak gebracht met olijfolie of (op Madeira) met boter, nooit met kaas. De recepten in dit boek geven een dunnere versie van maïs als bijgerecht. De pap is ongeveer zo dik als aardappelpuree. Italiaanse winkels verkopen een makkelijk maïsmeel dat heel geschikt is voor dit gerecht.

DRIE

Broodgerechten

De moren schijnen in Portugal broodgerechten geïntroduceerd te hebben, maar ik neem aan dat de Portugezen ze geestdriftig ontvangen hebben en almaar nieuwe, exotische variaties op dit thema zijn blijven bedenken. In het hele land bestaan talloze broodgerechten – soepen, hoofdgerechten en nagerechten – en het zijn er zoveel dat ze een apart hoofdstuk verdienen.

Açordas bestaan meestal uit brood dat met een paar andere ingrediënten gekookt is zodat een klonterig mengsel ontstaat (laat u niet door deze beschrijving afschrikken, want broodgerechten zijn dan wel niet altijd het toppunt van glamour maar met hun smaak is niets mis). *Ensopados* zijn een soort stoofgerechten. *Migas* is een soort *açorda* maar verschilt er ook duidelijk van. Voorts zijn er 'droge soepen', *gaspachos* en als klap op de vuurpijl zoete gerechten.

Al deze gerechten hebben natuurlijk één groot voordeel: u ruimt er resten oud brood mee op. In Portugal wordt heel veel brood gegeten. Het staat bij elke maaltijd op tafel, wordt bij elk hartig gerecht (inclusief de soep) opgediend en wordt met fruit als hapje gegeten. Daarom is er vaak genoeg over om er iets anders van te kunnen maken. Een oud Portugees spreekwoord luidt: 'Soep zonder brood alleen in de hel.' Op het platteland bestaat een populair tussendoortje dat *sopas de cavalo cansaso* (soep van het vermoeide paard) heet. Het bestaat uit stukken brood die in rode wijn geweekt worden en dan royaal met suiker worden bestrooid. Het is een heerlijke opkikker; vandaar de naam. Als het een paard tot nieuw leven kan wekken, dan lukt dat bij iedereen.

Het brood in *açordas* en de andere broodgerechten moet echter van goede kwaliteit zijn. Bij boeren is het misschien zelfgebakken, hoewel dat steeds minder voorkomt. Maar in Portugal is zogenoemd boerenbrood te koop, dat niet helemaal wit maar ook niet echt volkoren is. Ook in Italië en Griekenland bestaan zulke soorten, die veel steviger en compacter zijn dan gewoon wittebrood. Ongebleekte, traditioneel gemalen bloem komt het dichtst in de buurt van de bloem die voor boerenbrood gebruikt wordt. Ook andere goede broodsoorten zijn voor deze gerechten geschikt, maar het eindresultaat wijkt dan iets af van het Portugese origineel. Neem er liever geen fonkelwit brood van de 'wattige' soort voor, want dat geeft een laffe, niet erg aantrekkelijk pap.

Broa de milho
Maïsbrood

Voor 2 broden

Dit zware, ronde brood komt eigenlijk uit de noordelijke provincies maar wordt tegenwoordig in heel Portugal gegeten en is boerenbrood op zijn best. *Pão de milho* of *broa* is nu in elke supermarkt te koop, maar ik weet zeker dat mijn smaakpapillen me niet bedriegen als ik de *broa* die mijn grootmoeder vroeger bakte, heel wat lekkerder vind dan de huidige commerciële versie.

Een goed gemaakt maïsbrood kruimelt heel makkelijk en is ideaal om soep te binden (*caldo verde* bijvoorbeeld, die traditioneel met een snee maïsbrood wordt opgediend; zie blz. 40). Het is ook lekker met die heerlijke zwarte olijfjes die zo kenmerkend voor een Portugese maaltijd zijn, maar ook met kaas, zo vers uit de oven, zodat u volop van de dikke korst en compacte structuur kunt genieten.

In sommige Portugese provincies komt veel witte maïs voor, en die wordt dan ook in hun *broa* verwerkt, maar meestal gebruikt men gele maïs. De eindresultaten zijn vrijwel identiek. De hoeveelheid tarwe (die altijd wordt toegevoegd, want maïsmeel alleen is te zwaar) verschilt van streek tot streek. De maïsbroodrecepten worden van moeder op dochter overgeleverd en automatisch uitgevoerd. Niets wordt opgeschreven; al het meten en wegen gebeurt op het oog en met een ervaren hand. Ik adviseer beginners om met de helft van de hieronder genoemde hoeveelheden te beginnen. En laat u niet afschrikken door de 'kokend water'-methode, want die is bij het maken van maïsbrood essentieel.

35 g verse gist
200 g ongebleekte witte tarwebloem voor brood
500 g grof maïsmeel
15 g zout
6½ dl kokend water

(Dit is een traditioneel recept voor zware *broa* – zoals het hoort te zijn. Neem voor een lichtere versie evenveel maïsmeel als bloem of zelfs iets meer bloem. De methode blijft hetzelfde.)

Verkruimel de gist en roer er wat lauw water door. Doe een kwart van de bloem bij het maïsmeel en roer goed. Doe het mengsel in een grote kom en giet er het kokende water over. Roer met een spatel, zodat u uw handen niet verbrandt. Laat het afgedekt staan totdat het iets is afgekoeld en u het een paar minuten kunt kneden. Voeg zout, gist en de rest van de tarwebloem toe. Kneed nu echt grondig en voeg heel langzamerhand een beetje lauw water toe als u het deeg te droog vindt (maar niet eerder). Dek het gladde deeg met een doek en een deken af en laat het een uur op een warme plaats rijzen. Kneed opnieuw (ditmaal een paar minuten) en verdeel het in tweeën. Maak van elke helft een bal en rol ze door een kom met wat bloem erin, zodat het deeg overal bedekt is. Daardoor krijgt de *broa* na het bakken een wittige korst met mooie, geelbruine scheuren erin.

Leg de broden in een ingevette en met bloem bestoven braadslee en laat ze afgedekt nog 20 minuten op een warme plaats rijzen. Zet ze dan 25 minuten in een tot 210 °C (stand 7) voorverwarmde oven of totdat het brood hol klinkt als u op de onderkant tikt. Het brood mag niet ongaar zijn maar ook niet overgaar, want dan droogt het uit. Haal de broden uit de braadslee en laat ze op een rooster afkoelen.

In een plastic zak in de broodtrommel is maïsbrood lang houdbaar en na een week nog heel goed te eten. U kunt het ook invriezen.

Açordas

Açorda

Broodpap in Portugese stijl

Voor 4 personen

Dit is de simpelste vorm van een *açorda*, maar daarom niet minder lekker: het gerecht is zelfs opvallend smakelijk. Het is tegenwoordig misschien een beetje uit de gratie als vaste hap voor kleine kinderen, maar nog niet zo lang geleden werd het vaak voor dit doel gebruikt – hoewel ook volwassenen er hun neus niet voor ophaalden. Net als andere *açordas* is het geschikt als bijgerecht bij gebakken of gegrilde vis.

2 eetlepels olijfolie
1 grote teen knoflook, fijngehakt
3 dl kokend water met zout
300 g oud brood, in kleine stukjes
desgewenst: 1 groot ei (of 2 kleine)

Meng de olie en knoflook met het kokende water, voeg het brood toe en zet alles op het vuur. Roer totdat een zachte, dikke pap is ontstaan (ca. 10 minuten).

U kunt het gerecht een vollere smaak geven door er aan het eind van de kooktijd losgeklopt ei door te roeren. Dien het direct op.

Açorda de bacalhau

Açorda met bacalhau

Noordelijke provincies

Voor 4-6 personen

In het uiterst godsdienstige noorden van Portugal proberen de mensen tijdens de vasten geen vlees te eten. Dit gerecht wordt daarom vooral in die tijd van het jaar gegeten.

400 g goed, oud wittebrood, in dunne boterhammen
2 middelgrote uien, in dunne plakjes
5 eetlepels olijfolie
2 middelgrote tomaten, ontveld, ontpit en kleingesneden
1 laurierblad
1 teen knoflook, fijngehakt
350 g bacalhau (zie blz. 28), 24 uur geweekt (ververs het water van tijd tot tijd)
6 dl water
zout en peper
4 eieren
garneren met: paar olijven

Fruit de uien een paar minuten in de olie en voeg de tomaten, laurier en knoflook toe. Spoel intussen de bacalhau af, verwijder vel en graten en schilfer het visvlees. Kook het in de helft van het water gaar (ca. 15 minuten). Voeg de rest van het water toe, laat koken en voeg peper en zout naar smaak toe en doe er het brood en het uienmengsel bij. Laat alles al roerend even pruttelen. Na 8-10 minuten moet alles gaar zijn. Haal de pan van het vuur en roer er losgeklopte eieren door; breng het gerecht niet meer aan de kook en dien het direct op. Het moet de dikte van aardappelpuree hebben.

Variant: In plaats van de eieren los te kloppen kunt u ze ook pocheren en op de *açorda* leggen.

Açorda de marisco

Açorda met schaal- en schelpdieren

Estremadura, vooral Lissabon en omstreken

Voor 4-6 personen

Deze *açorda* is kenmerkend voor de streek rond Lissabon en is de laatste jaren erg populair geworden. Veel restaurants zijn er zelfs in gespecialiseerd. Het gerecht smaakt werkelijk glorieus en is heel voedzaam. Als u dit als hoofdgerecht neemt, hoeft u er van mij niets anders bij te nemen.

600 g gemengde schaal- en schelpdieren (schoongemaakt, gaar en zonder schelp gewogen)
300 g vis met stevig wit vlees (bijv. zeeduivel)
6 dl kookvocht
2 tenen knoflook, heel fijn gehakt
zout en peper
4 eetlepels olijfolie
600 g oud wittebrood, in stukjes
6 takjes verse koriander, fijngehakt
4 eieren

Als u de rauwe schaal- en schelpdieren zelf kookt, bewaar dan het vocht en zeef het. Kook de vis gaar en schilfer het vlees. Bewaar ook daarvan het kookvocht en ga na of u de vereiste 6 dl hebt. Is er iets over, gooi het dan niet weg, want de *açorda* mag niet te droog zijn en hoort de consistentie van aardappelpuree te hebben.

Doe kookvocht, knoflook, zout, peper en olie in een grote pan, steek het vuur aan en doe er het brood bij. Laat het geheel al roerend op laag vuur pruttelen totdat een soort brei is ontstaan. Voeg de koriander, vis en schaal- en schelpdieren toe (houd een paar garnalen achter als garnering) en breng alles weer al roerend aan de kook. Corrigeer zo nodig de smaak en roer, vlak voordat u de *açorda* van het vuur haalt, de losgeklopte eieren door het gerecht. Leg er de achtergehouden garnalen op en dien het direct in de pan op. De pan is traditioneel van aardewerk, maar ook een andere soort is geschikt. In restaurants wordt het gerecht in individuele aardewerk kommen opgediend.

Variant: Garnalen-*açorda* is een duurdere versie van dit gerecht. Er worden alleen garnalen (of kreeft of een combinatie ervan) gebruikt, maar sommige restaurants vullen dat aan met wat stevig visvlees, zoals hierboven. De vloeistof moet visbouillon zijn of nog liever het gezeefde kookvocht van uw garnalen of kreeft, maar dan moet u ze natuurlijk zelf koken. Hoe dan ook, deze *açordas* horen uitgesproken naar schaaldieren te smaken. In deze variant laat u de koriander overigens weg.

Açorda alentejana
Broodsoep uit Alentejo

Voor 4 personen

Dit is het allergeurigste broodgerecht en de Portugezen zijn er bijzonder dol op. Het is gelukkig makkelijk te maken, maar een grote hoeveelheid koriander is onmisbaar. Kunt u die niet krijgen, bewaar deze *açorda* dan tot een moment dat u dit heerlijke kruid wél bij de hand hebt.

3 tenen knoflook
8-10 takjes verse koriander
1 liter kokend water
zout
4 eetlepels olijfolie
500 g oud wittebrood (zie blz. 59 voor tips over het juiste brood voor *açordas*)
4 eieren, gepocheerd

Pureer de knoflook en koriander (of wrijf ze met wat zout in een vijzel fijn) en doe deze puree in een grote schaal. Doe er kokend water, zout naar smaak en olie bij. Breek het brood in kleine stukjes en week ze een tijd in het water. Verdeel het gerecht over 4 soepkommen, leg er steeds een ei op en dien het direct op.

Dit gerecht is als soep bedoeld en mag niet te droog zijn. Alles hangt van het soort brood af, maar u hebt misschien wat extra kokend water met zout nodig om voor wat vocht rond het brood te zorgen.

U kunt deze *açorda* opdienen met een bijgerecht van gebakken of gegrilde vis en olijven.

Açorda madeirense
Açorda in de stijl van Madeira

Voor 4-6 personen

De *açorda*-traditie schoot ook wortel op Madeira, waar een eigen versie ontstond. Het is een gerecht voor een winteravond (hoewel op Madeira nauwelijks winters bestaan) dat nog voedzamer wordt met een bijgerecht van in de schil gebakken of gekookte zoete aardappels, die op Madeira veel gegeten worden.

400 g oud brood, in blokjes van 2 cm
desgewenst: 100 g gare maïs
3 tenen knoflook, goed fijngewreven
1 eetlepel tijm
4 eetlepels olijfolie
1¼ liter kokend water met zout
4-6 gepocheerde eieren
zout en peper

Doe het brood met desgewenst de maïs in een grote schaal en bestrooi het met knoflook en tijm. Voeg de olie en het kokende, zoute water toe (meestal het water waarin de eieren gepocheerd zijn). Het vocht wordt bijna helemaal door het brood geabsorbeerd. Dien het direct met de gepocheerde eieren op en geef er een bijgerecht bij (zoete aardappels of alleen olijven).

Migas

Net als *açorda* zijn *migas* boerengerechten zonder veel elegantie maar met een overvloed aan smaak en voedzaamheid. '*Migas* maken' (*fazer migas*) betekent op sommige plaatsen gewoon het weken van kruimels maïs- of boerenbrood in een vloeistof. Koffie*migas* is bijvoorbeeld broodkruim in zwarte koffie. Het wordt met suiker bestrooid, heel heet in een kommetje opgediend en langzaam met een lepel gegeten. Ik herinner me nog de vakanties die ik als kind op de boerderij van mijn grootmoeder in de Ribatejo doorbracht. Ik kreeg er koffie*migas* als ontbijt (gevolgd door de allerheerlijkste verse vijgen). Ze stond altijd vroeg op, en zodra ik hoorde dat ze alleen in de keuken was, rende ik erheen om met haar *migas* te eten. Dat was ons geheimpje, want eigenlijk mocht ik geen koffie zonder melk.

De scheidslijn tussen *açordas* en *migas* is soms nogal vaag en kan ook een kwestie van plaatselijke terminologie zijn, maar *migas* hebben meestal een andere structuur, zijn droger en zien er soms uit als omeletten (opgerold of plat).

Migas do Ribatejo

Migas uit Ribatejo

Voor 4-6 personen

Dit gerecht heeft een heel volle smaak en wordt gemaakt van het glorieuze, zware, vochtige en kruimelende maïsbrood dat in de provincies Ribatejo, Minho, Trás-os-Montes en Alto Douro in heel veel boerengezinnen gegeten wordt.

350 g maïsbrood (zie blz. 60; of anders het zwaarst mogelijke volkorenbrood), in niet te dunne boterhammen
genoeg kokend water met zout om het brood onder te zetten
1½ dl olijfolie
2 tenen knoflook, fijngehakt

Leg de boterhammen in een diepe, grote koekenpan en giet er zo veel kokend water met zout bij dat ze net onderstaan en al het vocht absorberen. Laat het al roerend op laag vuur pruttelen. Roer er de olie en knoflook door en maak er met behulp van twee houten lepels of paletmessen een rol van. Kook nog 5 minuten door en schud af en toe aan de pan. Het brood moet stevig zijn als een opgerolde omelet met een goudbruine korst. Geef het als bijgerecht bij gebakken vis of worst.

Migas à moda da Beira Litoral

Migas op de wijze van Beira Litoral

Voor 4-6 personen

Deze *migas* is substantiëler dan de meeste andere versies en is dan ook geschikt voor winterdagen. Het gerecht komt oorspronkelijk uit het Lousãgebergte in Beira, waar het 's winters bitter koud kan zijn.

ca. 500 g spruiten van rapengroen (zie blz. 33), gewogen na verwijdering van de harde delen
200 g gare limabonen met hun kookvocht
2 tenen knoflook, fijngehakt
olie
400 g maïsbrood (zie blz. 60)

Kook de groenten gaar. Breng de gare bonen in hun kookvocht aan de kook (ze moeten onderstaan). Bak de knoflook in de olie. Houd alles heel heet. Vul een warme terrine met afwisselende lagen bonen, brood en groente. De eerste moet uit bonen bestaan, de laatste uit groente. Verdeel er de knoflook en olie over en dien het gerecht direct op, bijvoorbeeld bij gebakken Portugese *chouriço* of bij varkenskarbonades die u in reuzel gebakken hebt en met fijngehakte knoflook en wat paprikapoeder op smaak hebt gebracht. Het bonenvocht moet net genoeg zijn om het brood te doorweken.

Als u geen maïsbrood kunt krijgen en geen zin hebt om het te bakken, neem er dan een zwaar volkorenbrood voor.

Migas à Beira Baixa

Migas in de stijl van Beira Baixa

Voor 4-6 personen

4½ dl kokend water met zout
1 theelepel paprikapoeder
2 tenen knoflook, fijngehakt
2 takjes peterselie, fijngehakt
400 g oud brood, in dunne boterhammen
50 g presunto (zie blz. 29), in dunne plakjes
100 g chouriço (zie blz. 29), in plakjes
4 eetlepels olijfolie
4-6 in olie gebakken eieren

Breng het water aan de kook met paprikapoeder, knoflook en peterselie. Maak in een diepe schaal afwisselende lagen brood, ham en worst. Giet er het water over en laat alles een uurtje staan, zodat het brood grondig doorweekt wordt. Doe de helft van de olie in een grote koekenpan, zet hem op het vuur en schep er de broodmassa in; plet haar met een houten lepel zodat een soort pizza ontstaat. Bak de onderkant goudbruin en keer de 'pizza' door een groot, plat bord als een deksel op de koekenpan te leggen, de hele zaak te keren, de rest van de olie in de pan te doen en de 'pizza' weer in de koekenpan te laten glijden. Bak ook de andere kant goudbruin, leg er de eieren op en dien het gerecht op.

Migas alentejanas

Migas uit Alentejo

Voor 4 personen

100 g vet ontbijtspek
400 g varkensfilet
2 grote tenen knoflook, fijngehakt
150 g chouriço (zie blz. 29)
1 flinke theelepel paprikapoeder
zout
400 g oud brood, in dunne boterhammen (zie blz. 59 voor tips over het juiste brood)
3 dl kokend water met zout

Snijd het spek in stukjes en bak ze uit totdat al het vet is vrijgekomen. Houd de kaantjes apart. Snijd de varkensfilet in blokjes van 2 cm en bak ze met de knoflook en worst in het vet. Bestrooi het geheel met zout en paprikapoeder, keer het vlees voortdurend en laat het gaar worden (hooguit 10-15 minuten). Zet het vlees apart (houd het warm) en bewaar het vet en vocht. Overgiet het brood in een schaal met water en pureer het zodat het op aardappelpuree gaat lijken. Doe de puree in de koekenpan met het vet en zet hem op het vuur. Bak de *migas* terwijl u hem oprolt als een omelet. Laat een goudbruine korst ontstaan, leg er het vlees omheen en dien het gerecht op.

Ensopados

Brood is ook een van de ingrediënten van *ensopados*, een woord dat 'geweekt' betekent. *Ensopados* zijn vochtige stoofgerechten waarin de overtollige vloeistof geabsorbeerd wordt door brood, dat dus als bindmiddel dient. Ze zijn vooral bij Portugezen thuis populair, in restaurants minder. U kunt ze klaarmaken met vlees of met vis, en van beide geef ik hier een voorbeeld.

Ensopada de cabrito

Ensopada van geitenvlees

Alentejo, maar in het hele land gegeten

Voor 4-6 personen

1½ dl witte wijn
1 eetlepel wijnazijn
2 tenen knoflook, fijngehakt
1 laurierblad
½ theelepel paprikapoeder
zout en peper
1 kg geitenvlees of heel mals en mager lamsvlees
1 grote ui, fijngehakt
4 eetlepels olijfolie
1 eetlepel reuzel
1 middelgrote tomaat, schoongemaakt en kleingesneden
5 dl vleesbouillon (desnoods van een blokje)
4 dikke sneden heel goed, oud brood

Maak een marinade van wijn, azijn, knoflook, laurier, paprikapoeder, zout en peper. Snijd het vlees in niet te grote stukken en marineer ze twee uur. Fruit de ui in een grote pan in olie en reuzel. Zeef het vlees en bak het bruin. Voeg de marinade, tomaat en bouillon toe. Dek de pan af en laat het vlees op laag vuur gaar pruttelen. Corrigeer de smaak, leg de boterhammen in de borden en schep er het gerecht op. Doe er nog wat brood bij als het geheel te vochtig is.

Variant: U kunt dit gerecht ook maken met konijn, haas, ander wild of kalfsvlees.

Ensopado de peixe

Visensopado

Algarve

Voor 4-6 personen

1 middelgrote ui, fijngehakt
3 eetlepels boter
1 eetlepel olijfolie
zout en peper
1 kg visfilets (bijv. van zeeduivel, zeebaars of verse kabeljauw)
1½ dl witte wijn
3 eierdooiers
1 eetlepel citroensap
4-6 grote sneden geroosterd brood
2 takjes peterselie, fijngehakt

Bak de ui in de boter en olie doorschijnend. Bestrooi de stukken vis met zout en peper en doe ze met de wijn bij de ui. Laat ze in ca. 15 minuten afgedekt gaar pruttelen. Laat de stukken uitlekken en houd ze warm. Klop de dooiers los met het citroensap, doe ze bij het vocht in de pan en roer goed. Laat het mengsel op laag vuur een beetje binden. Verdeel het brood over de borden en leg er de stukken vis op. Overgiet ze met saus, bestrooi ze met peterselie en dien ze direct op met gekookte, gebakken of gepureerde aardappels.

Droge soepen

Deze gerechten zijn eigenlijk helemaal geen soep en evenmin droog. De naam is waarschijnlijk eeuwenoud en niemand schijnt te weten waarom ze zo heten. Een 'droge soep' lijkt veel meer op een stoofschotel, maar dan met brood. Droge soepen zijn simpele en gezonde boerenmaaltijden waarin u allerlei resten kunt verwerken.

Sopa seca do Minho

Droge soep op de wijze van Minho

Voor 4-6 personen

400 g kip
200 g mager rundvlees
10 g presunto (zie blz. 29)
100 g chouriço (zie blz. 29)
100 g ontbijtspek
1¾ liter water met zout
1 middelgrote wittekool, in grote stukken
1 takje verse munt, fijngehakt
300 g oud wittebrood, in plakken

Laat al het vlees in het water bijna gaar pruttelen (begin met het rundvlees), voeg de kool toe en laat ook die op laag vuur gaar worden. Haal het vlees uit de pan en snijd het in stukjes. Doe de soep in een ovenvaste schaal. Voeg vlees, munt en ten slotte het brood toe en druk het in de vloeistof, zodat het doorweekt raakt. Zet de schaal boven in een tot 190 °C (stand 5) voorverwarmde oven of totdat het brood goudbruin is (ca. 15 minuten).

Variant: De inwoners van Minho maken een substantiëlere *sopa seca* door toevoeging van 4-5 aardappels, 2 wortelen, een middelgrote ui en een meiraap, allemaal in dikke plakken en meegekookt met de kool. De groenten en het vlees worden dan in lagen op elkaar gelegd en afgedekt met brood. Neem in dat geval peterselie in plaats van munt.

Sopa seca de alho

Droge soep met knoflook

Alto Alentejo

Voor 4 personen

Dit is eigenlijk meer een *açorda*, behalve dan dat het deels in de oven wordt klaargemaakt. Het is de simpelst denkbare *sopa seca*, maar daarom niet minder voedzaam en smakelijk – een uitmuntend plattelandsgerecht.

3 tenen knoflook, fijngehakt
4 eetlepels olijfolie
1 flinke theelepel paprikapoeder
6 dl kokend water
zout en peper
400 g oud brood (zie blz. 59 voor tips voor het juiste brood)
1 ei

Bak de knoflook in de olie goudbruin. Voeg paprikapoeder, kokend water, zout en peper toe en doe alles in een ovenvaste schaal. Voeg het brood toe, druk het goed aan en bestrijk de bovenkant met losgeklopt ei. Zet het gerecht midden in een tot 190 °C (stand 5) voorverwarmde oven en laat het goudbruin worden (20-25 minuten). Geef er gebakken of gepocheerde eieren, roerei of gebakken vis bij.

Sopa seca de bacalhau

Droge soep met bacalhau

Voor 4-6 personen

Het zou raar zijn als er niet ook een droge soep met bacalhau bestond. Het gerecht is heel smakelijk (zoals alles met bacalhau) en een goed alternatief voor droge soepen met vlees. Het is ook een prima manier om resten bacalhau en kikkererwten te verwerken.

1 grote ui, fijngehakt
2 tenen knoflook, fijngehakt
2 takjes peterselie, fijngehakt
4 eetlepels olijfolie
400 g gare bacalhau (zie blz. 28)
400 g gare kikkererwten
250 g oud brood, in plakken
6 dl kokend water (liefst het kookvocht van de bacalhau, anders water met zout)
zout en peper

Bak de ui, knoflook en peterselie in de olie bruin. Verdeel dit mengsel tussen lagen geschilferde bacalhau, kikkererwten en brood in een diepe, ovenvaste schaal; de boven- en onderlaag moet uit brood bestaan. Giet er het kokende water over en laat het gerecht midden in een tot 190 °C (stand 5) in ca. 20 minuten goudbruin worden.

Gaspachos

Bezoekers aan Spanje, waar dit gerecht *gazpacho* heet, kennen het omdat het er in de zomer veel wordt opgediend. De Portugese provincies Alentejo en Algarve hebben eigen versies van deze soep. Het belangrijkste verschil is dat Portugese *gaspacho* niet helemaal glad is, zodat de knapperigheid van sommige ingrediënten bewaard blijft.

Tijdens de hete zomerdagen van Zuid-Portugal zijn deze *gaspachos* erg lekker en verfrissend.

Gaspacho alentejano

Gaspacho op de wijze van Alentejo

Voor 4-6 personen

2 middelgrote, rijpe, maar stevige tomaten, ontveld en ontpit
½ theelepel oregano
2 tenen knoflook, in de vijzel grondig fijngewreven met wat zout

2 eetlepels olijfolie
2 eetlepels wijnazijn
½ middelgrote komkommer
1 kleine, groene paprika, schoongemaakt
1 liter ijskoud water
200 g oud brood, in heel kleine stukjes
zout

Pureer een van de tomaten en roer er oregano, knoflook, olie en azijn door. Doe de puree in een dienschaal. Snijd de andere tomaat en de komkommer heel klein en snijd de paprika tot lucifertjes. Doe de groenten in de schaal. Voeg het ijskoude water toe en doe er zo nodig nog wat zout of azijn bij. Roer er het brood door en houd de soep in de koelkast koud.

Gaspacho do Algarve

Gaspacho uit de Algarve

Deze soep heet in de Algarve ook *arjamolho*. Het recept is bijna identiek aan het vorige, maar er gaat geen komkommer in. De helft van de ingrediënten wordt met de knoflook gepureerd, de rest wordt klein gesneden. De werkwijze is dezelfde.

Folares of Bolas

Broodpastei

De meeste provincies in het binnenland, vooral in het noorden
Voor 6 personen

Een *folares* of *bolas* kan hartig of zoet zijn. Ik geef hier de hartige versies, die we als 'broodpasteien' kunnen omschrijven, en bewaar de zoete voor het hoofdstuk over gebak.

De pasteien hebben een korst van een soort verrijkt brooddeeg en horen eigenlijk bij bijzondere feesten zoals Pasen, maar dat verhindert niemand om ze ook op andere dagen te maken en de laatste tijd dienen ze bij sommige goede bakkers als een soort kant-en-klare maaltijd. Het verschil tussen *folares* en *bolas* is minimaal en is alleen een kwestie van regionale terminologie. Neem ze vooral mee in de picknickmand, want met een salade zijn ze een perfecte maaltijd buitenshuis.

's Zomers vindt u op markten in heel Portugal kramen die niets anders verkopen dan heerlijke, hete broodjes die met *chouriço* erin gebakken zijn. Dat zijn kleine uitvoeringen van broodpasteien.

Deeg

20 g verse gist
zout
500 g bloem
3 grote eieren
2 eetlepels boter, gesmolten

Vulling

150 g chouriço (zie blz. 29), zonder vel en in plakjes
250 g gerookte ham (presunto of iets dergelijks; zie blz. 29), in plakjes

Verkruimel de gist, doe er wat lauw water en zout bij en roer. Voeg de bloem toe, meng grondig, voeg af en toe druppels lauw water toe en kneed er een glad deeg van. Laat het afgedekt 6-8 minuten rusten. Klop de eieren los met de boter en meng ze grondig met het deeg. Als u het deeg te slap vindt, voegt u nog wat bloem toe, maar het moet heel luchtig zijn en aanzienlijk zachter dan gewoon brooddeeg. Beboter een vierkant bakblik van 23 cm (of een rechthoekig blik met dezelfde inhoud). Verdeel het deeg in drieën. Bekleed met de eerste lap de bodem en zijkanten van het blik en leg er de helft van de vulling op. Leg daarop de twee lap deeg, verdeel er de rest van de vulling over en dek het geheel met de derde lap deeg af. Laat het gerecht onder een doek op een warme plaats 45-60 minuten rijzen. Zet het 25-30 minuten in een tot 200 °C (stand 6) voorverwarmde oven of totdat het deeg goudbruin is. Haal het uit het blik, bestrijk het met boter en laat het op een rooster afkoelen.

Varianten:

1. Een goed recept voor broodpastei met wild komt uit de provincies Entre Douro en Minho.

Voor 6 personen

1 grote ui, fijngehakt
4 eetlepels olijfolie
ca. 1 kg brooddeeg, zo mogelijk van tarwebloem en roggemeel
500 g konijn (wild of tam)
1 grote kippenpoot
1 kwartel (of desnoods nog een kippenpoot)
200 g kalfsvlees om te stoven
ca. 200 g chouriço (zie blz. 29)
100 g presunto (zie blz. 29)
zout en peper

Bak de ui in de olie goudbruin. Voeg het vlees, peper en zout en een scheutje water of bouillon toe en laat het vlees op laag vuur gaar pruttelen. Controleer de smaak, been het vlees uit en snijd het in stukjes. Houd ze apart.

Vet een diep, vierkant bakblik van 30 cm dik in. Verspreid twee derde van het brooddeeg over de bodem en zijkanten en laat het overal iets boven de rand uitsteken. Leg er het vlees en het (zo nodig eerst ingekookte) stoofvocht in. Leg er de rest van het deeg als een deksel op en vouw de randen naar binnen, zodat geen vocht kan ontsnappen. Zet het gerecht een uur later in de oven. Verwarm deze tot 210 °C (stand 7), zet het blik erin en verlaag de temperatuur tot 190 °C (stand 5). De pastei moet na 25-30 minuten mooi bruin zijn. Bestrijk het gebak buiten de oven met boter om het te laten glanzen en laat het op een rooster afkoelen.

Deze pastei is koud even lekker als warm.

2. U kunt ook andere vullingen nemen, zolang ze maar zwaar en goed gekruid zijn. En ook het brooddeeg kunt u naar smaak variëren. Een goed basisdeeg voor dit doel kunt u maken van de volgende ingrediënten:

500 g bloem
20 g verse gist
1 theelepel zout
100 g boter of margarine

VIER

Vis

Duizenden jaren geleden was vis een van de belangrijkste voedingsmiddelen van de volkeren aan de kust van het land dat later Portugal zou worden. Dat geldt nog steeds en vis is een van de zegeningen van de Portugese gastronomie. Sommige heel goedkope vissen, zoals sardines en *carapaus* ('horsmakrelen'), zijn bovendien erg lekker. Iedereen houdt van de alomtegenwoordige heek, en dat is ook het geval bij een lange, smalle vis die *peixe espada* ('degenvis') heet. Die laatste is zilverwit, heeft geen schubben en is zowel gebakken als gegrild heerlijk. Er zijn vele soorten zeebaars en zeebrasem, tarbot, tonijn, rog, vleet, hondshaai, tong, kongeraal, paling, forel, mul, zwaardvis, grouper enzovoort.

Omdat zoutevis in de Portugese keuken zo'n grote rol speelt, geef ik hem de plaats die hem toekomt: de eerste in de rij.

Bacalhau

In heel Portugal bestaan vele tientallen verschillende recepten voor zoutevis oftewel bacalhau, en voortdurend duiken nieuwe op. Men zegt dat iemand een jaar lang elke dag een ander bacalhaugerecht zou kunnen eten, maar of dit nu overdreven is of niet, door de enorme veelzijdigheid van bacalhau is het een geloofwaardige uitspraak. Bacalhau leent zich goed voor allerhande gerechten en u kunt er uw creativiteit op los laten. De *fiel amigo* ('trouwe vriend'), zoals de Portugezen hem daarom wel noemen, harmonieert met verschillende smaaksensaties, en als u bang bent dat zijn sterke smaak u tegenstaat, probeer dan eerst de mildere gerechten. Dan begrijpt u waarom iedereen er zo'n drukte over maakt. Neem bijvoorbeeld de bacalhaukoekjes, de beignets of de uiterst geraffineerde bacalhau met room.

Basisbereiding: de meeste recepten schrijven voor dat u de bacalhau voor het klaarmaken moet weken. Spoel hem onder de kraan goed af om een deel van het zout kwijt te raken, leg hem in een grote kom en voeg zo veel water toe dat hij ruim onderstaat. Week heel dunne stukken 12 uur en dikke stukken 24 uur en ververs het water 4-5 keer. Proef voor het koken een stukje om zeker te weten dat de vis niet meer bremzout is, maar een béétje zoutig moet hij blijven, anders wordt het gerecht te flauw. Voor de meeste gerechten moet u de vis na het weken van vel en graten ontdoen, en dat gaat veel makkelijker dan bij verse vis. Als u gaat pocheren of barbecuen, kunt u het vel beter laten zitten, maar in dat geval moet u het ontschubben, net als verse vis. Na het weken wordt bacalhau verder als verse vis behandeld, en hij is heel snel gaar.

Vergeet nooit dat u aan een gerecht met bacalhau geen zout mag toevoegen voordat u het geproefd hebt; houd rekening met het nog resterende zout in de vis, dat waarschijnlijk bijna of helemaal genoeg zal zijn voor het hele gerecht.

Tips: Met het aangegeven gewicht in de recepten is het gewicht vóór het weken bedoeld.

Als u vaker bacalhau wilt klaarmaken, week dan meer dan u nodig hebt, en leg de rest goed ingepakt in plastic in het vriesvak.

Als u de bacalhau niet direct na aankoop verwerkt, doe de vis dan in een plastic zak en leg hem onder in de koelkast. Dat verhindert uitdrogen en een vislucht in de koelkast. Verwerk hem binnen 2-3 weken.

Bacalhau de consoada (Bacalhau com todos)

Bacalhau voor Kerstmis (met alles)

Provincies Entre Douro en Minho, maar ook veel andere streken

Maak voor het diner van de vooravond van Kerstmis grote hoeveelheden 'bacalhau met alles'.

gare bacalhau (uiteraard geweekt zoals boven en uiteraard van het beste deel – het midden)
aardappels, in de schil gekookt en nog warm geschild
kool (liefst de zgn. Portugese kool, die buiten Portugal niet makkelijk te vinden is maar vervangen kan worden door andere, goede kool)
hardgekookte eieren

Kook de bestanddelen van dit diner en serveer ze direct, zodat ze dan op hun best zijn. Zet ze in aparte schalen op tafel. Het olie- en azijnstelletje op tafel levert de gebruikelijke finishing touch, naast fijngehakte knoflook, zout en peper.

Bij dit feestmaal maken sommige Portugezen de volgende saus met olijfolie:

3 eetlepels olijfolie per persoon
1 teen knoflook per persoon, fijngehakt
1 theelepel wijnazijn per persoon (of minder naar smaak)

Verhit de olie en knoflook, haal de pan van het vuur, roer grondig de azijn door de olie en dien de saus in een kom op.

Alles wat van dit gerecht overblijft (het is op de vooravond van Kerstmis natuurlijk maar een van de vele gangen!), wordt de volgende dag opgewarmd als voorgerecht voor de kalkoen.

Neem voor dat opwarmen 1½ eetlepel olijfolie en een halve teen knoflook per persoon en bak de knoflook op laag vuur goudbruin. Roer de rest bacalhau (geschilferd en zonder vel en graten), aardappels en kool (kleingesneden) door de olie. Laat alles voorzichtig warm worden en dien het direct op.

Opmerking: Op de vooravond van Kerstmis wordt in dit gerecht kool verwerkt, maar in het seizoen wordt 'bacalhau met alles' ook opgediend met loten van rapengroen (zie blz. 33).

Bacalhau à Gomes de Sá

Bacalhau op de wijze van Gomes de Sá

Oporto
Voor 4-6 personen

Van elk populair gerecht bestaan veel varianten, en het ingewikkeldste is meestal het oorspronkelijke. Dit gerecht is daar geen uitzondering op. Men zegt dat een bacalhaukoopman uit Oporto het gerecht heeft uitgevonden. Het nu volgende recept is volgens deskundigen het echte, want de familie Gomes de Sá bestaat nog steeds en het recept is van geslacht op geslacht overgeleverd. Het geheim schuilt in het gebruik van melk om de vis mals te maken.

500 g bacalhau van het dikke middengedeelte
3 dl hete melk
1¼ dl olijfolie
2 middelgrote uien, in plakjes
2 tenen knoflook, fijngehakt
700 g aardappels, in de schil gekookt, geschild en in plakjes gesneden
zout en peper
3-4 hardgekookte eieren
2 takjes peterselie, fijngehakt
garneren met: 20 zwarte olijven

Week de bacalhau 24 uur en ververs het water enkele malen. Leg de vis in een pan met zo veel kokend water dat hij onderstaat, maar breng het niet meer aan de kook en week de bacalhau, afgedekt met een dikke doek, 30 minuten in het hete water. Giet de bacalhau af en verwijder het vel en de graten. Schilfer het visvlees met uw vingers, leg de stukjes in een diep schaal en giet er de hete melk over. Laat ze 2 uur staan. Doe de olie, uien en knoflook en een grote pan en fruit alles goudbruin. Voeg de plakjes aardappel en de goed uitgelekte bacalhau toe. Voeg zo nodig zout toe en strooi er peper over. Verwarm het gerecht in de olie op laag vuur en keer de ingrediënten af en toe, maar laat ze niet echt bakken. Schep alles in een ovenvaste schaal (zo mogelijk van aardewerk) en zet het 15 minuten boven in een tot 210 °C (stand 7) voorverwarmde oven. Garneer met plakjes ei, peterselie en olijven en dien het direct op.

Bacalhau à Brás

Bacalhau op de wijze van Brás

Provincie Estremadura
Voor 4-6 personen

Niemand weet wie Brás was, maar het gerecht dat hij uitvond, is bepaald erg lekker en in de meeste Portugese restaurants populair.

350-400 g bacalhau, grondig geweekt
500-600 g aardappels
olie om te bakken
2 tenen knoflook
zout (zo nodig) en peper
5 eieren
1 eetlepel peterselie, fijngehakt

Bereid de bacalhau zoals gewoonlijk voor (zie blz. 76). Verwijder het vel en de graten en was de vis opnieuw, maar kook hem niet. Trek hem met uw vingers in reepjes en dep ze met een doek of keukenpapier droog. Schil de aardappels en snijd ze in flinterdunne lucifertjes. Verhit in een grote koekenpan de olie, bak daarin de tenen knoflook (die alleen hun smaak moeten afstaan), gooi ze weg en bak dan op laag vuur de aardappels; keer ze af en toe en laat ze gaar maar niet bruin worden. Laat ze uitlekken en houd ze apart. Bak in diezelfde olie op laag vuur de stukjes bacalhau 5 minuten. Doe de aardappels weer in de pan en roer. Proef of er nog zout bij moet. Bestrooi alles met peper en roer er met een grote vork de losgeklopte eieren door: het mengel mag niet opstijven als een omelet maar moet op roerei lijken. Bestrooi het gerecht met peterselie en geef er een salade met olijven bij.

Variant: Ga te werk zoals hierboven, maar bak ook een grote ui in dunne plakjes in de olie doorschijnend en roer ze door de andere ingrediënten voordat u de eieren toevoegt.

Meia-desfeita com grão

Bacalhau met kikkererwten

Provincie Estremadura

Voor 4-6 personen

Dit zware en heerlijke lunchgerecht is in de hele provincie Estremadura terecht beroemd. In Lissabon waren vroeger verscheidene restaurants in dit gerecht gespecialiseerd. Ze schijnen het helaas niet overleefd te hebben, maar het gerecht staat nog steeds op veel menukaarten en is ook thuis makkelijk te maken.

350 g bacalhau van het dikke middengedeelte
350 g kikkererwten
1 middelgrote ui, fijngehakt
1 teen knoflook, fijngehakt
3 takjes peterselie, fijngehakt
1½ dl olijfolie
1 eetlepel wijnazijn
zout en peper
2-3 hardgekookte eieren, in plakjes

Week dikke stukken bacalhau minstens 24 uur in koud water en ververs het enkele malen. Week de kikkererwten een nacht. Kook eerst in ruim water met zout de kikkererwten gaar (dat kan 1½-2 uur duren, tenzij u de snelkookpan gebruikt, want dan hebben ze een kooktijd van 25-30 minuten). Ontschub de bacalhau en kook hem gaar in zo veel water dat hij onderstaat (20 minuten). Voeg geen zout toe, maar controleer aan het einde of er nog wat bij moet – ik neem aan dat de vis lang genoeg geweekt heeft. Maak dan het garnituur. Meng de ui, knoflook en peterselie. Meng in een apart kommetje de olie en azijn. Leg de vis in een diepe schaal en schep er de uitgelekte kikkererwten over. Giet er het oliemengsel overheen, bestrooi alles met het uienmengsel en garneer met plakjes gekookt ei.

Pasteis de bacalhau

Bacalhaukoekjes

Voor 24-30 stuks

> 'Ze ging naar huis om viskoekjes te eten. Elke dag at ze 's middags en 's avonds viskoekjes van bacalhau.'
> Camilo Castelo Branco, *Noites de Lamego*

Dit is een Portugees lievelingsgerecht. Het komt eigenlijk uit het noorden maar is zo populair dat het een nationaal gerecht is geworden. Bacalhaukoekjes zijn warm of koud ideale tussendoortjes, en feestelijke gelegenheden – van de geraffineerdste tot de simpelste – zijn zonder deze koekjes ondenkbaar. Als de Portugezen één gerecht in hun hart hebben gesloten, dan is dit het. Snobs doen er misschien wel eens wat minachtend over, omdat ze niet graag toegeven dat ook zij van dit 'armeluisgerecht' houden, maar laat u niet misleiden: ze eten ze waarschijnlijk als niemand kijkt.

Bacalhaukoekjes worden verkocht in delicatessenwinkels, banketbakkerijen, wegrestaurants, taveernes, kortom: overal in Portugal. Als u geen bacalhau kunt krijgen of er niet van houdt, kunt u ze ook heel goed van verse kabeljauw maken.

300 g dikke bacalhau, geweekt zoals gewoonlijk (zie blz. 76)
400 g bloemige aardappels
3 eieren
1 uitje, heel fijn gehakt
2 eetlepels peterselie, heel fijn gehakt
frituurolie

Week de bacalhau en ververs het water meermaals (zie blz. 76). Kook de aardappels gaar (liefst in de schil, want dan nemen ze geen water op), schil ze en pureer ze. Zet intussen de bacalhau onder kokend water en laat hem afgedekt op laag vuur gaar pruttelen (ca. 20 minuten). Laat hem uitlekken, verwijder het vel en de graten en schilfer hem eerst met uw vingers en dan met een vork zo goed mogelijk; de vis mag niet te draderig zijn. (De juiste manier is als volgt: doe de geschilferde vis in een schone doek, vouw hem dicht, wring goed en bewerk hem met uw vuisten. Op die manier krijgt u een soort puree.) Roer deze massa door de aardappelpuree, voeg een voor een de eieren toe en doe er de ui en peterselie bij. Proef of er nog zout bij moet (waarschijnlijk niet, want ondanks het weken en koken bevat de vis nog genoeg zout; hoe dan ook, de koekjes mogen niet te zout worden.) Het mengsel moet behoorlijk stijf zijn: een lepel moet er rechtop in kunnen blijven staan. Als u het te droog vindt, kunt u 1-2 eetlepels melk toevoegen. Laat het volledig afkoelen. Maak met twee eetlepels een soort grote eieren van het mengsel, leg ze in de hete olie, keer ze drie- tot viermaal en laat ze mooi bruin worden. Haal ze er met een grote vork of schuimspaan uit en laat ze op keukenpapier uitlekken. Ga zo door totdat de hele massa verwerkt is. Geef ze warm met bacalhaurijst (blz. 85), tomatenrijst (blz. 153) en/of een salade of serveer ze koud met olijven of zonder iets erbij. Heerlijk!

Bacalhau com Molho de Tomate

Bacalhau met tomatensaus

Als hoofdgerecht voor 2 personen

Dit is een handig gerecht voor een diner met gasten. U kunt het tevoren klaarmaken en opwarmen.

350 g bacalhau
bloem
400 g aardappels
4 eetlepels olijfolie
tomatensaus (zie blz. 141)
paneermeel

Bereid de bacalhau voor zoals in de inleiding van dit hoofdstuk is beschreven. Verwijder het vel van de geweekte bacalhau en snijd er blokjes van zo'n 2 cm van (nauwkeurigheid is niet nodig, want later worden ze met tomatensaus bedekt). Snijd ze dan horizontaal doormidden, zodat u plakjes krijgt van ca. 1 cm dik – ook nu is nauwkeurigheid overbodig. Dep de stukjes met keukenpapier droog, bestuif ze met bloem en bak ze een paar minuten op hoog vuur aan elke kant in de hete olie. Houd ze apart. Kook de aardappels gaar en snijd ze in tamelijk dikke plakjes. Zorg dat de tomatensaus klaarstaat (u kunt hem een dag tevoren maken). Vet een diepe, ovenschaal royaal in met olijfolie. Verdeel een paar eetlepels saus over de bodem. Leg daarop een laag aardappels, bedek ze met wat saus, leg daarop een laag bacalhau en schep er de rest van de saus overheen; bedek alles goed. Bestrooi het geheel met paneermeel en zet de schaal 10-15 minuten boven in een tot 210 °C (stand 7) voorverwarmde oven. Als u het gerecht tevoren wilt klaarmaken, kunt u dat doen tot aan het moment dat u de bacalhau met saus bedekt. Maak het dan vlak voor het opdienen af. Houd het niet te lang in de oven, want de saus mag niet te veel uitdrogen.

Bacalhau com natas

Bacalhau met room

Voor 4 personen

Dit is een moderner maar nu al traditioneel gerecht dat mild smaakt en heel mooi en erg lekker is. Maak het bijvoorbeeld bij een feestelijke gelegenheid en verras er vrienden mee die niet weten wat bacalhau is. Het gerecht bewijst dat bacalhau iets verfijnds en elegants kan zijn waaraan je zelfs verslaafd kunt raken. De naam van het gerecht wekt misschien de indruk dat het om iets zwaars gaat, maar voor de bechamelsaus hoeft u niet eens room te gebruiken. Zelf neem ik meestal half slagroom, half melk.

500 g bacalhau
500 g aardappels
250 g ui, in heel dunne plakjes
olie om te bakken
3 eetlepels boter
3 eetlepels bloem
5 dl vloeistof (half slagroom, half melk)
zout en peper
3 eetlepels geraspte kaas

Bereid de bacalhau zoals gewoonlijk voor (zie de inleiding tot dit hoofdstuk) en kook hem 10 minuten. Verwijder het vel en de graten en schilfer het visvlees met uw vingers (laat het eerst een beetje afkoelen). Houd de vis apart. Schil de aardappels en snijd ze in smalle punten. Bak ze met de uien in zo veel olie dat ze onderstaan. Ze moeten gaar worden maar mogen geen kleur krijgen. Houd ze apart. Maak een dikke bechamelsaus van boter, bloem, melk en slagroom en breng hem met zout en peper op smaak. Vet een ovenvaste schaal goed met boter in, verdeel wat saus over de bodem, leg daarop een laag bacalhau en dan een laag aardappels met ui en eindig met de rest van de saus. Bestrooi de bovenkant met kaas en laat het gerecht boven in een tot 210 °C (stand 7) voorverwarmde oven goudbruin worden (ca. 15 minuten).

Belangrijk: U zult gemerkt hebben dat ik aan de uien en aardappels geen zout toevoeg. Dat komt omdat de bacalhau ondanks het lange weken nog steeds zout bevat. Wees dus heel voorzichtig en bederf dit heerlijke gerecht niet. Proef eerst en besluit dan of er nog zout bij moet. Vergeet niet dat ook de kaas zout bevat. Daar staat tegenover dat een gerecht met zoutevis natuurlijk niet flauw mag smaken. U kunt dit gerecht tevoren klaarmaken en opwarmen, en u kunt het ook goed invriezen.

Bifes de bacalhau com azeite

Bacalhaufilets met olijfolie

Als u van olijfolie en knoflook houdt, is dit gerecht iets voor u. De bacalhau moet van het midden van de vis afkomstig zijn, want dat is dikker. Dien het direct op en geef er gekookte aardappels bij.

1 stuk bacalhau per persoon
3 eetlepels olijfolie per persoon
paneermeel
1 teen knoflook per persoon, in plakjes

Week de bacalhau zoals gewoonlijk (zie de inleiding tot dit hoofdstuk). Verwijder het vel en de graten en snijd de vis in grote vierkanten. Als de vis heel dik is, kunt u ze horizontaal doormidden snijden. Dep ze met keukenpapier droog en bak ze ca. 5 minuten op niet te hoog vuur in de helft van de olie. Haal ze door het paneermeel en leg ze 5 minuten per kant onder een voorverwarmde grill om gaar te worden en een mooie korst te krijgen. Besprenkel ze onder de grill met nog wat olie, maar houd ze niet te lang onder de hittebron, anders drogen ze uit. Bak intussen de knoflook in de rest van de olie en giet het mengsel gloeiendheet over de vis.

Opmerking: Strooi vlak voor het opdienen bijvoorbeeld een eetlepel fijngehakt korianderblad over elke portie.

Pataniscas

Bacalhaubeignets

Pataniscas zijn in heel Portugal populair maar komen eigenlijk uit de Algarve. Er bestaan enkele versies van, en dit is het soort bacalhaugerecht waarop u ook zelf kunt variëren. Ze zijn meestal een tussendoortje of voorgerecht, en in dat laatste geval worden er dan vaak wat olijven bij gegeven. U kunt er echter ook met een salade en/of tomatenrijst een licht middagmaal van maken.

250 g bacalhau
melk
citroensap
3 eetlepels bloem
1 ei
1 eetlepelolijfolie
peper
1 eetlepel peterselie, fijngehakt
olie om te bakken
½ uitje, heel fijn gehakt of geraspt
1 teen knoflook, heel fijn gehakt of fijngewreven

Week de bacalhau zoals aan het begin van dit hoofdstuk beschreven. Verwijder het vel en de graten en schilfer het visvlees grof of snijd het klein. Doe de stukjes in een kom en giet er wat melk en een scheutje citroensap bij. Laat ze minstens 1 uur in deze marinade liggen. Laat ze daarna uitlekken en houd ze apart.

Maak een tamelijk dik beslag van bloem, een beetje water, het ei, de olijfolie en heel weinig zout en peper. Voeg de peterselie, ui en knoflook toe en roer grondig. Doe er de stukjes bacalhau bij en bak het beslag met eetlepels tegelijk in hete olie aan beide kanten bruin. De grootte van de beignets hangt af van het doel: een tussendoortje of een lunchgerecht. Ze zijn warm het lekkerst maar ook koud niet te versmaden. Als u ze wilt opwarmen, laat u ze een paar minuten in de hete oven knapperig worden.

Bacalhau guisado
Gestoofde bacalhau

Voor 3-4 personen

Heel lekker en makkelijk. Met een groene salade erbij hebt u een lichte maaltijd.

250 g bacalhau
1 middelgrote ui, in dunne plakjes
1 grote teen knoflook (of 2 kleine), fijngehakt
3 eetlepels olijfolie
1 middelgrote rijpe tomaat, ontveld, ontpit en kleingesneden
500 g aardappels
peterselie
korianderblad
pri-piri (evt. chilipoeder)

Week de bacalhau zoals gewoonlijk (zie de inleiding van dit hoofdstuk). Verwijder het vel en de graten en snijd de vis in kleine stukjes. Fruit de ui en knoflook in de olie gaar, laat de tomaat 5 minuten meepruttelen en voeg zo veel water toe dat alles onderstaat. Snijd intussen de geschilde aardappels in tamelijk dikke plakjes of blokjes (die laatste zijn sneller gaar) en doe ze bij de tomaat. Voeg na 5 minuten de stukjes bacalhau en de peterselie toe en laat alles op laag vuur pruttelen totdat de aardappels gaar zijn (dan is ook de bacalhau gaar). Corrigeer zo nodig de smaak en voeg desgewenst een paar heel fijn gehakte takjes korianderblad en chilipeper toe. Als het gerecht te vochtig is, kunt u het op een paar boterhammen gieten, die het vocht opzuigen.

Bacalhau da avó

Bacalhau van mijn grootmoeder

Voor 4 personen

Dit gerecht is bedacht door mijn oma, en we waren er allemaal dol op. Het is een goed gerecht voor 's middags, bijvoorbeeld als in een weekend de hele familie op bezoek is. Net als veel andere bacalhaugerechten wordt het opgediend met gekookte aardappels, want die twee gaan heel goed samen. Dit gerecht combineert alle echt Portugese smaken: knoflook, bacalhau, olijfolie en korianderblad. Subliem.

500 g bacalhau
4 eetlepels olijfolie
6 takjes korianderblad, fijngehakt
2 grote tenen knoflook, fijngehakt
desgewenst: 1 flinke theelepel wijnazijn

Week de bacalhau zoals gebruikelijk (zie de inleiding van dit hoofdstuk). Laat in deze fase het vel, de graten en de schubben nog zitten. Dep de stukken bacalhau droog en bestrijk ze royaal met een deel van de olie. Gril ze op niet te hoge stand ca. 8 minuten per kant en keer ze een- of tweemaal. Laat ze niet langer onder de hittebron, anders worden ze droog. Verwijder, zodra ze genoeg zijn afgekoeld, het vel en de graten en schilfer het visvlees. Leg ze in een schaal en bedruppel ze met de (inmiddels verhitte) rest van de olie. Bestrooi ze met korianderblad en knoflook en dien ze direct op.

Opmerking: Als u niet van rauwe knoflook houdt, kunt u die eerst in de olie goudbruin bakken. Persoonlijk doe ik er niet graag azijn bij, maar anderen vinden het lekker. U kunt zelf kiezen of u er het gerecht vlak voor het opdienen mee bedruppelen wilt.

Arroz de bacalhau

Bacalhaurijst

Voor 4-6 personen

Dit is werkelijk een simpel en tegelijk lekker en gezond gerecht. U kunt het na de soep als aparte gang opdienen (bijv. met een salade en/of olijven) en hebt dan een lichte maar heel goede doordeweekse maaltijd. Maar u kunt het ook als bijgerecht bij bacalhaukoekjes (zie blz. 80) geven. Volgens traditionele kookboeken komt het gerecht oorspronkelijk uit de noordelijke kustprovincies, maar tegenwoordig is het een nationaal gerecht dat iedereen graag eet. De hoeveelheden variëren met de functie: als aparte gang of als bijgerecht. De onderstaande hoeveelheden zijn voor een bijgerecht bedoeld. Neem in het andere geval tweemaal zoveel.

2 eetlepels olijfolie
1 middelgrote ui, fijngehakt
2 middelgrote tomaten, ontveld, ontpit en kleingesneden
2 takjes peterselie, fijngehakt
100 g bacalhau (6-7 uur geweekt)
water (2½ maal het volume van de rijst)
200 g rondkorrelige rijst
laurierblad
wat zout

Doe de olie in een pan en maak een *refogado* (zie blz. 26) van de ui, tomaten en peterselie. Verwijder het vel en de graten van de bacalhau, trek het visvlees aan reepjes, doe ze in de pan, roer en voeg het water toe. Laat alles aan de kook komen, doe de rijst en laurier erbij en dek de pan af. Laat de rijst en bacalhau in 20-25 minuten gaar pruttelen. Proef of er nog zout bij moet, voeg desgewenst een mespunt peper toe en dien het gerecht direct op. De rijst hoort aan de vochtige kant te zijn.

Sardines

Ook verse, geroosterde sardines zijn een typisch Portugese smaak die u na één keer proeven nooit meer vergeet. Afgezien van roosteren kunt u ze natuurlijk ook op veel andere manieren klaarmaken, bijvoorbeeld stoven, bakken en (als ze heel klein zijn) met drie of vier tegelijk in een beslag frituren. Minisardines heten *petingas.* Ze zijn als delicatesse heel geliefd en als koud of warm hapje even lekker. Maar geroosterde sardines verdienen een ereplaats.

Sardinhas assadas

Geroosterde sardines

Naast de alomtegenwoordige bacalhau zijn natuurlijk ook verse sardines een Portugees nationaal gerecht *bij uitstek* en (mits op houtskool geroosterd) een van de eerste dingen die een buitenlander in Portugal lekker vindt. De karakteristieke geur van geroosterde sardines hangt in de zomermaanden overal, want in openluchtrestaurants, taveernes, cafés aan zee, kermissen en natuurlijk bij de mensen thuis worden er dan vele tonnen van geconsumeerd. Hun verrukkelijke geur is onmogelijk te verbergen en roept direct het beeld op van heerlijk eten in de buitenlucht. Gelukkig zijn de sardines juist in de zomermaanden op hun best. De hoeveelheid is moeilijk te berekenen, want van sardines blijf je makkelijk dooreten zonder dat je in de gaten hebt hoeveel je er al hebt weggewerkt. Het hangt bovendien van hun formaat af. Maar laten we zeggen dat we voor 4 personen nodig hebben:

16-24 middelgrote verse sardines
ca. 750 g gekookte aardappels
desgewenst: 4 groene paprika's
8 middelgrote tomaten (stevig en nog net niet rijp), in plakjes
2 middelgrote uien, in plakjes
olie, azijn, zout en peper

Fundamenteel voor dit gerecht is dat de sardines echt vers zijn. U kunt ze natuurlijk bij een visboer kopen die ze op ijs bewaart, maar ze mogen in geen geval zacht of slap zijn. Was ze, maar laat ze heel en laat de kop en ingewanden zitten, want alleen zo blijft het visvlees op de barbecue sappig (na ontschubben en leeghalen droogt het te veel uit). Besprenkel ze met zeezout en leg ze een uurtje op een houten plank of in een schaal. Was ze weer en dep ze met een theedoek of keukenpapier droog. Rooster ze boven houtskool (liefst in de openlucht). U kunt er ook een grill voor gebruiken, maar dan smaken ze een beetje anders. Terwijl de sardines op het rooster liggen (vermoedelijk in gedeeltes; houd de al gare visjes warm), kookt u de aardappels en maakt u de salade. Eventuele paprika's verwerkt u rauw met de andere ingrediënten tot een salade, maar u kunt ze ook in typisch Portugese stijl roosteren (zo zijn ze het klassieke bijgerecht bij sardines) en samen met de salade en de aardappels opdienen.

Was de paprika's eerst, dep ze met keukenpapier droog en leg ze in hun geheel onder de grill. Keer ze totdat al het vel zwart is en blaren trekt; dan zijn ze gaar. Verwijder met zorg al het verbrande vel, verwijder de zaadjes en zaadlijsten en snijd het vruchtvlees in reepjes. Doe ze in een aparte schaal.

Maak een salade van tomaat en ui met zout, peper, azijn en olie naar smaak en doe ook deze in een schaal. Giet de aardappels af en schep ze in een schaal. Leg de sardines op een heel grote, voorverwarmde schaal en zet hem vanwege de feestelijke aanblik midden op tafel.

Om te zorgen dat alles op hetzelfde moment kan worden opgediend, is het de gewoonte dat twee mensen koken (zorg in ieder geval dat u op een gegeven moment op hulp kunt rekenen). De ene wijdt al zijn aandacht aan de barbecue, keert de sardines en legt nieuwe vis op het rooster, de andere zorgt voor de paprika's, de salade en de aardappels.

Gestoofde vis/Caldeiradas

Sommige van de lekkerste en bekendste Portugese gerechten vallen in de categorie van de *caldeiradas.* Dat zijn heel vochtige stoofgerechten (vandaar de naam, die afkomstig is van *caldo* oftewel 'bouillon'). Ze worden traditioneel in kustplaatsen opgediend, want de vis hoort eigenlijk net gevangen te zijn. Vissers zijn uiteraard de beste *caldeirada*-koks. Sommigen zijn eenvoudige restaurants begonnen, die altijd stampvol mensen zitten. Soms moet u er wachten en wordt de *caldeirada* er ter plekke klaargemaakt met de vangst die een kleurig, door een of twee mannen bediend bootje net aan land heeft gebracht.

Vissen kan in Portugal nog steeds een eenmansbedrijfje zijn, maar meestal doen een paar mensen mee om zo in het levensonderhoud van hun gezin te voorzien. Als de boten aan de kant liggen, helpen de vissersvrouwen met het boeten van de netten, terwijl hun mannen de boten schoonmaken en repareren. Die boten zijn vrolijk en kleurrijk beschilderd en hebben een oog op de voorplecht om het kwaad af te weren.

Er zijn beroemde *caldeiradas* in het noorden, midden en zuiden van het land en ze verschillen in de soort vis en de manier van kruiden. Maar in wezen worden alle *caldeiradas* op ongeveer dezelfde manier klaargemaakt en zijn ze schitterende, voedzame en makkelijke gerechten. Een *caldeirada* bevat altijd meer vis dan aardappels (of zelfs helemaal geen aardappels); wees dus niet verbaasd over de schijnbaar onevenwichtige hoeveelheden in de ingrediëntlijsten.

U vermoedde natuurlijk al dat we ook bacalhau in *caldeirada*-stijl kunnen klaarmaken. In dat geval heet het gerecht *bacalhau guisado* ('gestoofde bacalhau'). De werkwijze is dezelfde als in de nu volgende recepten: de geschilferde vis wordt in lagen toegevoegd en pruttelt in 25 minuten gaar. Voeg geen zout toe, want de bacalhau is ondanks het weken (zie blz. 76) nog zout genoeg.

Caldeirada de enguias de Aveiro

Gestoofde paling op de wijze van Aveiro

Voor 4-6 personen

Een overvloed aan lekkere palingen is te vinden rond de schilderachtige stad Aveiro, die vanwege zijn water het 'Venetië van Portugal' wordt genoemd. De stad ligt tussen de zoutvlaktes, stranden en lagunes van het noorden. Er zijn goede hotels en restaurants, en sommige staan bekend om hun versie van *caldeirada de enguias*, gevolgd door het plaatselijke nagerecht *ovos moles* ('zachte eieren'), een uiterst geraffineerde zoetigheid waarvan de Portugezen smullen (zie blz. 160).

1¼ dl droge witte wijn
2 eetlepels reuzel
4 eetlepels olijfolie
zout en peper
2 takjes peterselie, fijngehakt
1 laurierblad
1 theelepel saffraanpoeder
500 g aardappels, geschild en in dunne plakjes
1 teen knoflook, in dunne plakjes
2 middelgrote uien, in plakjes
1 kg echt verse paling (liefst levende, als u er niet tegenop ziet om er het mes in te zetten)

Doe wijn, vet, olie, een mespunt zout, peterselie, laurier en saffraan en ten slotte afwisselende lagen aardappels en uien in een grote pan, liefst van aardewerk. Giet er zo veel water bij dat alles net onderstaat en laat het 12-15 minuten pruttelen; schud af en toe aan de pan om aanbranden te voorkomen. Maak intussen de vis goed schoon en snijd hem in stukjes van 5 cm. Leg ze op de halfgare aardappels, strooi er nog wat zout over en voeg nog wat water toe als dat u in deze fase nodig lijkt – het gerecht moet vochtig zijn als een dikke soep. Laat het nog eens 10-12 minuten pruttelen of totdat alles gaar is. Corrigeer zo nodig de smaak. Zet de pan op tafel en dien het gerecht direct op met stukken brood.

Overgebleven stoofvocht kunt u zeven en als vissoep gebruiken. Geef er dan wat croutons of gekookte rijst bij.

Caldeirada de sardinhas

Gestoofde sardines

Ga te werk zoals bij het vorige recept maar vervang de paling door verse sardines. Ontschub ze en verwijder de kop en ingewanden maar laat kleine exemplaren heel en snijd middelgrote en grote sardines doormidden. Vervang de saffraan ook door paprikapoeder.

Variant: Laat de wijn weg en leg drie middelgrote tomaten (ontveld, ontpit en in grove stukken) tussen de lagen uien en aardappels.

Caldeirada rica of Caldeirada à fragateira

Rijke visschotel

Lissabon en omstreken
Voor 6 personen

De werkwijze is gelijk aan die van de vorige *caldeirada*-recepten, maar u moet verschillende soorten vis gebruiken (vandaar de aanduiding 'rijk'). Dit superieure gerecht krijgt daarmee een gevarieerde smaak en structuur. Normaal worden er 6-8 vissoorten in verwerkt, maar dat is misschien onpraktisch. Neem echter minstens 3-4 soorten en bedenk: hoe groter de verscheidenheid, hoe beter. Neem bijvoorbeeld kongeraal, zeeduivel, zeebaars, verse sardines, rog, paling, vleet en inktvis. Doe er desgewenst ook een paar garnalen bij. De vis moet stevig vlees hebben, en omdat dit een 'rijk' stoofgerecht is, is de hoeveelheid vis groter dan in andere *caldeiradas*.

1½ kg gemengde vis (in ongeveer gelijke hoeveelheden)
1¼ dl olijfolie
30 g reuzel
4 middelgrote uien, in dunne plakjes
750 g rijpe tomaten, ontveld, ontpit en kleingesneden
500 g aardappels, geschild en in heel dunne plakjes
2 tenen knoflook, in plakjes
2 takjes peterselie, fijngehakt
1 takje korianderblad, fijngehakt
2 laurierblaadjes
1 chilipeper
desgewenst: 1 groene paprika, zonder zaadjes en zaadlijsten en kleingesneden
3 eetlepels droge witte wijn of 1 eetlepel wijnazijn
zout en peper

Maak de vissen schoon en snijd ze in stukken van 3-5 cm. Bereid alle andere ingrediënten voor en houd ze binnen handbereik.

Neem een grote pan met dikke bodem om aanbakken te voorkomen. Doe er eerst de helft van de olie en de reuzel in en maak dan afwisselende lagen: eerst ui, dan tomaat, aardappels, vis, wat zout en andere smaakstoffen, enzovoorts; bewaar de kwetsbaarste vissoorten voor de bovenste laag. Strooi er nog wat zout over en giet er de wijn, de rest van de olie en zo veel water bij dat alles net onderstaat. Breng het aan de kook en zet het vuur laag om aanbranden te voorkomen. Roer niet maar schud alleen af en toe aan de pan. Laat alles 25 minuten pruttelen. De plakjes aardappel moeten echt heel dun zijn, anders worden ze niet gaar. Corrigeer zo nodig de smaak en zet de pan op tafel.

U houdt veel heerlijk stoofvocht over. Zeef het en geef het als soep of gebruik het als basis voor uw eigen vissoep.

Varianten: Afgezien van de vorige recepten zijn er nog veel andere variaties op de *caldeirada*. Ze komen tot stand door toevoeging of weglating van peterselie, korianderblad, tomaten, paprikapoeder, paprika en wijn (of wat azijn in plaats van wijn) en door wijziging van de vissoort. Weer een andere versie bevat helemaal geen aardappel. Het gerecht wordt dan op dikke sneden goed, oud brood geschept, dat u desgewenst eerst kunt bakken.

Andere visgerechten

Pescada com todos

Heek met alles

Lissabon en omstreken, maar in heel Portugal gegeten

Voor 4 personen

Heek is in Portugal een van de populairste vissen en de prijs is de laatste paar jaar aanzienlijk gestegen, behalve in diepgevroren vorm. Het is een goede zeevis met wit, fijn vlees, dat zich leent voor pocheren, frituren en fileren. De vis is in de meeste landen te koop, maar u kunt er andere vissoorten voor in de plaats nemen, zoals kabeljauw, schelvis, grote wijting of andere soorten die zich goed laten pocheren.

'Heek met alles' is het simpelst mogelijke visgerecht en een goede, voedzame middagmaaltijd (om de een of andere reden smaakt het 's avonds iets minder). In alle Portugese restaurants en gezinnen wordt het klaargemaakt.

Het 'alles' bestaat uit hardgekookte eieren, gekookte aardappels en de groenten van het seizoen (kool, broccoli, bloemkool en sperziebonen, desgewenst met wat wortelen). Het gerecht wordt opgediend op een grote schaal met een kom zwarte olijven en een olie- en azijnstelletje ernaast. Desgewenst kunt u het met wat gesmolten boter op smaak brengen, maar ook de mooie en lekkere saus die *molho vilão* heet, past er goed bij (zie blz. 142).

4 flinke stukken vis
zout
8 middelgrote aardappels
seizoensgroente
4 eieren
4 kleine uien

Maak de vis schoon en bestrooi de stukken een uur voor het koken met zout, zodat het in het visvlees kan trekken. Was ze en leg ze in zo veel kokend water dat ze net onderstaan. Voeg heel weinig zout toe (vergeet niet dat de vis al gezouten is). Laat ze 10 minuten pruttelen en gaar maar niet overgaar worden. Kook in een andere pan de aardappels en de groenten en uien. Kook ook de eieren 10 minuten. Leg de gare, uitgelekte ingrediënten op een grote schaal en dien ze direct op.

U kunt de aardappels in de schil koken en later schillen. In dat geval moeten ze in een aparte pan gekookt worden.

Opmerking: Op dezelfde manier kunt u ook 'bacalhau met alles' klaarmaken (zie de kerstversie op blz. 76). Bij heek, bacalhau en andere gepocheerde vis eten de Portugezen in het seizoen graag grelos (rapengroen; zie blz. 33).

Peixe assado

Vis uit de oven

Voor 4 personen

Voor dit gerecht, dat in Portugese gezinnen veel gegeten wordt, hoort de vis flink groot te zijn en in zijn geheel te worden klaargemaakt (maak hem schoon en haal hem leeg, en laat de kop zitten), maar als u het goede formaat niet kunt krijgen, kunt u ook dikke moten nemen. Zeebrasem, zeebaars, tarbot en zelfs kabeljauw zijn de beste keuze; schol, tong en olierijke vissen zijn er niet geschikt voor.

1 kg vis
1 middelgrote ui, fijngehakt
2 takjes peterselie, fijngehakt
1 teen knoflook, fijngehakt
¼ theelepel paprikapoeder
1 theelepel citroensap
3 eetlepels olijfolie
1 eetlepel reuzel
zout en peper
6 eetlepels witte wijn
6 eetlepels water

Ontschub een hele vis en haal hem leeg (maar laat de kop zitten, want het oog wil ook wat), of neem dikke moten vis. Bestrooi hem met zout en laat hem een uurtje liggen. Was hem, laat hem uitlekken en dep hem droog. Maak in het dikste deel een paar insneden. Leg hem in een ingeoliede ovenschaal en bestrooi hem met de ui, peterselie, knoflook en paprikapoeder. Meng alle vloeibare smaakstoffen plus olie en vet en giet het mengsel over de vis. Zet hem 35-40 minuten in een tot 190 °C (stand 5) voorverwarmde oven en bedruip hem 2 of 3 keer. Als u moten gebruikt of de vis niet erg dik is, is 30 minuten in de oven vermoedelijk genoeg; de vis droogt uit als u hem te lang in de oven laat staan. Controleer met een pen of vork of de vis gaar is. Dien de vis direct met het stoofvocht op en geef er gekookte of gepureerde aardappels bij. U kunt ook bij het begin van de oventijd een paar halfgare aardappels rond de vis leggen. Leg er dan klontjes boter op en keer ze wanneer u de vis bedruipt.

Variant: In sommige gezinnen wordt het water vervangen door een paar ontvelde, ontpitte en kleingesneden tomaten, die op de vis worden gelegd.

Salmonetes grelhados

Gegrilde mul op de wijze van Setúbal

In de wateren van Setúbal ten zuiden van Lissabon zwemmen veel mullen, en ze zijn daar lekkerder dan elders. De Romeinen die op het mooie schiereiland Troia in de riviermonding van Setúbal woonden, wisten dat misschien al, want uit de vele archeologische resten (die overigens nog niet uitgebreid onderzocht zijn) blijkt dat er tussen de eerste en vierde eeuw na Christus een bloeiende visindustrie bestond. Ze maakten er onder andere *garum*, de beroemde vissaus die de Romeinen in bijna al hun gerechten verwerkten.

2 mullen per persoon (mits ze niet te groot zijn)
zout
1 eetlepel boter per vis
garneren met: 1 citroen, in partjes

Saus

de levers van de vissen
100 g boter, gesmolten
1 eetlepel citroensap
zout en peper
3 takjes peterselie, fijngehakt

Maak de vissen schoon (laat de kop zitten), bestrooi ze met zout en laat ze een uurtje liggen. Was ze en dep ze met keukenpapier droog. Bestrijk ze met boter, gril ze op middelhoge stand, keer ze een- of tweemaal en laat ze in 6-8 minuten per kant gaar worden. Maak een saus van de gepureerde levers (mits beschikbaar), die u 3-4 minuten in 6 eetlepels water laat pruttelen. Roer er de boter, het vocht uit de grilleerpan, het citroensap, het zout en de peper door. Werk de saus door een zeef, corrigeer zo nodig de smaak, laat de saus nog een minuutje pruttelen en voeg de peterselie toe. Bij gebrek aan levers bestaat de saus uit alleen gesmolten boter, citroensap en peterselie. Garneer met partjes citroen en geef er gekookte aardappels bij.

Variant: U kunt de vissen ook onder de grill halfgaar laten worden en dan in de oven (190 °C, stand 5) in een paar minuten afmaken. Bestrijk ze in dat geval met 1-2 eetlepels water en gesmolten boter om uitdrogen te voorkomen.

Trutas abafadas

Koude forel op de wijze van Beira Alta

Dit koud opgediende gerecht is heel geschikt voor in de zomer. In de rivieren van het noorden wemelt het van de forellen, en in deze marinade zijn

ze minstens twee dagen houdbaar. Ze zijn zelfs 24 of 48 uur na het klaarmaken het lekkerst.

2 eetlepels olijfolie
2 eetlepels water
1 eetlepel wijnazijn per forel
2 tenen knoflook, fijngehakt
1 laurierblad
3 takjes peterselie, fijngehakt
¼ koffielepel nootmuskaat
zout en peper
1 forel per persoon

Meng olie, water en azijn in een vispan en breng het aan de kook. Voeg alle andere ingrediënten toe en doe er als laatste de ontschubde, leeggehaalde en gewassen vissen bij. Laat ze afgedekt in 10-12 minuten gaar pruttelen. Haal de pan van het vuur, leg de vissen voorzichtig in een diepe schaal en laat ze helemaal afkoelen. Overgiet ze met het gezeefde stoofvocht en bewaar ze tot minstens de volgende dag. Geef er in de schil gekookte en geschilde aardappels bij.

Bifes de atum

Tonijnfilets

Algarve
Voor 4 personen

Tonijn is de enige 'grote' vis die voor de kust van de Algarve gevangen wordt. Het is dan ook een van de schatten van die provincie. De inwoners eten hem niet alleen vers maar hebben ook een bloeiende industrie die aan binnen- en buitenland bliktonijn verkoopt. De spannende tonijnvangst is zelfs een georganiseerde toeristische attractie geworden.

100 g reuzel (desgewenst deels door boter vervangen)
700 g tonijnfilets (of neem heilbot als u geen tonijn kunt krijgen)
1 grote ui, fijngehakt
2 tenen knoflook, fijngehakt
3 eetlepels peterselie, fijngehakt
zout en peper
garneren met: partjes citroen

Smelt het vet in een pan en vorm afwisselend een laag vis, een laag ui en knoflook, peterselie, peper en zout. Laat de filets afgedekt op heel laag vuur in ca. 15 minuten gaar worden; keer ze eenmaal heel voorzichtig en voeg alleen in noodgevallen water toe. Schud af en toe aan de pan. Garneer het gerecht met citroen, zet het in de pan op tafel en geef er gekookte of gebakken aardappels bij.

Cavalas com molho de vilão

Makreel in wijnsaus

Madeira

Voor 4 personen

Molho de vilão is een saus met wijn en wijnazijn die op het Portugese vasteland maar ook op Madeira gegeten wordt en eigenlijk een soort escabèche is.

Makreel is goedkoop maar toch een goede keus als hoofdmoot van een lekker middagmaal. U kunt de vis heel goed pocheren met veel zout, waarna u hem met gekookte aardappels op tafel zet en het geheel met olijfolie besprenkelt. Ook gegrilde makreel is heerlijk. In het nu volgende recept wordt de vis gebakken, maar dankzij de saus smaakt hij niet vet. Gekookte aardappels zijn het klassieke bijgerecht; op Madeira doet men er ook wat gebakken polenta bij.

3 makrelen
zout en peper
1 eetlepel peterselie, fijngehakt
1 takje tijm
3 tenen knoflook, fijngesneden
1 dl wijnazijn
2 dl witte wijn
beetje bloem
olie om te bakken

Haal de vissen leeg, was ze, snijd ze schuin in lange moten en bestrooi ze met zout, kruiden en knoflook. Roer de azijn door de wijn en overgiet er de vissen mee. Marineer ze ca. 3 uur. Laat ze uitlekken, dep ze droog, bestuif ze met wat bloem en bak ze in olie aan beide kanten bruin. Houd ze apart. Giet de marinade door een zeef, roer er ca. 2 eetlepels bakolie door en laat het vocht op heel laag vuur ca. 10 minuten pruttelen. Corrigeer zo nodig de smaak en giet de saus over de vis.

Peixe recheado

Gevulde vis

Azoren

Op de Azoren neemt men voor dit gerecht een grouper, maar ook andere grote vissen van de brasemfamilie zijn bruikbaar.

1 hele vis van ca. 1 kg
zout
1 grote teen knoflook, fijngehakt
1 middelgrote ui, in dunne ringen
2 eetlepels olijfolie
3 eetlepels witte wijn
1 eetlepel tomatenpuree

Vulling

100 g vers, wit broodkruim
60 g ontpitte zwarte olijven
3 takjes peterselie, fijngehakt
scheutje wijnazijn
1 ei, losgeklopt
1 uitje, fijngehakt
1 teentje knoflook, fijngehakt
1 eetlepel olijfolie
zout en peper

Ontschub de vis en haal hem leeg maar laat hem zoveel mogelijk dicht. Was hem goed, maak een paar schuine insneden en bestrooi hem aan beide kanten met wat zout. Maak dan de vulling. Week het broodkruim in een beetje warm water (visbouillon zou nog beter zijn), knijp het uit en prak het met een vork. Roer er de in kleine stukjes gesneden olijven, de peterselie, een scheutje azijn en het losgeklopte ei door. Fruit intussen het uitje en de knoflook in de olie op laag vuur en meng ze met het broodkruim. Corrigeer zo nodig de smaak en vul er de vis mee. Naai de vis zo nodig dicht of bind er keukengaren omheen. Leg hem in een ingeoliede ovenschaal, bestrooi hem met knoflook en ui, meng olijfolie, wijn en tomatenpuree en giet het mengsel over de vis. Zet hem ca. 25 minuten in een tot 220 °C (stand 6) voorverwarmde oven en bedruip hem een paar keer. Geef er aardappelpuree en een salade bij.

Schaal- en schelpdieren

Rissois de camarão

Garnalenrissoles

Estremadura
Voor ca. 12 grote of 18-20 kleine rissoles

Nu volgen de heerlijkste rissoles die u maar bedenken kunt. Elke Portugese banketbakkerij maakt ze elke dag vers en verkoopt ze aan gretige, kieskeurige klanten. Op feesten en bij lichte middagmaaltijden zijn ze een onmisbaar hartig hapje.

Garnalen pellen is nogal bewerkelijk, en dat is misschien de reden waarom ze vaak kant-en-klaar gekocht worden. De omhulling bestaat uit een soort soezendeeg, dat hard wordt als u het een dag laat staan, waardoor de rissoles veel aantrekkelijks kwijtraken. Eet ze dus liefst dezelfde dag.

Deeg

3 dl water
1 dl melk
1 eetlepel boter
250 g bloem
½ theelepel zout

Korst

2 eieren
paneermeel
frituurolie

Vulling

2 eetlepels boter
3 eetlepels bloem
3 dl melk
zout en peper
1 flinke theelepel citroensap
mespunt nootmuskaat
1 koffielepel peterselie, fijngehakt
200 g gare en gepelde garnalen

Maak eerst het deeg. Breng het water, de melk en de boter aan de kook. Haal de pan van het vuur en roer er grondig de bloem en het zout door. Zet de pan weer op het vuur en blijf roeren totdat op de bodem een korst ontstaat en het deeg loslaat van de zijkanten (ca. 5 minuten). Haal de pan van het vuur en roer de massa glad. Laat haar afkoelen.

Maak intussen de vulling. Smelt de boter in een pan, roer er de bloem door, laat deze roux even pruttelen, haal de pan van het vuur en roer beetje bij beetje de melk door de roux. Zet de pan weer op het vuur en laat de inhoud pruttelen totdat een dikke saus is ontstaan. Voeg zout, de rest van de ingrediënten en als laatste de garnalen toe. Roer goed en laat de vulling afkoelen.

Rol het deeg tot een dikte van 3 mm uit; zorg dat het niet scheurt. Steek er rondjes uit met een doorsnee van 5 cm, of een van 9 cm. De kleine zijn als hapjes, de grootte zijn als lunchgerecht bedoeld. Verdeel de vulling over de cirkels, bevochtig de randen met losgeklopt ei, vouw het deeg over de vulling en druk de randen dicht. Haal elke rissole eerst door losgeklopt ei en daarna door broodkruim. (Ze worden lekkerder als u ze 1-2 uur voor het frituren in de koelkast legt.) Frituur ze goudbruin en keer ze eenmaal. Geef ze als hapje of dien ze als lunch op met een salade.

Variant: De rissoles worden goedkoper als u (een deel van) de garnalen door vis vervangt.

Lagosta suada

Gestoofde kreeft

Peniche (provincie Estremadura)
Voor 3-4 personen

1 grote kreeft
3 middelgrote uien, fijngehakt
4 middelgrote tomaten, ontveld, ontpit en kleingesneden
2 tenen knoflook, fijngehakt
2 eetlepels boter
2 eetlepels olijfolie
1 laurierblad
2 takjes peterselie, fijngehakt
½ theelepel paprikapoeder
4 eetlepels witte wijn of (liever) droge port of madera
zout en peper

De kreeft moet natuurlijk kakelvers zijn (hier en daar zijn ze levend te krijgen en doodt de visboer ze voor u). Dat is geen probleem in Peniche en andere Portugese kuststreken met een overvloed aan kreeft – die overigens tegenwoordig nogal duur is. Een levende kreeft heeft, zoals u weet, een donkere kleur maar wordt tijdens het koken oranje.

Maak de kreeft schoon en snijd hem in stukken; vang het vocht op dat bij het snijden ontsnapt. Laat intussen alle andere ingrediënten, behalve het zout en de wijn, 4-5 minuten zachtjes pruttelen in een pan (liefst van aardewerk). Doe de stukken kreeft erbij, maar nog geen zout. Laat de kreeft afgedekt op laag vuur in ca. 15 minuten gaar worden; schud de pan af en toe. Proef en voeg zo veel zout toe als nodig lijkt (met kleine beetjes tegelijk – laat het gerecht niet te zout worden). Voeg de wijn toe en laat alles nog een paar minuten pruttelen. Geef er witte rijst en een salade bij. U kunt dit gerecht heel goed tevoren klaarmaken en weer opwarmen.

Ameijoas à Bulhão Pato

Venusschelpen van Bulhão Pato

Provincie Estremadura
Voor 4 personen

Bulhão Pato (1829-1912) was een dichter, schrijver en geleerde die ook verschillende boeken in het Portugees vertaalde, onder andere Shakespeares *Hamlet* en *De koopman van Venetië*. Dit exquise gerecht schijnt ontwikkeld te zijn door een kok die hem bewonderde. Veel Portugese restaurants heb-

ben het als voorgerecht op de menukaart en in bierhuizen is het een borrelhapje. Het recept is heel simpel en aanpasbaar aan andere schelpdieren.

1 kg venusschelpen
zout en peper
2 tenen knoflook, in plakjes
3 eetlepels olijfolie
3-4 takjes vers korianderblad, fijngehakt
1 middelgrote citroen, in partjes, plus het sap van ½ citroen

Maak de venusschelpen ruim op tijd schoon, want ze moeten na het eerste wassen een halve dag in water met zout liggen. Neem 5 eetlepels zout per liter weekwater. Was ze daarna opnieuw in ruim koud water om het zand te verwijderen. Bak de knoflook op laag vuur in de olie goudbruin. Voeg de koriander, wat zout en peper en de schelpdieren toe. Zet het vuur iets hoger, schud aan de pan totdat de schelpen opengaan (3-5 minuten) en gooi dicht blijvende exemplaren weg. Besprenkel ze met citroensap, garneer met partjes citroen en dien het gerecht in dezelfde pan op.

Ameijoas na cataplana
Venusschelpen in een cataplana

Algarve
Voor 4 personen

Een *cataplana* is een speciale koperen pan, een soort dubbele wok die zo volmaakt sluit dat u hem op zijn kop kunt zetten. Als u geen *cataplana* hebt, kunt u er ook een gewone pan met een goed sluitend deksel voor nemen.

1¼ kg venusschelpen
1 eetlepel olijfolie
1 eetlepel reuzel
1 ui, in dunne plakjes
mespunt paprikapoeder
2 rode chilipepertjes
60 g gerookte ham of mager ontbijtspek, in blokjes
60 g chouriço (zie blz. 29), in blokjes
2 takjes peterselie
zout
1 citroen, in partjes

Was de venusschelpen en leg ze een halve dag in water met zout. Was ze opnieuw. Doe de olie en het vet in de pan en bak de ui met het paprikapoeder, de gesneden chilipeper ontdaan van de zaadjes, en zout op heel laag vuur doorschijnend. Voeg ham, chouriço en peterselie toe en laat alles afgedekt 10-15 minuten pruttelen. Garneer met citroen en dien het gerecht op.

Inktvis

Langs de Portugese kust en die van Madeira en de Azoren leven veel pijlinktvissen, octopussen en sepia's. Het is dan ook geen wonder dat ze vaak worden opgediend en in sommige restaurants een grote attractie zijn. De overvloed aan pijlinktvissen is zodanig dat nog steeds veel vissers de taaiere delen als aas gebruiken.

Pijlinktvis en sepia kunt u op dezelfde manier klaarmaken; hun smaak en textuur zijn identiek. Naarmate ze kleiner zijn, zijn ze natuurlijk sneller gaar, bijvoorbeeld even snel als aardappels. Grotere exemplaren hebben een veel langere kooktijd (probeer af en toe of ze al gaar zijn en voeg zo nodig nog wat vloeistof toe). Als u ze te lang laat koken, worden ze echter volgens de experts een tijdlang taaier. In dat geval zult u de kooktijd weer moeten verlengen, want uiteindelijk worden ze weer mals. Er zijn dus twee stadia van malsheid: de eerste bereikt u tamelijk snel, de tweede pas veel later. Grillige dieren. En dan nog één waarschuwing: ze worden ook makkelijk taai als u al aan het begin zout toevoegt. Doe dat dus pas aan het einde, maar ze hebben sowieso niet veel zout nodig.

Wat octopus betreft is iedereen het erover eens dat u er voor het koken niet hard op hoeft te slaan om het vlees mals te krijgen. Octopus wordt zelfs heel gehoorzaam als u als volgt te werk gaat: was het dier heel goed en snij het zo nodig in stukken (de allereerste voorbereidingen heeft de visboer hopelijk voor u gedaan). Neem een grote pan met een hele, geschilde ui en niets anders – geen water, geen zout. Doe de octopus erbij en zet de pan op heel laag vuur. De ui en de inktvis staan genoeg vocht af. Houd de pan in het oog, want zodra de ui gaar is, is de octopus dat ook en heeft het dier intussen een mooie kleur gekregen. Haal het eruit, gooi de ui weg, snijd het zoals het recept voorschrijft en verwerk het als verse vis. Rijst, aardappels of de andere ingrediënten kunnen nu worden toegevoegd, plus eventueel nog vocht dat het betreffende visrecept voorschrijft. Laat het zout nog even weg, want octopus smaakt om de een of andere reden zoutig, en uiteindelijk blijkt u misschien helemaal geen zout nodig te hebben. Proef aandachtig. U ziet dat de hele operatie erg simpel is en dat u niet hoeft op te zien tegen het klaarmaken van octopus.

Chocos guisados (of Lulas)

Gestoofde sepia (of pijlinktvis)

Alle kuststreken
Voor 6 personen

1 kg sepia of pijlinktvis (het mogen grote zijn)
4 eetlepels olijfolie
1 grote ui, fijngehakt

ca. 200 g rijpe tomaten, ontveld, ontpit en kleingesneden
3 takjes peterselie, fijngehakt
1½ dl visbouillon (mag van een blokje)
zout en peper

Maak de inktvissen schoon, verwijder de inktzakjes (misschien is de visboer zo vriendelijk om dat voor u te doen), was ze goed en snijd ze in stukjes. Bak de ui, tomaten en peterselie een paar minuten en voeg de vis en een deel van de bouillon toe (bewaar de rest voor geleidelijke toevoeging tijdens het stoven). Voeg tegen het eind van de kooktijd zout en peper toe, laat alles nog 5 minuten pruttelen en geef er aardappels of rijst bij.

U kunt het gerecht verrijken met twee eetlepels witte wijn of een theelepel wijnazijn met wat water.

Variant: In Setúbal ten zuiden van Lissabon bestaat een uitgebreidere versie van dit gerecht:

Voor 4 personen

700 g pijlinktvis
1 grote teen knoflook, fijngehakt
4 eetlepels olijfolie
4 eetlepels witte wijn
½ theelepel paprikapoeder
mespunt cayennepeper
zout
garneren met: 2 hardgekookte eieren, in plakjes

Maak de pijlinktvissen (of sepia's) schoon, verwijder het inktzakje en snijd ze in stukken (ook de tentakels). Bak de knoflook in de olie goudbruin, voeg de overige ingrediënten toe (behalve het ei) en laat alles zachtjes gaar pruttelen. Voeg zo nodig wat water of visbouillon toe, maar wees voorzichtig, want de saus moet dik worden; kook hem aan het eind desnoods wat in. Garneer het gerecht met plakjes ei en dien het met gebakken aardappels op.

Chocos com tinta

Sepia met inkt

Algarve en andere kustprovincies
Voor 6 personen

Sepia's lijken op pijlinktvissen maar hebben in hun lichaamsholte een zakje vol inkt. Als u dat meekookt, wordt de saus van het gerecht zwart en extra lekker.

1¼ kg kleine sepia's
2 tenen knoflook, fijngehakt
5 eetlepels olijfolie
2-3 niet te dikke sneden goed wittebrood, zonder korst, verkruimeld
½ theelepel paprikapoeder
1 theelepel tomatenpuree
zout en peper

Maak de sepia's schoon en spoel het eventuele zand eraf. Laat de inktzakjes zitten. Bak de knoflook in de olie goudbruin. Voeg het broodkruim toe en haal de pan van het vuur. Prak het mengsel, doe het weer in de pan, voeg sepia's, paprikapoeder, tomatenpuree, zout en peper toe en laat de vis op heel laag vuur gaar pruttelen; voeg zo nodig een druppeltje water toe, maar de saus moet dik worden. Geef er gekookte aardappels bij.

Opmerking: Vullen is een van de beste manieren om pijlinktvissen klaar te maken. Maak ze zorgvuldig schoon, haal ze leeg, snijd de tentakels in kleine stukjes en doe er een mengsel van geraspte ui, fijngehakt hardgekookt ei, blokjes ham en wat gare rijst bij. Vul de lichaamszakken, sluit ze met een tandenstoker en stoof ze op een bedje van ui en tomaat, die u eerst 5 minuten in olie gefruit hebt. Doe er wat water en een scheutje wijn bij. De inktvissen moeten op laag vuur in minder dan een halfuur gaar pruttelen. Proef of er nog zout bij moet, en misschien houdt u wel van een beetje piri-piri. Geef er gekookte aardappels of aardappelpuree bij.

Sepia's worden soms in melk geweekt om ze wat zachter te maken. Was ze in dat geval heel goed voordat u ze gaat klaarmaken.

Gefrituurde ringen pijlinktvis of kleine sepia zijn een lekker snack, maar pas ook dan op dat u ze niet te lang in de olie laat. Bestuif de ringen met bloem of haal ze door een beslag en frituur ze op middelhoog vuur goudbruin.

Polvo com arroz

Octopus met rijst

Provincie Minho
Voor 6 personen

Dit is een van de gerechten die in Minho vaak op het kerstmenu staan en hoe dan ook, de Portugezen zijn verzot op verse, halfgedroogde en gedroogde octopus. U ziet deze inktvissen hangen in winkels waar alleen gezouten en gedroogde vis te koop is (vooral bacalhau). Deze voorkeur voor octopus schijnt al bestaan te hebben toen de zeelieden in de vijftiende en zestiende eeuw – de tijd van de ontdekkingsreizen – de zeeën trotseerden en gedroogd voedsel meenamen voor onderweg. Hier volgt een recept voor verse octopus.

1 verse octopus (ca. 1 kg)
2 middelgrote uien, fijngehakt
4 eetlepels olijfolie
3 takjes peterselie, fijngehakt
4 eetlepels reuzel
2 eetlepels wijnazijn
1 theelepel chilipoeder
zout en peper
400 g rijst

Vraag de visboer om de octopus voor u schoon te maken. Snijd de tentakels in stukjes en trek er de lichaamszak als een kap overheen. Fruit de ui en peterselie 3-4 minuten in olie en reuzel. Voeg de inktvis, de azijn, het chilipoeder en zo veel water toe dat de octopus bijna onderstaat. Laat de inktvis afgedekt in 45-50 minuten gaar pruttelen; controleer af en toe of er nog wat water bij moet. Voeg pas zout toe als de inktvis gaar is en laat het gerecht nog een paar minuten pruttelen. Haal de octopus eruit en houd hem apart. Haal genoeg stoofvocht uit de pan om de rijst te kunnen koken (2½ maal het volume van de rijst). Als u te veel vocht hebt, kunt u het tot de juist hoeveelheid inkoken. Voeg de rijst toe en kook hem in ca. 25 minuten gaar (hij moet aan de vochtige kant zijn). Corrigeer zo nodig de smaak en doe er de in stukken gesneden octopus bij. Warm het gerecht weer op en geef er zwarte olijven en stukken knapperig brood bij.

Variant: Door de toevoeging van rijst wordt het een heel voedzaam gerecht, maar u kunt er ook alleen stukken knapperig brood of gebakken boterhammen bij geven.

Opmerking: Verse octopus eist tijdens de bereiding veel aandacht, want hij wordt makkelijk taai als hij te lang verwarmd wordt. Er bestaat echter een 'geheime' methode om octopus op zo'n manier klaar te maken dat hij altijd mals blijft. Dat geheim is me verklapt door mijn vriendin Maria Aria Barata (zie de beschrijving op blz. 100).

VIJF

Vlees

Een populair Portugees gezegde luidt: 'Vis trekt geen kar' (*peixe não puxa carroça*). Daarmee wordt bedoeld dat vis niet genoeg kracht geeft. Veel mensen zijn daarvan nog steeds overtuigd, hoewel onderzoek hun ongelijk bewijst. Daar staat tegenover dat veel anderen volledig bereid zijn toe te geven dat vlees niet het alfa en omega van goed voedsel is. Toch eten de Portugezen nog steeds veel vlees van rund, kalf, geit en lam. Vooral geiten- en varkensvlees is in trek. Het wordt in heel veel verschillende en fantasievolle gerechten verwerkt, en dat geldt ook voor tam konijn, kip en wild (met name wild konijn en patrijs). De Portugezen zijn voorts goed in het bedenken van gerechten met orgaanvlees en pens.

Opmerking: Voor geiten-, schapen- en lamsvlees kunt u dezelfde recepten gebruiken. Pas alleen de kooktijd aan en zorg vooral dat het vlees niet uitdroogt. Op dezelfde manier kunt u wild zo nodig vervangen door kip, maar dan zult u waarschijnlijk ook de kruiden moeten aanpassen.

Biefstuk

In Portugal is gebakken biefstuk een van de populairste snelle lunches, zowel in restaurants als thuis (vooral in de steden). Vanwege de prijs is de vraag wat gedaald, maar biefstuk behoorde bij sommigen vroeger zo ongeveer tot het dagelijks maal – of in ieder geval at men het elke zondag.

Biefstuk heet in Portugal *bife* en dat klinkt ongeveer zoals het Engelse *beef*. Dat maakt duidelijk waar de inspiratie vandaan komt: de Engels-Portugese economische samenwerking dateert al van zeven eeuwen geleden. *Bife* is in het gewone spraakgebruik de amusante aanduiding van een Engelsman. Portugese kennissen hebben me in de loop van een gesprek gevraagd: 'Je bent dus met een *bife* getrouwd?' Dat was overigens niet als scheldwoord bedoeld, en hoe dan ook, het woord is tegenwoordig veel minder in zwang dan jaren geleden. Portugezen gebruiken vaak bijnamen en verkleiningsvormen voor bijna alles wat zich daartoe leent – zelfs als dat niet het geval is. Als ze het over biefstuk hebben, kunnen ze zeggen: *Vai um bifinho?* ('trek in een biefstukje?'). Daarmee bedoelen ze geen *kleine*, maar een *heerlijke* biefstuk, en willen ze zeggen dat het geen slecht idee zou zijn.

Bife com ovo a cavalo

Biefstuk met ei te paard

Provincie Estremadura

Voor 4 personen

4 biefstukken of lendelappen
4 teentjes knoflook, fijngewreven
zout en peper
4 eetlepels boter plus genoeg boter om de eieren te bakken
1 eetlepel reuzel
4 takjes peterselie
1 laurierblad
4 eieren

Bereid het vlees op de gewone manier voor. Wrijf de biefstukken allemaal met een teentje knoflook in, bestrooi ze met zout en peper en laat ze 15 minuten liggen. Smelt 2 eetlepels boter en de reuzel in een grote koekenpan, voeg peterselie en laurier toe en bak de biefstukken; keer ze een- of tweemaal. Het vlees wordt meestal net niet gaar. Bak intussen de eieren in de boter en leg op elke biefstuk een ei. In restaurants worden de biefstukken in individuele aardewerk schaaltjes gebakken en opgediend. Het klassieke garnituur bestaat uit dikke aardappelchips (*batatas fritas*) en desgewenst gemengde zure groenten.

Varianten:
1. Leg onder elke biefstuk een dikke snee geroosterd, beboterd brood. Tussen het vlees en het ei kunt u ook een plakje gewone ham of *presunto* (zie blz. 29) leggen.
2. Bij een andere versie blijven de peterselie en laurier weg. Neem 2 eetlepels boter, 2 eetlepels slagroom en een paar druppels citroensap. U bruint de biefstukken (die altijd echt mals moeten zijn) op hoog vuur in de helft van het vet aan. Haal ze eruit. Doe de rest van de boter, het citroensap en de room in de pan en laat deze saus al roerend iets binden. Proef of er zout bij moet. Leg de biefstukken erin en laat ze in 3-4 minuten gaar worden; keer ze eenmaal. De saus wordt nu nog dikker. Dien ze direct met *batatas fritas* op.

Bife à Marrare

Biefstuk op de wijze van Marrare

Lissabon

Voor 4 personen

Dit biefstukrecept schijnt ontwikkeld te zijn door een chef-kok die Marrare heette en uit Noord-Spanje of Napels naar Lissabon kwam. De culinaire deskundigen twisten over zijn geboorteplaats maar niet over de voortreffelijkheid van zijn uitvinding. Hoe dan ook, het café Marrare, dat vroeger in het centrum van Lissabon stond, was beroemd om zijn uitstekende biefstukken en een trekpleister voor de hoogste adel en de toppolitici van de negentiende eeuw.

4 flinke biefstukken
2 tenen knoflook, fijngewreven
4 eetlepels boter
zout en versgemalen zwarte peper
4 eetlepels slagroom

Wrijf het vlees in met de knoflook. Smelt de helft van de boter in een pan en bruin de biefstukken aan beide kanten aan. Haal ze uit de pan, bestrooi ze met zout en peper en houd ze warm. Doe de rest van de boter en de room in de pan. Roer goed en laat de saus pruttelend binden. Corrigeer zo nodig de smaak. Warm de biefstukken in de saus op en serveer ze direct met *batatas fritas.*

Bifes de cebolada

Biefstuk met ui

Provincie Estremadura

Voor 4 personen

Vanwege de kruiden, de ui en de tomaat worden deze biefstukken heel anders dan anders.

1 eetlepel reuzel
2 eetlepels olijfolie
4 biefstukken
4 middelgrote tomaten, ontveld, ontpit en grof gesneden
2 tenen knoflook, fijngehakt
2 grote uien, in dunne plakjes
2 blaadjes laurier
3 takjes peterselie, fijngehakt
zout en peper

Neem voor dit gerecht een grote (stoof)pan. Doe er de reuzel en olie in en vorm lagen vlees, tomaten en de overige ingrediënten. Leg het deksel op de pan en laat alles 30-35 minuten pruttelen. Tegen het einde moet de saus misschien een beetje worden ingekookt. Geef er aardappelpuree of witte rijst bij. Het gerecht is in een snelkookpan heel snel (8-10 min.) klaar en blijft erg lekker.

Gebraden rundvlees

Alcatra

Gebraden rundvlees met specerijen

Azoren
Voor 6-8 personen

De Azoren hebben heel goed vee en rundvlees is er dan ook populair. Dit gerecht bevat specerijen die kenmerkend zijn voor de eilanden en zelfs voor Madeira. Dat herinnert eraan dat de twee eilandengroepen in de Atlantische Oceaan op een punt lagen – en liggen – waar alle schepen aanlegden. Tegenwoordig zijn dat misschien vooral cruiseschepen met vakantiegangers, maar eeuwen geleden rustten er vermoeide zeelieden uit en werd de broodnodige proviand voor de lange reizen ingeslagen. Ook schepen uit en naar Amerika legden er aan, en zo werden de specerijen uit Jamaica populair. Allspice, dat in het Portugees *pimenta da Jamaica* ('peper uit Jamaica') heet, werd natuurlijk vanuit Jamaica op de Azoren geïntroduceerd en wordt tegenwoordig met gulle hand in veel hartige en zoete gerechten verwerkt. *Alcatra* is eigenlijk de bil, maar het gerecht omvat ook andere delen van het rund. U kunt er delen voor nemen die voor braden geschikt zijn, maar neem liefst ook wat vlees van het staartstuk vanwege zijn gelatineuze eigenschappen. Het vlees wordt heel lang gebraden en u kunt er dus best betrekkelijk goedkope delen voor nemen, als ze maar niet draderig zijn.

ca. 3 kg rundvlees (zie de opmerkingen hierboven)
100 g vetspek, in blokjes
2 grote uien, in plakjes
zout
6 allspicekorrels
6 peperkorrels
1 stukje kaneel
1 eetlepel wijnazijn, verdund met 2 eetlepels water
2 glazen rode wijn
2 eetlepels boter

Snijd het vlees in grote stukken. Vet een braadslede goed in en leg een laag ui op de bodem. Strooi er een deel van het spek over. Leg daarop een laag vlees, bestrooi het met wat zout en de specerijen, en ga zo door totdat alle ingrediënten in de pan liggen; de bovenste laag moet uit ui bestaan. Overgiet het geheel met wijn en azijn en leg er kluitjes boter op. Zet de pan minstens 3 uur in een tot 180 °C (stand 4) voorverwarmde oven. Het vlees moet heel gaar worden; keer het af en toe. Er is misschien nog wat water nodig, maar wees daar voorzichtig mee. Op de Azoren wordt dit gerecht opgediend met het compacte plaatselijke brood, maar ook aardappelpuree en witte rijst zijn geschikt.

Variant: Neem dezelfde hoeveelheid vlees, snijd het niet in stukken, laat het spek weg, vervang de ui door grote tenen knoflook en voeg wat paprikapoeder en chilipeper (piri-piri) toe. Voor dit gerecht maakt u een marinade van de specerijen en de wijn. Leg het vlees er een halve dag in, braad het in hetzelfde vocht en overgiet het met gelijke delen olijfolie en boter (2 eetlepels van elk). Het wordt opgediend met een bijgerecht van in vieren gesneden, half gaargekookte aardappels, die worden gebakken en dan in de saus rond het vlees worden gelegd.

Opmerking: Op Madeira wordt het vlees op vrijwel dezelfde manier en eveneens met allspice gebraden, maar vlak voor het opdienen gaan er ontpitte zwarte olijven bij. In dit geval is de wijn madera. U kunt het vlees ook in een pan met goed sluitend deksel op het fornuis klaarmaken. Het bijgerecht bestaat uit half gaargekookte aardappels die goudbruin zijn gebakken.

Stoofgerechten

Cozido à portuguesa

Gekookt vlees met groente in Portugese stijl

Provincie Trás-os-Montes, maar in het hele land gegeten
Voor 6-8 personen

Dit is een van de kenmerkendste gerechten uit de Portugese keuken. Het is in het hele land populair, maar komt uit de provincie Trás-os-Montes, waar het altijd tijdens het carnaval gegeten wordt. Ondanks zijn eenvoud geldt het in brede kring als een van de verfijndste Portugese gerechten. Het is het best mogelijke plattelandsgerecht, bestaande uit een verscheidenheid aan vleessoorten en gerookte worst (hoe meer, hoe beter) met aardappels en groente plus een bijgerecht van in het kookvocht klaargemaakte rijst. Het is de moeite waard om meer *cozido* te koken dan u nodig hebt, want resten vlees en groente kunt u voor andere gerechten gebruiken of de volgende dag opwarmen. Het kookvocht is ideaal voor soep.

500 g runderschenkel
500 g kip
350 g varkenskrabbetjes (of een stuk ontbijtspek of gezouten varkensvlees)
100-150 g morcela (zie blz. 29)
150 g chouriço (zie blz. 29)
2 farinheira's (meelworstjes; als u ze niet kunt krijgen, neem dan meer spek)
desgewenst: 1 varkensoor
1 grote kool (alleen het hart)
8 middelgrote wortelen
8 middelgrote aardappels
4 middelgrote meirapen
300 g rijst

Week het eventuele gezouten vlees eerst een paar uur om het een beetje te ontzouten. De *chouriço* is echt essentieel voor de juiste smaak van een *cozido.*

Neem een heel grote pan en kook het vlees in zo veel water dat het onderstaat. Schuim het af. Controleer van tijd tot tijd en haal het vlees met een kortere kooktijd dan de rest er op tijd uit. Laat alles gaar worden. Houd het vlees apart en kook alle groenten samen in hetzelfde vocht. Snijd ze in grote stukken en kook ze gaar (25-30 minuten). Haal genoeg bouillon uit de pan om er de rijst in te koken (2½ maal zoveel vocht als het volume van de rijst). Laat de rijst gaar worden, doe het vlees, de aardappels en de groenten weer in de bouillon, warm alles goed op en laat de rijst intussen 5-8 minuten in een tot 190 °C (stand 5) voorverwarmde oven drogen.

Opdienen: Schep een berg rijst op een schaal en leg er de morcela en chouriço in plakken omheen. Doe het vlees en de groente in een diepe schaal en giet er wat bouillon bij om ze vochtig te houden. Zet het gerecht direct op tafel.

Varianten: Afhankelijk van seizoen en verkrijgbaarheid kunt u wat heel jonge sperziebonen en geweekte kikkererwten (200 g) toevoegen. Vergeet niet dat kikkererwten een lange kooktijd hebben. Doe ze dus samen met het vlees in de pan.

Opmerking: Het beroemdste gerecht van de Azoren is een *cozido* met ongeveer dezelfde ingrediënten, die men urenlang laat koken in een van de vele hete bronnen (*furnas*) waarmee een bepaald deel van het eiland São Miguel bezaaid is. Men laat een grote, door een zak beschermde pan met een goed vastgezet deksel in een van die gaten zakken. Er wordt een groot houten deksel op gelegd om het af te sluiten, en daarop wordt wat aarde geschept. Vijf uur later gaat het gat weer open, wordt de pan opgehesen en is het gerecht klaar.

Cozido wordt ook op Madeira gemaakt, maar daar worden de gewone aardappels vervangen door zoete en het rundvlees door varkensvlees.

Carne guisada
Gestoofd rundvlees

Voor 4-6 personen

Dit eenvoudige gerecht wordt vaak zonder wijn klaargemaakt, en dat is jammer, want zelfs van een klein scheutje wijn knapt het erg op.

6 eetlepels rode wijn
1 laurierblad
1 grote teen knoflook, in plakjes
zout en peper
desgewenst: 3 takjes peterselie
600 g stoofvlees, in blokjes
2 middelgrote uien, in plakjes
3 eetlepels olijfolie
1 eetlepel reuzel
1 grote wortel, in plakjes
700 g aardappels, geschild en in blokjes
2 middelgrote tomaten, ontveld en kleingesneden
1 kruidnagel

Maak een marinade van wijn, laurier, knoflook, zout, peper, kruidnagel en peterselie. Marineer het vlees hierin een nacht. Zeef het vocht de volgende dag en bak het vlees samen met de ui in olie en reuzel aan alle kanten bruin. Voeg de wortel toe en doe er even later de marinade en tomaten bij. Laat het vlees afgedekt op laag vuur bijna gaar pruttelen. Controleer af en toe of er nog een beetje water of bouillon in de pan moet. Voeg zo nodig zout toe en doe de aardappels in de pan. Dek de pan weer af en laat alles in nog eens 30 minuten gaar worden. Corrigeer zo nodig het vocht en de smaak en dien het direct op.

Chanfana da Bairrada
Gestoofd geitenvlees op de wijze van Bairrada

Provincie Beira Litoral
Voor 4 personen

Dit feestelijke gerecht werd vroeger in een bakkersoven klaargemaakt, en waar dat mogelijk is, gebeurt het nog steeds. Er is echter geen reden te denken dat het niet in uw eigen oven zou kunnen. De beste pan is een grote, zwarte, aardewerk pan uit dezelfde streek, maar in een grote ovenschaal met een deksel kan het ook.

Bruiloften en doopfeesten duren in dit land een hele dag, en dan worden de grote tafels met enige regelmaat vol eten en drank gezet. Dit stoofgerecht is maar een van de vele heerlijke feestgerechten uit de Bairradastreek en hoort tot de fantasievolste culinaire creaties.

Het geitenvlees is klassiek, maar lamsvlees kan ook. De hoeveelheden hieronder gelden voor 4 personen, zoals in de meeste recepten in dit boek, maar u kunt ze natuurlijk zo nodig verdubbelen of verdrievoudigen.

Het gerecht wordt meestal een dag tevoren klaargemaakt en dan opgewarmd.

1 theelepel paprikapoeder
3 takjes peterselie, fijngehakt
½ koffielepel peper
1 grote ui, fijngehakt
1 laurierblad
2 grote tenen knoflook, fijngehakt
¼ koffielepel nootmuskaat
2 eetlepels reuzel
3 eetlepels olijfolie
zout
1 kg mals geiten- of lamsvlees, uitgebeend en in tamelijk grote stukken
100 g vet ontbijtspek, in blokjes
5 dl rode wijn, liefst uit Bairrada

Doe alle kruiden en specerijen, knoflook en ui in een pan met de olie en reuzel, roer, voeg zout toe en doe het vlees erbij. Giet er een deel van de wijn bij; het vlees moet bijna onderstaan. Leg het deksel op de pan en zet hem in een tot 230 °C (stand 8) voorverwarmde oven. Laat hem 1 uur staan en controleer de hoeveelheid vocht. Voeg de rest van de wijn toe. Houd de oven nog 30 minuten op 230 °C en verlaag de temperatuur dan voor de rest van de stooftijd (nog 1-1½ uur) tot 180 °C (stand 4). Haal de pan uit de oven, controleer het zout en het vocht (het vlees moet zwemmen) en bewaar het gerecht een dagje. Laat het dan weer in de oven gloeiendheet worden en dien het met gekookte aardappels op.

Feijoada à portuguesa

Gestoofde bonen in Portugese stijl

Voor 6 personen

Een heerlijk oud en vertrouwd gerecht uit de Portugese keuken. Elke streek heeft zijn eigen versies, maar *feijoada* is in wezen altijd een stoofgerecht van bonen met varkensvlees en worst.

500 g gedroogde bonen (lima- of rode nierbonen)
2 eetlepels olijfolie
2 eetlepels reuzel
2 middelgrote uien, waarvan 1 fijngehakt
desgewenst: 1 kruidnagel
200 g chouriço (zie blz. 29)
200 g doorregen spek, in blokjes
100 g morcela (zie blz. 29)
1 middelgrote tomaat, ontveld, ontpit en kleingesneden
2 tenen knoflook, fijngehakt
3 takjes peterselie
1 laurierblad
zout en peper

Week de bonen een nacht in veel koud water. Limabonen zijn zacht, glad en heel geschikt voor dit gerecht. Doe de geweekte bonen in koud water met zout, de helft van de olie en de helft van de reuzel. Besteek de hele ui met de kruidnagel (die u later weggooit) en leg hem bij de bonen. Breng het geheel aan de kook en laat de bonen gaar pruttelen (de kooktijd hangt af van de soort). Controleer af en toe of het niet uitdroogt, maar laat de bonen niet overgaar worden. Giet ze af, houd ze apart en bewaar het kookvocht.

Doe een gedeelte ervan in een andere pan en kook er al het vlees bijna in gaar (15-20 minuten). Fruit intussen de andere ui in de resterende olie en reuzel met de tomaat en de andere ingrediënten 3-4 minuten op laag vuur. Snijd intussen het vlees in stukjes, laat ze 2-3 minuten meepruttelen, voeg de bonen toe en roer er (een deel van) het resterende kookvocht door: het gerecht moet vochtig zijn maar mag niet 'zwemmen'. Corrigeer de smaak en dien het direct op. Een eventueel restant kookvocht kunt u later voor een soep gebruiken.

In sommige noordelijke provincies wordt het gerecht 'versterkt' door er *arroz no forno* (zie blz. 118) bij te geven.

Variant: U kunt de bonen ook opdienen met gebakken boterhammen, die dan doorweekt raken met saus. En u kunt de sortering vleessoorten uitbreiden met bijvoorbeeld een hamkluif, varkensoor, buikspek, enzovoorts. Kook ze met de bonen mee.

Opmerking voor vegetariërs: *feijoada* is ook zonder vlees erg lekker. Neem desgewenst alleen wat meer ui en andere smaakgevers.

Geitenvlees

Cabrito assado

Gebraden geitenvlees

Provincie Beira Baixa

Voor 8 personen

> 'Inderdaad. Horatius zou een ode aan dat gebraden geitenvlees hebben gewijd. En bij die forel en bij Melchiors wijn en bij de *cabidela* – door die sublieme, loensende dwerg met bovenaardse inspiratie klaargemaakt – en bij de mildheid van de juni-avond, die door het open raam zijn zwarte mantel toonde, voelde ik me zo heerlijk lui en tevreden dat ik me, toen de koffie in de zitkamer op ons stond te wachten, gewoon in een van de rieten stoelen liet vallen – de grootste met de beste kussens – en schreeuwde van pure verrukking.'
> Eça de Queiroz, *A cidade e as serras*

U hebt voor dit gerecht extra mals en fijn vlees nodig. Het dier moet dus zo jong mogelijk zijn. De Portugezen nemen meestal een bokje van een maand oud. Het vlees moet overal mooi bruin worden.

1 heel bokje of lam (als het een klein dier is; neem anders een halve van 2½ kg)
150 g reuzel
2 eetlepels olijfolie
3 tenen knoflook, fijngehakt
1 laurierblad, in kleine stukjes
4 takjes peterselie, fijngehakt
60 g mager ontbijtspek, in blokjes
8 eetlepels witte wijn
zout

Snijd het bokje open, haal het leeg, was het grondig en laat het liefst een hele nacht uitlekken. Was het orgaanvlees en leg het tot de volgende dag in de koelkast.

Maak een pasta van alle smaakstoffen met de olie en 100 g reuzel. Bestrijk de binnen- en buitenkant van het bokje ermee. Roer de rest van de pasta door het schoongemaakte en in stukjes gesneden orgaanvlees en vul er het bokje mee. Naai de opening dicht. Laat het vlees een paar uur liggen en bestrijk het dan met de rest van de reuzel. Leg het in een tot 190 °C (stand 5) voorverwarmde oven en braad het een kleine 30 minuten per 500 gram plus 30 minuten. Bedruip en keer het vlees regelmatig zodat het gelijkmatig bruin wordt. Geef er gebakken aardappels bij.

Cabrito à moda do Ribatejo

Geitenvlees op de wijze van Ribatejo

Voor 8 personen

Als Portugezen een jong geitje (of lam) op de kop kunnen tikken, maken ze het graag in zijn geheel klaar, en dat geldt ook voor speenvarken. Het zijn heel bijzondere en gekoesterde streekgerechten, opgediend op de grote keukentafel met de hele familie eromheen, en iedereen tast gretig toe.

2 grote uien, fijngehakt
3 tenen knoflook, fijngehakt
3 takjes peterselie, fijngehakt
1 theelepel paprikapoeder
2 chilipepertjes
200 g chouriço (zie blz. 29)
100 g reuzel
zout
3 dl witte wijn
1 heel bokje of lam (of een deel van ca. 2½ kg)

Maak een pasta van de ui, knoflook, peterselie, paprikapoeder, fijngehakte chilipepers, fijngehakte *chouriço*, reuzel, zout en de helft van de wijn. Bestrijk er het dier mee. Leg het in een grote, ingevette braadslee en zet het ca. 2 uur in een tot 180 °C (stand 4) voorverwarmde oven, of totdat het gaar is: bedruip af en toe. Voeg halverwege de braadtijd de rest van de wijn toe om het gerecht vochtig te houden. Keer het bokje op dat moment, zodat het gelijkmatig gaar wordt. Geef er zo mogelijk aardappels bij die u tegelijkertijd in de oven gebakken hebt.

Cabrito à moda da Beira

Geitenvlees op de wijze van Beira Alta

Voor 4-6 personen

U kunt voor dit gerecht zowel geiten- als lamsvlees nemen. De kudden eten in de bergen de hele dag wilde kruiden en hun vlees krijgt daar een heerlijke geur van. Met dit recept wordt die geur versterkt, en zo ontstaat een glorieus gerecht.

1-1¼ kg lams- of geitenvlees, in handige stukken
8 eetlepels olijfolie
2 middelgrote wortelen, in plakjes
2 middelgrote uien, fijngehakt
2 tenen knoflook, fijngehakt

1 opgehoopte theelepel gemengde kruiden of naar smaak
2 takjes peterselie, fijngehakt
zout en peper
6 dl rode wijn
1 kg aardappels (na het schillen gewogen)
2 eetlepels reuzel

Laat het vlees eerst op het fornuis half gaar worden, en wel als volgt: doe het vlees met olie, wortelen, uien, knoflook, kruiden, zout en peper in een pan en bak het in 8-10 minuten aan alle kanten bruin. Voeg de helft van de wijn en 2-3 eetlepels water of kippenbouillon toe. Laat het vlees afgedekt 20-25 minuten pruttelen; houd de hoeveelheid vocht in het oog. Kook de in vieren gesneden aardappels intussen in water met zout half gaar, giet ze af en houd ze warm. Vet een diepe, mooie ovenschaal in (op het platteland gebruikt men een schaal van aardewerk) en schep er het vlees, de groenten, het braadvocht en de rest van de wijn in. Leg er de aardappels omheen en voorzie ze van schepjes reuzel. Zet de schaal 40-45 minuten in een tot 190 °C (stand 5) voorverwarmde oven of totdat het vlees goudbruin is.

Andere vleesgerechten

Vitela à Barrosã

Kalfsvlees op de wijze van Barrosã

Provincie Alto Douro

Voor 4 personen

700 g heel malse kalfslende
zout en peper
1 grote teen knoflook, goed fijngewreven met zout
sap van ½ middelgrote citroen
100 g boter
2 eetlepels reuzel
1 theelepel maïzena

Ontdoe het vlees van alle pezen en snijd het in tamelijk dikke reepjes. Voorzie ze van zout, peper, knoflook en citroensap en laat ze zo 3-4 uur liggen; keer ze af en toe, zodat ze alle smaken goed absorberen. Smelt de boter en reuzel in een diepe koekenpan en bak het vlees op laag vuur gaar (12-15 minuten). Haal het eruit en houd het warm. Bind de saus met een papje van maïzena en wat water of bouillon en laat hem 2 minuten pruttelen. Controleer of er nog zout bij moet en giet de saus over het vlees. Geef er bijvoorbeeld aardappelpuree, gebakken aardappels, witte rijst of spaghetti bij.

Vitela no espeto

Kalfsvlees aan het spit

Noordelijke provincies

Voor 4-6 personen

Dit gerecht wordt traditioneel altijd op een open vuur klaargemaakt. U kunt er een moderne barbecue voor nemen, maar keer het vlees regelmatig.

1 kg mals kalfsvlees (fricandeau of lende)
zout
4 eetlepels olijfolie
1 eetlepel wijnazijn
1 laurierblad, in kleine stukjes
½ theelepel chilipoeder
2 tenen knoflook, fijngehakt

Ontdoe het vlees van alle ongerechtigheden en bestrooi het met zout. Maak een pasta van alle andere ingrediënten en bestrijk er met behulp van een kwastje het vlees mee. Rijg het aan het spit of leg het op de barbecue. Het vlees moet in 45 minuten gaar zijn, maar controleer dat met een pen – er mag geen rood vocht uitlopen. Vergeet het vlees niet met de pasta te bedruipen en keer het af en toe. Geef er gebakken aardappels bij.

Variant: Uit dezelfde streek komt ook een simpeler versie.

1 kg uitgebeende kalfsfricandeau
2 middelgrote uien, in dunne plakjes
zout

Bevochtig het vlees een beetje en bestrooi het overal met zout. Leg het op de barbecue en rooster het 35-40 minuten; keer het af en toe. Leg het gare vlees een paar minuten afgedekt in een schaal, zodat er wat vleesvocht vrijkomt. Bedek het met plakken rauwe ui en geef er gekookte aardappels of *batatas fritas* (plakjes gefrituurde aardappel) bij.

Tripas à moda do Porto

Pens op de wijze van Oporto

Voor 4-6 personen

Het klinkt u misschien vreemd in de oren, maar in veel landen maakt men van pens bijzonder malse, smakelijk en voedzame gerechten. In Portugal is de streek rond Oporto daarin gespecialiseerd en de stad zelf is beroemd om zijn klassieke pensrecept.

Dat de stad er zo verzot op is, schijnt uit noodzaak geboren te zijn – dat is in ieder geval de gangbare verklaring. Toen de Portugezen een paar Noord-Afrikaanse steden aan het veroveren waren (in 1415 werd bijvoorbeeld Ceuta ingenomen), stuurde Oporto grote hoeveelheden voedsel om de soldaten op de been te houden. Van het voor dit doel geslachte vee werd alleen de pens achtergehouden, zodat de mensen geen andere keus hadden dan er het beste van te maken. Vandaar dat de inwoners van Oporto als *tripeiros* ('penseters') bekend staan. Die naam is nog steeds in gebruik en vervult hen met terechte trots.

Buiten Portugal is pens niet altijd makkelijk te vinden en u zult het waarschijnlijk moeten bestellen. In Portugal is het overal te koop. De pens is dan meestal wel schoongeschraapt en gebleekt maar nauwelijks voorgekookt, en dat betekent een langere kooktijd. Maar zelfs als u goed voorgekookte pens koopt, moet hij thuis nog lang op het vuur staan om het mals te krijgen en er al het nog aanwezige geleiachtige vocht aan te onttrekken. Goed klaargemaakte pens is verrassend zacht en bepaald de moeite van het proberen waard.

In de streek van Oporto neemt men meestal kalfspens vanwege zijn gelatineuze eigenschappen en er worden allerlei andere soorten vlees aan toegevoegd. Het is dus niet het armeluisgerecht dat u op grond van de historische verklaring misschien vermoedde. Maar u kunt ook heel goed alleen pens nemen of er alleen een kruidig worstje of wat ontbijtspek bijdoen. Het nu volgende majesteitelijke recept is gangbaar in restaurants van de oude, historische stad Oporto.

700 g gemengde pens (ook netmaag, lebmaag en boekmaag), liefst van het kalf
zout en versgemalen peper
citroen
½ middelgrote kip
100 g doorregen spek
100 g chouriço (zie blz. 29)
100 g presunto (zie blz. 29)
desgewenst: 1 kalfspootje
desgewenst: 1 varkensoor
2 grote uien, fijngehakt
2 middelgrote wortelen, in plakjes
1 eetlepel reuzel
1 laurierblad
500 g gedroogde limabonen, een nacht geweekt
desgewenst: ½ theelepel komijn
2 takjes peterselie

Was de pens van binnen en van buiten grondig en wrijf hem goed in met zout en citroen; hij moet volmaakt schoon zijn. Spoel hem onder de koude kraan af en kook hem in water met zout gaar. De kooktijd is moeilijk te voorspellen want veel hangt af van hoe de pens is voorbewerkt. U kunt de pens het beste ruim tevoren gaar koken en af en toe controleren. Het belangrijkste is dat het vlees echt gaar wordt. Kook in een andere pan al het andere vlees (vergeet niet dat de worst en ham al zout bevatten) met het pootje en/of het varkensoor (een van de twee is eigenlijk onmisbaar). Doe in deze pan ook de uien, wortelen, fijngehakte peterselie, laurier en reuzel. Laat alles gaar worden.

Breng de geweekte bonen in genoeg kookvocht van het vlees aan de kook en laat ze gaar pruttelen. Laat het vlees en de groente uitlekken, snijd de pens en het andere vlees in handige stukjes en roer alles door de bonen. Doe er wat kookvocht bij en laat het gerecht 10-15 minuten op laag vuur pruttelen, zodat de smaken elkaar gaan doordringen en het gerecht wat dikker wordt. Voeg zo nodig wat zout en peper toe en strooi er desgewenst wat komijn en/of fijngehakte peterselie over. Het klassieke bijgerecht is rijst.

Opmerking: Gooi een eventuele rest kookvocht niet weg. U kunt er samen met de andere resten en zo nodig wat kool of groente een soep van maken.

Arroz no forno

Rijst uit de oven

Provincies Minho en Douro
Voor 4-6 personen

In delen van het noorden, met name in de provincie Minho, is rijst een verplicht onderdeel van de maaltijd dat bij bijna alles wordt opgediend. Met vlees klaargemaakte rijst kan zelfs een hoofdgang zijn. De hoeveelheid en verscheidenheid van het vlees zijn onbegrensd en hangen van de gewenste hoeveelheid en smaak af. Deze rijstgerechten worden in de oven afgemaakt, waardoor hun smaak en uiterlijk verbeterd worden: de bovenkant wordt heerlijk knapperig en de textuur van de rijst gaat er sterk op vooruit.

200 g runderstoofvlees
100 g hamlappen
1 kippenpoot
100 g chouriço (zie blz. 29)
100 g presunto (zie blz. 29)
500 g rijst
1 middelgrote ui, fijngehakt
1 eetlepel olijfolie
3 takjes peterselie, fijngehakt
½ theelepel saffraan
zout en peper

Doe het vlees in zo veel water dat het onderstaat, en kook het gaar. Haal de pan van het vuur. Schep het vlees eruit en houd het apart. Neem 2½ maal het volume van de rijst aan bouillon en houd het apart. Fruit de ui in de olie goudbruin, voeg de peterselie met de in wat water opgeloste saffraan, zout en peper toe, breng alles aan de kook en doe het bij de afgemeten hoeveelheid bouillon. Breng het vocht aan de kook, voeg de rijst toe en laat deze 12-15 minuten pruttelen. Schep de rijst in een ovenschaal en zet hem 15-20 minuten in een tot 180 °C (stand 4) voorverwarmde oven. Warm het vlees intussen in de rest van de bouillon op en zet het in een aparte schaal naast de rijst op tafel.

Variant: Een simpelere versie gaat uit van een rest bouillon en/of jus van gebraden lamsvlees.

Voor 4-6 personen

1 grote ui, fijngehakt
3 eetlepels olijfolie
kippenbouillon, vleesjus e.d. (2½ maal het volume van de rijst)
100 g gerookte en gekookte ham of mager ontbijtspek
100 g gare chouriço (zie blz. 29)
500 g rijst
1 theelepel saffraan
zout en peper

Fruit de ui in de olie goudbruin, voeg de vloeistof en het vlees toe (de ingrediëntenlijst geeft alleen een paar mogelijkheden) en breng alles aan de kook. Haal het vlees eruit en houd het warm. Doe de saffraan en de rijst in de vloeistof en ga verder te werk zoals hierboven.

Varkensvlees

Tussen het noorden en de Alentejo speelt varkensvlees een hoofdrol in het Portugese voedingspatroon. Varkens van een plaatselijk ras met een langer, magerder lichaam dan normaal lopen er vrij rond op plaatsen waar hoge eiken groeien, want daar liggen ook de smakelijke eikels die de varkens eten.

Plattelandsgourmets kijken reikhalzend uit naar de reeks uitgebreide feesten na de jaarlijkse varkensslacht. De hele familie komt dan helpen bij het vele werk dat ermee gepaard gaat, en schuift mee aan tafel met gerechten gemaakt van alle delen van het vlees die vers gegeten moeten worden en tot enorme feestmaaltijden worden omgetoverd. Die maaltijden wegen ruimschoots op tegen het vele werk van het snijden, het inzouten, de scheiding van vlees en vet, het maken van de worst en de voorbereiding van de hammen, die maanden later rauw gegeten worden – in vliesdunne plakjes als tussendoortje of als ingrediënt in allerlei gerechten. Lange tafels staan dan vol gebakken lever, gebraden lende en grote schalen *sarrabulho* (spier- en orgaanvlees met bloed), die worden weggespoeld met lekkere plaatselijke wijn die in grote aardewerk kruiken wordt ingeschonken. Op die dagen geen *caldo verde*, geen sardines, geen bacalhau! Het is dan winter en de varkensvleesgerechten met hun eetlust opwekkende geuren zijn dan meer dan welkom. Het zijn heel bijzondere dagen, want alleen dan zijn zo veel verschillende ingrediënten bij de hand.

Speenvarken is een sterk aanbevolen streekgerecht dat in heel Portugal geliefd is, maar nergens eet u het zo lekker als in Bairrada (zie hieronder), waar het bijna een obsessie is. De meeste huisvrouwen vinden het gerecht te bewerkelijk en de streek telt dan ook talloze restaurants die zich op dit gebied gespecialiseerd hebben. Speenvarken is een verrukkelijke delicatesse, en mensen die het nog nooit gegeten hebben, vallen ervoor na hun eerste hap van het fijne, malse vlees en het knapperige vel, dat volmaakt gebraden moet zijn.

Een speenvarken mag hoogstens een maand oud zijn. Het heeft dan alleen nog maar moedermelk gedronken en niet veel vet ontwikkeld. Schoon aan de haak weegt het dan 3-5 kilo. Ook als u niet op het platteland woont, kan het niet moeilijk zijn om zo'n varkentje te pakken te krijgen. Praat eens met uw slager; misschien kan hij iets voor u doen.

Een heel jong dier met dat gewicht is niet alleen malser maar past ook in een normale huishoudoven zonder dat u het in stukken hoeft te snijden. In Bairrada wordt er een ouderwetse bakkersoven voor gebruikt en het dier hangt aan een lange stok, die af en toe gedraaid wordt om het vlees gelijkmatig gaar te krijgen. Een grote bak eronder vangt het heerlijke braadvocht op en bevat aardappels, die tegelijkertijd gaar worden. Thuis zult u een list moeten verzinnen. Als het moeilijk blijkt om het varkentje in zijn geheel de oven in te krijgen of uw braadslee niet groot genoeg is om het er in de lengte in te leggen, snijdt u het dier doormidden en legt u de helften naast elkaar. Braad ze anders na elkaar (u kunt het eerste gare deel vlak voor het opdienen weer opwarmen). Als u het vlees op deze manier klaarmaakt, vergeet dan niet de twee helften tegen elkaar te leggen en de snee met wat garnituur te maskeren.

Leitão à Bairrada

Speenvarken op de wijze van Bairrada

Provincie Beira Litoral
Voor 10 personen

Bij dit gerecht moet het vel echt knapperig zijn. Leg het speenvarken daarom niet op de bodem van de braadslee, anders blijft het vel slap. Als u geen grote treeft hebt, kunt u het dier met een paar stokken in de lucht houden. Vergeet niet dat u het ook moet keren om al het vlees gaar en knapperig te krijgen.

1 echt klein speenvarkentje
4 eetlepels vet van gerookt spek
4 eetlepels reuzel
2 tenen knoflook
2 eetlepels zout
1 theelepel peper
2 takjes peterselie
1 laurierblad
3 dl witte wijn (liefst uit Bairrada)

Vraag de slager het speenvarken schoon te maken maar laat de kop (met de ogen, oren, tong en tanden) en staart zitten. Maak een pasta van alle droge smaakstoffen en het vet, liefst met een keukenmachine, en doe er wat wijn bij als u de pasta te dik vindt. Bestrijk er de binnen- en buitenkant van het varkentje mee en leg het in een tot 210 °C (stand 7) voorverwarmde oven (zie blz. 120). Verlaag de temperatuur na 20 minuten tot 190 °C (stand 5) tot aan het einde van de braadtijd (2-2¼ uur). In die tijd moet u verschillende dingen doen: het vlees minstens elke 15 minuten met braadvocht en wat wijn bedruipen (bewaar een kwart van de wijn voor later), het vlees halverwege de braadtijd keren en gedeelten die kunnen uitdrogen (bijv. de oren) met folie beschermen. In Bairrada doen de koks dat met koolbladeren. Vergeet niet dat het vel bedoeld is om op te eten: het moet bruin worden maar mag niet verbranden.

Haal het gare varkentje uit de oven, schep het braadvocht uit de buikholte en doe hetzelfde met het vocht in de braadslee. Doe er de rest van de wijn bij en kook het borrelend wat in. Corrigeer zo nodig de smaak en houd de saus warm om hem later in een kom te kunnen opdienen. Maar voordat u de saus maakt, legt u het speenvarken nog 10 minuten zonder vocht in de oven om het vel nog knapperiger te maken. Leg het dan op een grote schaal, steek een sinaasappel in zijn bek, garneer met slabladeren en aardappels en dien het op. Dat wordt smullen!

Het vlees dat overblijft, is ook koud heerlijk.

Rojões à moda de Viana do Castelo

Knapperig varkensvlees uit Viana

Provincie Minho
Voor 4-6 personen

Dit gerecht wordt traditioneel klaargemaakt tijdens het slachtseizoen, maar u kunt het ook op andere momenten eten. *Rojões* komt uit Minho en Douro Litoral, maar andere provincies kennen er varianten van. Het is ondanks de schijnbaar lange ingrediëntenlijst een heel makkelijk gerecht, en nog lekker ook.

3 dl witte wijn
1 eetlepel wijnazijn
1 theelepel paprikapoeder
1 laurierblad
3 tenen knoflook, fijngehakt
zout en peper
1 kg varkensfilet
100 g reuzel
1 eetlepel olijfolie
100 g doorregen spek, in kleine stukjes
½ koffielepel komijnzaad

Maak een marinade van wijn, azijn, paprikapoeder, laurier, knoflook, zout en peper. Snijd het vlees in reepjes van ca. 5 cm lang en 2 cm breed en leg ze 10-12 uur in de marinade. Verhit de olie met reuzel en spek en voeg de komijn, het vlees en de marinade toe. Zet de pan op middelhoog vuur en laat het vlees goudbruin worden terwijl het vocht tot een geurige saus inkookt. Geef er gekookte aardappels bij en giet er de saus over.

Rojões à moda de Trás-os-Montes

Knapperig varkensvlees uit Trás-os-Montes

Voor 4-6 personen

3 dl witte wijn
2 tenen knoflook, fijngehakt
1 laurierblad
1 kleine kruidnagel
1 koffielepel paprikapoeder
zout en peper
2 takjes peterselie, fijngehakt
1 kg varkensfilet, gesneden zoals in het vorige recept
gekookte aardappels en kastanjes (gekookt en gepeld)
100 g reuzel

Maak een marinade van wijn, knoflook, laurier, kruidnagel, paprikapoeder, zout, peper en de helft van de peterselie. Marineer het vlees minstens 24 maar nog liever 48 uur. Laat het vlees in de marinade pruttelend gaar worden. Haal het uit het vocht en bak het in een pan met de helft van de reuzel goudbruin. Kook intussen de marinade met een derde in: dat is de saus. Bak in een andere pan de aardappels en kastanjes in de rest van de reuzel. Dien het vlees, de aardappels en de kastanjes op met alle saus en al het vet eroverheen en bestrooi het gerecht met wat peterselie.

Porco à alentejana

Varkensvlees uit Alentejo

Voor 4-6 personen

Dit gerecht is overal in Portugal bekend geworden. Venusschelpen en varkensvlees zijn een ongewone maar heerlijke en spannende combinatie, die buitenlandse bezoekers altijd aanspreekt. De venusschelpen horen rauw te zijn en in de saus open te gaan. Houd ze in de schelpen, want die geven dit gerecht zijn exotische aanblik. Bij gare venusschelpen mist u dat, maar ook dan blijft het een goed gerecht.

3 dl witte wijn
3 tenen knoflook, fijngehakt
1 theelepel paprikapoeder
zout en peper
1 laurierblad
1 kruidnagel
500 g varkensfilet, in blokjes van 2 cm
500 g hamlappen, in blokjes van 2 cm
100 g reuzel
1 grote ui, fijngehakt
2 eetlepels olijfolie
1 theelepel tomatenpuree
2 takjes peterselie, fijngehakt
700 g venusschelpen

Maak een marinade van wijn, knoflook, paprikapoeder, zout, laurier en kruidnagel. Marineer het vlees 4-5 uur. Haal het eruit en bak het in de reuzel aan alle kanten goudbruin. Zeef de marinade en giet haar in de pan. Laat alles afgedekt pruttelen totdat het vlees heel gaar is en de saus tot de helft is ingekookt. Maak intussen de andere saus: fruit de ui 6-8 minuten in de olie met tomatenpuree, peterselie, zout en peper. Leg er de venusschelpen in, zet het vuur laag en laat de schelpdieren opengaan (gooi de exemplaren die dicht blijven, weg). Schud aan de pan en giet de inhoud over het vlees. Laat het gerecht nog 3 minuten afgedekt pruttelen en dien het in de pan op.

Opmerking: Dit gerecht heet meestal *carne de porco na cataplana*. Een *cataplana* is een soort pan uit zowel de Algarve als Alentejo. Hij bestaat uit twee bolle helften op elkaar, meestal van koper maar soms van aluminium, en lijkt op een dubbele wok. De handvatten grijpen in elkaar en sluiten de pan hermetisch af. Daardoor kan geen stoom ontsnappen en wordt de smaak van het gerecht versterkt.

Variant: Ook in de Algarve bestaat het *cataplana*-gerecht uit vlees met venusschelpen, maar het vlees is meestal *chouriço*. De werkwijze is ongeveer dezelfde. Een *cataplana*-pan is natuurlijk voor elk stoofgerecht geschikt. Als u het gerecht in deze originele pan op tafel zet, hebben uw gasten iets om over te praten.

Iscas com elas

Lever 'met'

Lissabon en omstreken

Voor 4-6 personen

De Portugese naam van dit gerecht betekent dat dit zo'n traditioneel gerecht is dat niets anders dan aardappels het bijgerecht kunnen zijn. Nog niet zo lang geleden waren diverse Lissabonse restaurants beroemd om hun *iscas*. Het gerecht staat tegenwoordig minder vaak op de menukaart maar is nog steeds erg populair en bovendien gezond, goedkoop en erg lekker, mits de lever niet overgaar is, want dan droogt hij uit. Er wordt een stukje milt in verwerkt om de saus te binden. De slager moet u daaraan kunnen helpen.

1 eetlepel wijnazijn
6 eetlepels witte wijn
2 tenen knoflook, fijngehakt
1 laurierblad
zout en peper
400 g varkenslever, in dunne plakjes
60 g reuzel
100 g milt (goed uitgeschraapt; gebruik alleen de pulp)
gekookte aardappels

Maak een marinade van azijn, wijn, knoflook, laurier, zout en peper en marineer de lever 4-5 uur. Verhit de reuzel in een grote koekenpan en bak de lever met een beetje marinade bruin (niet langer dan 10 minuten). Haal de plakken lever uit de pan en houd ze warm. Roer zo mogelijk de miltpulp door het bakvocht en voeg de marinade toe. Laat deze saus 10 minuten pruttelen en dik worden. Leg er de lever weer in, laat alles nog 2-3 minuten pruttelen, corrigeer zo nodig de smaak en dien het gerecht met de gekookte aardappels op.

Ovos com chouriço

Eieren met gerookte worst

Provincie Estremadura, maar in het hele land gegeten

Eça de Queiroz was niet alleen een van de beste Portugese schrijvers aller tijden maar kennelijk ook verzot op eieren met de gerookte worst waarvan de Portugezen zoveel houden: *chouriço*. In diverse van zijn boeken blijken zijn hoofdpersonen ervan te smullen. In zijn *A ilustre casa de Ramires* schrijft hij bijvoorbeeld: 'Gonçalo... at om te beginnen een bord eieren met *chouriço*...' In *De hoofdstad* lezen we opnieuw over deze combinatie: 'Rabeca... beval Mariquitas... een paar heerlijke eieren met *chouriço* te bakken...' En in *A cidade e as serras*: 'Jacinto had eieren met chouriço gegeten. Werkelijk heerlijk.'

Dit is een machtige maar heel simpele omelet.

- ca. 5 cm chouriço (zie blz. 29) per persoon
- olie of boter
- 3 eieren per persoon, losgeklopt
- zout

Koop *chouriço* die rauw eetbaar is. Verwijder het vel en snijd de worst in dunne plakjes. Verhit het vet in een pan en bak de plakjes 1-2 minuten. Roer er de eieren door. Houd de omelet plat en keer hem voorzichtig met een paletmes, of vouw hem op.

Variant: U kunt ook gebakken eieren met *chouriço* maken. Klop ze dan niet los maar doe ze in de pan en bak ze met twee stuks tegelijk inclusief hun aandeel worst totdat ze allemaal klaar zijn.

Paio com ervilhas

Doperwten met gerookte worst

Voor 4 personen

> 'Wat vervelend! Ik kwam rammelend van de honger uit Parijs en vergat een groot bord doperwten met paio voor het avondeten te vragen!'
> Eça de Queiroz, *Os Maias*

Voor dit snelle en lekkere gerecht hebt u niet veel meer nodig dan malse doperwten en gerookte worst van varkensfilet.

- 1 middelgrote ui, fijngehakt
- 100 g reuzel
- 500 g verse doperwten (gedopt gewogen)
- 2 takjes peterselie, fijngehakt
- 1 eetlepel boter
- 300 g goede paio (zie blz. 29), in plakjes, of presunto (zie blz. 29) of ontbijtspek
- 4 gepocheerde eieren
- zout en peper

Fruit de ui in de reuzel op laag vuur doorschijnend. Voeg 1½ dl kokend water, de erwten en de peterselie toe. Laat alles afgedekt pruttelen; doe er zo nodig nog wat water bij. Laat de erwten half gaar worden, voeg de boter en de worst toe en laat alles pruttelen totdat de erwten gaar zijn. Mocht er dan te veel vocht in de pan zijn, kook het dan op hoog vuur 1-2 minuten in. Dien het gerecht op met een gepocheerd ei per persoon.

Varianten: Tijdens het doperwtenseizoen eten de meeste Portugese gezinnen ook simpeler versies van dit gerecht. Probeer bijvoorbeeld de volgende:
1. Neem dezelfde hoeveelheden als hierboven maar neem 60 g *chouriço* (zie blz. 29) in plaats van de duurdere *paio*.
2. Vegetariërs kunnen het vlees weglaten en al aan het begin een middelgrote, ontvelde en ontpitte tomaat toevoegen en/of meer gepocheerde eieren nemen.

Varkenspens

Bucho is een hele varkenspens met een geurige vleesvulling. Het is een typisch plattelandsgerecht, en iemand die van pens houdt, vindt ook *bucho* lekker.

Voordat u het gerecht gaat klaarmaken, moet de pens aan alle kanten (keer hem ook binnenstebuiten) grondig geschrobd worden. Doe dat met een harde boender. Laat de maag een paar uur of tot de volgende dag in water met zout liggen. Of overgiet het vlees na het boenen met kokend water, gooi alle losse vellen en resten vet weg en was het goed onder de koude kraan.

Er zijn veel versies van *bucho* en soms wordt het gerecht na het klaarmaken een paar dagen gerookt; dan is het dus een soort worst. Meer meestal wordt het – goed dichtgebonden om geen vulling te laten ontsnappen – gebraden of gekookt.

Bucho de porco recheado
Gevulde varkenspens

Voor 6-8 personen

4 dikke sneden brood
5 dl vleesbouillon
2 takjes peterselie, fijngehakt
mespunt gemalen kruidnagel
8 eieren, losgeklopt
500 g mager ontbijtspek, in blokjes
500 g mager varkensvlees, in blokjes
zout en peper
1 varkensmaag

Week het brood in de bouillon en prak het. Roer het met de andere ingrediënten door het vlees en corrigeer zo nodig de smaak. Vul er de schoongemaakte maag mee en naai hem dicht. Maak u geen zorgen als de maag niet helemaal vol is: de vulling zet tijdens de bereiding uit. Bind er zonder persen een stuk katoen omheen en prik de maag op diverse plaatsen met een dikke naald in. Kook het gerecht 3-3¼ uur in een grote pan water met zout. Haal het eruit, laat het afkoelen, verwijder het katoen en snijd het in plakken.

Bucho de porco recheado da Beira Baixa

Gevulde varkenspens op de wijze van Beira Baixa

Voor 6-8 personen

- 1 schoongemaakte varkensmaag (zie boven)
- 3 dl witte wijn
- 3 tenen knoflook, fijngehakt
- 3 takjes peterselie, fijngehakt
- 500-600 g varkensvlees met wat vet
- 2 eetlepels reuzel
- 1 eetlepel boter
- 2 middelgrote uien, fijngehakt
- zout
- 300 g vers wit broodkruim
- sap van ½ citroen
- 4 eieren, losgeklopt
- 8 peperkorrels
- 1 kruidnagel

Marineer de schoongemaakte maag een paar uur of een nacht in de helft van de wijn met de knoflook en peterselie. Bak het vlees op laag vuur gaar in 1 eetlepel reuzel en de boter met 1 ui, wat zout en de rest van de wijn, knoflook en peterselie. Roer er 200 g broodkruim, het citroensap en de eieren door. Corrigeer zo nodig de smaak. Vul de maag, naai hem dicht, bind er een stuk katoen omheen en prik hem in zoals hierboven. Breng de marinade aan de kook met de andere ui en de specerijen, doe er de maag in en giet er zo veel water bij dat alles onderstaat. Laat het gerecht 1-1½ uur pruttelen. Haal het katoen weg, bestrijk de maag met de rest van de reuzel, bedek hem overal met de rest van het broodkruim en leg hem 15 minuten in een tot 190 °C (stand 5) voorverwarmde oven of totdat hij bruin is.

Bucho de porco da Beira Litoral

Varkenspens op de wijze van Beira Litoral

- 1 schoongemaakte varkensmaag (zie boven)
- zout en peper
- 3 dl witte wijn
- 1 laurierblad
- 2 tenen knoflook, fijngehakt

2 takjes peterselie, fijngehakt
1 kg mals varkensvlees, in blokjes
350 g rijst
½ theelepel dragon of oregano
4 peperkorrels
1 eetlepel reuzel, gesmolten

Leg de schoongemaakte varkensmaag een nacht in water met zout. Maak een marinade van wijn, laurier, knoflook en peterselie en leg er het vlees in. Laat ook dat een nacht zo liggen. Laat het vlees uitlekken en verdeel de marinade in tweeën. Neem de ene helft en doe er zo veel water bij dat u 2½ het volume van de rijst krijgt. Meng deze vloeistof met de ongare rijst, het uitgelekte vlees en dragon of oregano, zout en peper. Vul er de maag mee, naai hem dicht en bind er een lap katoen omheen (zie boven). Doe de rest van de marinade in een grote pan, voeg wat zout en de peperkorrels toe, giet er zo veel water bij dat alles onderstaat en laat de maag in 1½-2 uur op laag vuur pruttelen; houd steeds het deksel op de pan. Haal hem eruit, verwijder het katoen, bestrijk hem met gesmolten reuzel en leg hem 15 minuten in een tot 190 °C (stand 5) voorverwarmde oven of totdat hij bruin is.

Wild en gevogelte

Peru recheado de Natal

Gevulde kerstkalkoen

Voor 8-10 personen

Het Iberisch schiereiland was in de Middeleeuwen rijk aan wild en gevogelte, maar kalkoenen kwamen pas in de zestiende eeuw op tafel, nadat ontdekkingsreizigers het dier vanuit Zuid-Amerika hadden geïntroduceerd (het Portugese woord *peru* zegt het nodige over zijn herkomst). Daarna werd kalkoen steeds populairder en tegenwoordig is het dier net als in veel andere landen niet weg te denken van het kerstmenu.

1 middelgrote kalkoen (ca. 4½ kg)
zout en peper
1 grote sinaasappel, in vliesdunne plakjes
1 middelgrote citroen, in vliesdunne plakjes
2 eetlepels reuzel
2 eetlepels boter
100 g vet ontbijtspek, fijngehakt
1 theelepel paprikapoeder
1½ dl witte wijn

Vulling voor de borstkant

1 uitje, fijngehakt
1 eetlepel boter
1 eetlepel reuzel

2 takjes peterselie, fijngehakt
schil van ½ citroen, geraspt
400 g mager gehakt van varkens- en kalfsvlees
60 g mager ontbijtspek, fijngehakt
1 grote snee wittebrood, verkruimeld
zout en peper

Vulling voor de staartkant

1 middelgrote ui, fijngehakt
1 eetlepel boter
1 eetlepel reuzel
de ingewanden, schoongemaakt en in kleine stukjes
500 g bloemige aardappels
2 middelgrote eieren
8-10 zwarte olijven
2 takjes peterselie, fijngehakt
mespunt nootmuskaat
zout en peper

Kalkoenenvlees geldt als een beetje droog en flauw. De Portugezen leggen het dan ook vaak een dag van tevoren in een speciale marinade om de smaak op te halen. Maak de kalkoen schoon, leg hem in een grote bak, voeg zo veel koud water toe dat het dier half onderstaat en doe er zout en de citrusvruchten bij. Keer het af en toe. Haal het de volgende dag uit de marinade en laat het grondig uitlekken, terwijl u de vulling maakt.

Maak eerst de vulling voor de borstkant. Fruit de ui in de twee soorten vet doorschijnend en roer er de overige ingrediënten door. Vul er de borstkant van de kalkoen mee en naai het vel zo nodig dicht.

Maak daarna de vulling voor de staartkant. Fruit de ui in de twee soorten vet en voeg de ingewanden toe. Giet er een beetje bouillon bij en laat ze gaar pruttelen. Kook de saus zo nodig wat in. Kook en pureer intussen de aardappels en roer er de eieren, olijven, peterselie en gare ingewanden door. Corrigeer zo nodig de smaak, vul de buikholte ermee en naai die dicht.

Maak een pasta van reuzel, boter, spek, paprikapoeder, zout en peper en bestrijk er de hele kalkoen mee. Leg hem 3½-3¾ uur in een tot 165 °C (stand 3) voorverwarmde oven; bedruip hem af en toe met wijn en braadvocht. Controleer na die tijd of het vlees gaar is (prik met een pen in een poot; er mag geen rood vocht uitkomen). Houd de kalkoen nog even in de oven als het vlees nog niet bruin genoeg is (en verhoog bijv. de temperatuur tot 190 °C, stand 5), maar niet te lang, want anders droogt het te veel uit. Bedruip het opnieuw en geef er een bijgerecht naar keuze en een grote salade bij.

Opmerking: Om te voorkomen dat úitstekende delen van de kalkoen verbranden, kunt u ze halverwege de braadtijd met folie beschermen.

Frango na púcara

Kip in een diepe pan

Provincie Estremadura

Voor 4 personen

Dit gerecht is dankzij sommige restaurants in Lissabon en omstreken nogal populair geworden. Traditioneel wordt er een heel diepe pan met een goed sluitend deksel voor gebruikt. U kunt er ook een gewone aardewerk ovenschaal met een deksel voor nemen, maar het resultaat wordt dan iets anders.

1 eetlepel boter
2 eetlepels reuzel
1 malse kip (genoeg voor 4 personen)
8 kleine uien, in hun geheel
3 middelgrote tomaten, ontveld, ontpit en kleingesneden
60 g gerookte ham of mager ontbijtspek, in kleine stukjes
½ eetlepel milde mosterd
2 eetlepels port of madera
2 eetlepels cognac o.i.d.
4 eetlepels witte wijn
2 tenen knoflook, fijngehakt
1 eetlepel sultana's of pitloze rozijnen

Vet de pan in. Leg er de kip in en schik er de uien omheen. Combineer de overige ingrediënten en giet het mengsel over de kip en uien. Zet de pan een uurtje in een tot 200 °C (stand 6) voorverwarmde oven of totdat de kip gaar is. Haal het deksel eraf, bedruip de kip en zet de pan nog even in de oven, zodat het vlees goudbruin kan worden. Dien het gerecht direct op met gefrituurde plakjes aardappel, salade en stukken vers brood om er de saus mee op te deppen.

Opmerking: Sommige mensen maken dit gerecht op het fornuis klaar en leggen de gare kip zonder deksel onder de grill om een mooie bruine bovenkant te krijgen.

Galinha de fricassé

Kipfricassée

Provincies Trás-os-Montes en Alto Douro

Voor 4 personen

Dit is een van de gerechten die speciaal voor het diner van de avond voor Kerstmis worden klaargemaakt. Vooral in Lissabon en omstreken is het

echter ook een door-de-weeks gerecht voor thuis. Het is erg lekker en snel klaar.

1 kip (genoeg voor 4 personen)
1 middelgrote ui, fijngehakt
1 eetlepel reuzel
1 eetlepel boter
1 eetlepel olijfolie
zout en peper
3 eierdooiers
1 dessertlepel citroensap
1 takje peterselie, fijngehakt

Snijd de kip in stukken en bak ze met de ui in al het vet en de olie overal goudbruin. Voeg wat water, zout en peper toe en laat het vlees gaar pruttelen. Klop de dooiers met het citroensap los, voeg een beetje bakvocht toe en meng goed. Giet het mengsel in de pan op het allerlaagste vuur en verwarm het even zonder dat het ei gaat schiften. Bestrooi alles met peterselie en dien het direct op. Witte rijst en aardappelpuree zijn er erg lekker bij.

Arroz de galinha à portuguesa

Kip met rijst in Portugese stijl

Voor 4-6 personen

1 grote ui, fijngehakt
2 eetlepels olijfolie
100 g vet ontbijtspek
1 middelgrote kip, schoongemaakt en in stukken
1 eetlepel wijnazijn
2 takjes peterselie, fijngehakt
zout en peper
400 g rijst
100 g chouriço (zie blz. 29)

Fruit de ui in de olie goudbruin, voeg het spek en de kip toe en bak ze 5 minuten mee; keer ze eenmaal. Voeg 1½ dl water, de azijn, peterselie, peper en zout toe en laat het vlees half gaar pruttelen. Corrigeer zo nodig de smaak, voeg de rijst toe en giet er genoeg kokend water of bouillon bij (de hoeveelheid vocht moet ongeveer 2½ maal het volume van de rijst bedragen). Doe er 5 minuten voor het einde van de kooktijd de plakjes *chouriço* bij. De rijst moet ietwat vochtig blijven; voeg zo nodig tegen het einde van de kooktijd nog wat vloeistof toe. Dien het gerecht direct op.

Pato com arroz

Eend met rijst

Provincie Minho

Voor 4-6 personen

Dit is een heel feestelijk gerecht.

1 middelgrote eend, schoongemaakt en in grote stukken
300 g gerookte ham, in blokjes
100 g chouriço (zie blz. 29), in dikke plakjes
1 varkensoor, schoongemaakt en in reepjes
zout en peper
400 g rijst
sap van ½ citroen
2 eetlepels boter

Kook al het vlees in zo veel water dat het onderstaat, met wat zout gaar. Haal zo veel vocht uit de pan dat u er de rijst in kunt koken (2½ maal het volume daarvan). Voeg het citroensap, wat peper en zo nodig zout toe. Breng het aan de kook en doe er de rijst bij. Laat de rijst in 12-15 minuten half gaar worden, schep hem in een ovenvaste schaal, leg er klontjes boter op, zet hem in een tot 190 °C (stand 5) voorverwarmde oven en laat hem goudbruin en knapperig worden. Leg er de eend, ham en worst op, zet alles nog 5 minuten in de oven om het vlees door te warmen en dien het direct op.

Van het resterende vocht kunt u desgewenst een saus maken door het met een beetje maïzena te binden. Geef de saus er in een juskom bij.

Pato com arroz e laranja de Braga

Eend met rijst en sinaasappel op de wijze van Braga

Voor 4-6 personen

1 middelgrote eend, in zijn geheel
ca. 200 g gerookte ham
60 g ontbijtspek
100 g chouriço (zie blz. 29)
sap van ½ citroen
3 takjes peterselie
1 kruidnagel
zout en peper
400-500 g rijst
1 grote of 2 middelgrote sinaasappels, in plakjes
2 eetlepels boter

Doe de eend en het andere vlees in een grote pan en voeg zo veel kokend water toe dat alles onderstaat. Doe er peterselie, kruidnagel, citroensap, zout en peper bij en kook het vlees gaar; schuim het vocht een paar keer af en pas op dat de eend niet te gaar wordt. Haal het vlees eruit en laat de bouillon afkoelen. Daarbij komt vet bovendrijven; schep een deel ervan weg. Kook de rijst in 2½ maal zoveel bouillon gaar (zie het vorige recept) en leg er een eetlepel boter op als u hem in de oven zet. Leg de eend op de gare rijst en bestrijk hem met de rest van de boter. Zet het gerecht weer in de oven of onder de grill om het eendenvel krokant te maken. Verwarm de rest van het vlees in de overgebleven bouillon en dien het samen met de rijst en de eend op. Garneer met plakjes sinaasappel.

Coelho em vino à moda do Alentejo

Konijn met wijn

Voor 4 personen

In wijn gestoofd wild of tam konijn is heerlijk. Het vlees wordt er veel lekkerder van, en dat geldt natuurlijk ook voor kip en ander wild, die u allemaal volgens het nu volgende recept kunt klaarmaken.

- 1 middelgroot konijn, schoongemaakt en in stukken
- zout en peper
- 2 eetlepels olijfolie
- 1 eetlepel reuzel
- 2 middelgrote uien, fijngehakt
- 1 eetlepel boter
- 2 grote tenen knoflook, fijngehakt
- 4 dunne sneden gebakken brood
- 1 eetlepel port of madera (of 1 eetlepel witte wijn extra)
- 1½ dl witte wijn

Vet een ovenschaal met deksel in en leg het brood op de bodem. Voeg de stukken konijn toe, bestrooi ze met zout en peper en verdeel er het vet, de olie en de andere ingrediënten (behalve de wijn) over. Zet de schaal een uurtje in een tot 190 °C (stand 5) voorverwarmde oven of totdat het vlees bijna gaar is. Haal het deksel eraf, voeg de wijn toe en zet het vlees weer 15 minuten in de oven of totdat het goudbruin is. Geef er rijst, gekookte aardappels of aardappelpuree bij.

Coelho à caçadora

Konijn van de jagersvrouw

Estremadura

Voor 4 personen

Een verleidelijk en heel makkelijk stoofgerecht. U kunt het konijn ook eens door kip vervangen.

1 konijn (genoeg voor 4 personen), schoongemaakt en in stukken
1 eetlepel wijnazijn
2 eetlepels reuzel
2 middelgrote uien, fijngehakt
100 g niet te vet ontbijtspek, fijngehakt
4 middelgrote tomaten, ontveld, ontpit en kleingesneden
2 grote tenen knoflook, fijngehakt
2 takjes peterselie, fijngehakt
1 laurierblad
8 eetlepels rode wijn
zout en peper

Als u het konijn zelf slacht, vang dan het bloed op en roer er azijn door (dat voorkomt stolling). Smelt de helft van de reuzel in een grote pan (liefst van aardewerk) en vorm lagen van alle ingrediënten (behalve de wijn): begin met de uien en eindig met laurier, peterselie en de rest van de gesmolten reuzel. Bestrooi alle lagen met een beetje zout. Giet er de wijn over en laat het gerecht op laag vuur afgedekt pruttelen totdat het vlees gaar is (ca. 1 uur). Voeg zo mogelijk het bloed toe en laat alles nog 4-5 minuten pruttelen. Dien het gerecht meteen op en geef er witte rijst, gekookte aardappels of aardappelpuree bij.

Lebre grelhada

Haas (of konijn) van de grill

De meeste provincies in het binnenland

Voor 4 personen

4 flinke stukken haas (of konijn)
3 eetlepels wijnazijn, verdund met 5 eetlepels water
3 grote tenen knoflook, fijngehakt
1 groot laurierblad
zout en peper
2 plakjes vet ontbijtspek
60 g boter
sap van 1 middelgrote citroen

Maak het vlees schoon en marineer het een nacht in azijn, water, knoflook, laurier, zout en peper. Laat het uitlekken en lardeer het hier en daar met reepjes spek. Leg het onder een niet te hete grill en keer het af en toe, zodat het gelijkmatig gaar wordt. Bestrijk het onder de grill met een mengsel van gesmolten boter en citroensap. Vang het vleesvocht op en meng het met de rest van de gesmolten boter met citroensap en de helft van de marinade. Laat het mengsel 5 minuten pruttelen en geef het als saus bij de haas. Witte rijst, aardappelpuree of gefrituurde plakken aardappel met een salade zijn geschikte bijgerechten.

Perdiz de escabeche

Patrijs in azijnsaus

Provincies in het binnenland
Voor 4 personen

> 'Op de tafel stond het avondeten, bestaande uit kaas, appels, walnoten, kastanjes, twee terrines vol escabèche (zijn specialiteit) en een fles port met een veelbelovende topaaskleur.'
> Júlio Diniz (1839-71), *A morgadinha dos canaviais*

4 kleine patrijzen (1 per persoon) of 2 grotere
zout
1 dl olijfolie
5 eetlepels wijnazijn
4 kruidnagels
2 blaadjes laurier
4 tenen knoflook, in dunne plakken
8 peperkorrels
4 takjes peterselie, fijngehakt
2 middelgrote uien, in dunne plakjes

Maak de patrijzen schoon, bind ze op (zodat ze hun vorm behouden) en kook ze half gaar in zo veel water dat ze onderstaan. Doe wat zout bij het water. Haal de patrijzen eruit (bewaar het kookvocht) en bak ze in een grote pan met de olijfolie aan alle kanten goudbruin. Voeg de overige ingrediënten toe en giet er zoveel kookvocht bij dat ze onderstaan (bewaar een restant voor wildsoep). Breng alles aan de kook en laat het vlees afgedekt gaar pruttelen; voeg zo nodig nog wat kookvocht toe en keer de vogels een paarmaal, zodat ze gelijkmatig gaar worden. Zet het vuur uit en laat de patrijzen tot de volgende dag in het kookvocht liggen. Dien ze koud op met plakjes gefrituurde aardappel.

Het gerecht is verscheidene dagen houdbaar.

Patrijs met schurkensaus

Perdiz com molho de vilão

Provincies Trás-os-Montes en Alto Douro

4 kleine patrijzen (1 per persoon) of 2 grotere
100 g gerookte ham of mager ontbijtspek
zout

Saus

1½ dl wijnazijn
2 eetlepels witte wijn
1½ dl olijfolie
2 middelgrote uien, fijngehakt
2 takjes peterselie, fijngehakt
zout en peper

Kook de patrijzen met de ham of het spek in water met zout net gaar.

Maak intussen de saus. Meng de azijn, wijn en olie, voeg de fijngehakte uien en peterselie toe en doe er zout en peper naar smaak bij.

Haal het gare vlees uit het kookvocht, verdeel de patrijzen in stukken en snijd de ham of het spek in stukjes. Leg het vlees in een vuurvaste schaal onder de grill en laat het goudbruin worden. Laat het afkoelen en overgiet het met saus.

Maak dit gerecht een paar dagen voordat u het wilt eten; het is ongeveer een week houdbaar. Het wordt meestal met gekookte aardappels opgediend.

Opmerking: Maak van het kookvocht een heerlijke wildsoep (zie blz. 47).

Perdiz fria

Koude patrijs

Coimbra en omstreken

Gezien de naam zou het een koud gerecht moeten zijn, maar het wordt ook warm gegeten en is op beide manieren heerlijk. Er waren vroeger meer patrijzen dan nu, maar ze blijven in Portugal heel populair.

4 kleine patrijzen
8 eetlepels witte wijn
2 eetlepels wijnazijn
zout
8 eetlepels olijfolie
3 middelgrote uien, in dunne plakjes
2 tenen knoflook, in dunne plakjes
2 kruidnagels
8 peperkorrels

Maak de vogels schoon en bind ze op, zodat ze hun vorm behouden. Marineer ze een paar uur in wijn, azijn, zout en olie en keer ze een paar maal. Zo wordt hun vlees malser. Doe de patrijzen met de marinade en alle andere ingrediënten in een grote pan met een goed sluitend deksel en breng alles aan de kook. Laat ze afgedekt gaar pruttelen en voeg zo nodig nog wat water of kippenbouillon toe. Leg de patrijzen in een diepe schaal en overgiet ze met gezeefd kookvocht. Dien ze warm of koud op en geef er frieten en een salade bij.

Empadas de galinha

Kippenpasteitjes op de wijze van Alentejo

Voor ca. 12 stuks

Dit zijn kleine, individuele pasteitjes, die in speciale vormpjes gemaakt worden. Ze zijn in de loop van de tijd uitzonderlijk geliefd geworden en in het hele land (vooral in Lissabon) bij banketbakkerijen te koop. Ze zijn populair als lichte lunch, als tussendoortje, tijdens pauzes op het werk, bij picknicks en op recepties. Eet ze koud maar bak ze liefst dezelfde dag.

Deeg

350 g bloem
150 g boter (zacht maar niet gesmolten)
1 theelepel zout
4 eierdooiers

Vulling (tevoren klaarmaken)

500 g kip, zonder vel en uitgebeend
60 g mager ontbijtspek, in kleine stukjes
4 eetlepels reuzel
1 middelgrote ui, fijngehakt
1 eetlepel wijnazijn
2 eetlepels witte wijn
3 takjes peterselie, fijngehakt
1 kruidnagel
mespunt nootmuskaat
zout

Snijd het kippenvlees in kleine stukjes en bak ze met het spek in de reuzel goudbruin. Voeg alle andere ingrediënten toe en giet er zo veel water bij dat alles bijna onderstaat. Laat de kip heel gaar pruttelen en kook de vloeistof in maar houd het mengsel vochtig. Corrigeer zo nodig de smaak en laat de vulling helemaal afkoelen.

Meng alle ingrediënten voor het deeg in een kom en voeg net genoeg water toe voor een hanteerbaar deeg. Kneed het heel licht. Het mag niet kleverig zijn; voeg anders nog een beetje bloem toe. Rol het tot een dikte van 3 mm uit en steek er rondjes uit die iets groter zijn dan uw pasteivormpjes. Houd de helft van de rondjes apart; dat worden de deksels. Bekleed de vormpjes, druk het deeg tegen de binnenkant en vul ze voor driekwart met kipvulling, die tegen die tijd vrijwel stijf en dus makkelijk te verdelen is. Bevochtig de randen van het deeg met water, leg de deksels erop, druk de randen op elkaar en laat ze naar boven wijzen. Bestrijk ze met melk of met een mengsel van melk en eierdooier. Zet ze 20 minuten in een tot 220 °C (stand 6) voorverwarmde oven of totdat ze mooi goudbruin zijn.

Opmerking: Kippenpasteitjes die u in banketbakkerijen koopt, zijn iets anders: het deeg is meestal bladerdeeg of iets dergelijks. Maar dit is het originele recept uit Alentejo.

Empadas de vitela de Castelo Branco

Kalfspasteitjes op de wijze van Castelo Branco

Provincie Beira Baixa

Voor ca. 10 stuks

Deze kalfspasteitjes zijn een schitterend streekgerecht, dat net als de kippenpasteitjes uit het vorige recept de grenzen van zijn geboortegrond overschreden heeft en in het hele land populair is geworden.

Deeg

250 g bloem
30 g reuzel, gesmolten
1 ei
zout
2 eetlepels olijfolie, iets warm
losgeklopt ei om er het deeg mee te bestrijken

Vulling

2 eetlepels witte wijn
1 middelgrote ui, fijngehakt
2 eetlepels olijfolie
1 teen knoflook, fijngehakt
1 laurierblad
½ theelepel majoraan
mespunt nootmuskaat
zout en peper
300 g gaar kalfsvlees, zonder bot en in kleine stukjes

Maak eerst het deeg. Meng bloem, olie, reuzel, ei, zout en wat lauw water en maak er een middelzacht deeg van. Kneed het even en laat het onder een doek een uurtje rusten.

Doe intussen alle ingrediënten voor de vulling (behalve het vlees) in een pan en bak ze totdat de ui gaar is. Voeg het vlees toe en laat alles afgedekt een paar minuten pruttelen. Voeg zo nodig wat bouillon toe. Corrigeer zo nodig de smaak en laat de vulling afkoelen.

Rol het deeg tot een dikte van 3 mm uit en steek er rondjes uit die iets groter zijn dan uw pasteivormpjes (die goed ingevet moeten zijn). Steek er vervolgens de deksels uit. Bekleed de vormpjes, doe er de vulling in, bevochtig de deegranden met water, leg de deksels op de vulling, druk de randen op elkaar, laat ze tegelijkertijd omhoog wijzen en een beetje kronkelen, zodat kroontjes ontstaan. Bestrijk ze met het losgeklopte ei en zet ze 20-25 minuten in een tot 200 °C (stand 6) voorverwarmde oven of totdat ze goudbruin zijn.

Variant: U kunt ook een combinatie van kalfs- en varkensvlees nemen in plaats van alleen kalfsvlees.

Fogaças

Feestelijke kippenpasteitjes

Voor ca. 10 stuks

> 'Veel vrouwen hebben olijfolie voor de lampen van het klooster, offerandes van brood en *fogaças* bij zich.'
> Fialho de Almeida, *Os contos*

Fogaças zijn een soort smakelijke en decoratieve pasteitjes, die koud of warm heel lekker zijn en zich uitstekend lenen voor picknicks. In Portugal worden ze speciaal voor godsdienstige feesten gebakken en horen ze bij de traditionele offerandes aan de Kerk (die later, samen met brood, onder de armen verdeeld worden). Maar het woord *fogaça* kreeg ook de betekenis van groot, mooi versierd raamwerk dat eruitziet als een lange kroon. Daarin worden deze offerandes gezet, die de meisjes op hun hoofd dragen. Deze stellages, die bijna zo hoog zijn als de meisjes zelf, zijn vrolijk versierd met papieren bloemen en schoven graan en tot bovenin voorzien van broden, pasteien en andere offerandes. De meisjes dragen ze met onverstoorbare waardigheid. Ze steunen ze met hun ene hand en leggen hun andere hand op hun heup.

Fogaças heten op sommige plaatsen *tabuleiros*; vandaar het Tabuleirosfestaival in Tomar (provincie Ribatejo), dat in het hele land beroemd is en als het mooiste van deze prachtige plattelandsfeesten geldt. De feesten worden met veel zorg voorbereid. Het hele dorp doet eraan mee, want het is een goed excuus om het harde boerenleven een tijdje te onderbreken.

Fogaças kunnen hartig zijn (zoals het onderstaande) maar ook zoet.

Deeg

400 g bloem
zout
15 g verse gist
ca. 2 eetlepels lauw water
3 grote eieren, op kamertemperatuur
60 g reuzel, gesmolten
1 eetlepel olijfolie, warm

Vulling

1 middelgrote ui, fijngehakt
30 g reuzel
400 g gare kip, zonder bot en vel, in kleine stukjes
100 g gerookte ham of mager ontbijtspek, in kleine blokjes
4 eetlepels witte wijn
6 eetlepels kippenbouillon
1 laurierblad
3 takjes peterselie, fijngehakt
zout en peper

Maak eerst de vulling. Fruit de ui in de reuzel gaar en voeg de overige ingrediënten toe. Laat alles pruttelen totdat het vocht bijna verdampt is. Corrigeer zo nodig de smaak, laat de vulling afkoelen en verwijder het laurierblad.

Maak intussen het deeg. Meng de bloem, het zout en de verkruimelde gist. Maak een kuiltje in het midden en voeg het warme water, 2 eieren, de reuzel en de olie toe. Kneed er een deeg van zoals voor brood. Laat het een uurtje afgedekt rijzen. Rol het op een met bloem bestoven plank tot een dikte van 3 mm uit. Snijd de helft ervan tot vierkantjes van 10 cm en steek uit de andere helft rondjes met een doorsnee van 7½ cm. Leg de koude vulling in het midden van de vierkantjes en leg er de rondjes op. Vouw de punten van de vierkantjes over de ronde deksels heen. Zet de *fogaças* op ingevette bakplaten en laat ze 30 minuten op een warme plaats staan. Verwarm de oven voor tot 190 °C (stand 5) en bestrijk de *fogaças* royaal met het resterende, losgeklopte ei. Bak ze in 25-30 minuten goudbruin.

Opmerking: Deze vulling is ook lekker in soesjes of grote pasteien.

ZES

Sauzen

Molho de tomate à portuguesa of Tomatada

Tomatensaus in Portugese stijl

Voor 6-7 dl

Als u op een menukaart een gerecht 'in Portugese stijl' ziet staan, duidt dat meestal op een tomatensaus of op anderszins toegevoegde tomaten. Tomaten worden in de Portugese keuken veel gebruikt, en de aanduiding is dus terecht.

Europa maakte pas kennis met tomaten toen Portugese en Spaanse ontdekkingsreizigers ze in de zestiende eeuw meenamen uit Zuid-Amerika. Ze golden aanvankelijk als sierplant met giftige vruchten, omdat ze tot de familie van de Nachtschades horen. Pas later probeerden sommige mensen ze te eten. Misschien wisten ze niet dat ze als giftig bekend stonden, maar hoe dan ook, ze ontdekten dat ze lekker en onschadelijk waren en gingen ze als voedsel kweken. In het negentiende-eeuwse Engeland stonden ze echter nog steeds als ongezond bekend en werden ze onder de naam 'liefdesappels' als curiositeiten door marskramers verkocht.

Een tomatensaus 'in Portugese stijl' bevat altijd veel ui.

500 g rijpe vleestomaten, ontveld, ontpit en kleingesneden
250 g ui, fijngehakt
1 laurierblad
2 takjes peterselie, fijngehakt
1 grote teen knoflook, fijngehakt
4 eetlepels olijfolie
1 eetlepel reuzel
zout en peper
1 groot ei, hardgekookt

Laat alles gaar pruttelen en zorg dat het overtollige vocht verdampt is. Corrigeer zo nodig de smaak en geef de saus bij vis, vlees of groente. De saus wordt gladder als u hem door een zeef drukt of in een blender pureert, maar verwijder dan eerst het laurierblad.

Molho vilão

Schurkensaus

Voor ca. 3 dl

Om 'heek met alles' (zie blz. 91) iets extra's te geven, dienen sommige mensen er deze saus bij op, maar meestal bestaat de saus voor dat gerecht uit alleen olijfolie en een beetje azijn. Schurkensaus wordt echter ook bij andere gerechten gegeven, zoals patrijs of gepocheerde vis in het algemeen. De saus is vooral lekker bij gepocheerde makreel (*cavala*), zoals die op Madeira wordt klaargemaakt.

1 groot, hardgekookt ei
1 uitje, fijngehakt of geraspt
1 middelgrote teen knoflook, heel fijn gehakt
2 takjes peterselie, fijngehakt
1 takje vers korianderblad, fijngehakt
1½ dl olijfolie
2 eetlepels wijnazijn
zout en peper

Snijd het ei klein en druk het door een zeef. Roer er ui, knoflook, peterselie en korianderblad door. (Korianderblad geeft geur en een frisse smaak aan de saus.) Roer er de overige ingrediënten door en dien het geheel in een kom op. U kunt er ook in de blender een volstrekt gladde saus van draaien, die er dan uitziet als mayonaise.

Molho de escabeche

Azijnsaus uit de Algarve

Voor 3 dl

Giet deze saus over gebakken vis en maak hem met de olie waarin de vis gebakken is. Lekker als hapje vooraf of als eerste gang.

1½ dl olie (uit de koekenpan)
1 grote tomaat
2 takjes peterselie, fijngehakt
1 middelgrote ui, fijngehakt
1 teentje knoflook, fijngehakt
½ kleine groene paprika, zonder zaad en zaadlijsten
zout en peper
3 eetlepels wijnazijn

Kook alles (behalve de azijn) op laag vuur gaar. Haal de pan van het vuur, voeg de azijn toe, breng de saus weer aan de kook, corrigeer zo nodig de smaak en laat alles afkoelen. Giet de koude saus over een rest gebakken vis. Dat heeft een conserverende werking, en u kunt de vis op die manier een paar dagen bewaren, als het buiten tenminste niet te heet is. Als u eenmaal aan de pittige smaak gewend bent, is het een echt lekker gerecht.

Escabeche

Azijnsaus

Voor ca. 3 dl

Deze *escabèche*-saus verschilt iets van de vorige en is niet alleen lekker bij koude, gebakken vis maar ook bij wild (vooral patrijs).

1½ dl olijfolie
1 koffielepel paprikapoeder
2 eetlepels witte wijn
1 middelgrote ui, fijngehakt
1 teen knoflook, fijngehakt
2 takjes peterselie, fijngehakt
1 laurierblad
1 kruidnagel
zout en peper
2 eetlepels wijnazijn

Laat alle ingrediënten (behalve wijn, azijn en paprikapoeder) gaar pruttelen. Haal de pan van het vuur, verwijder het laurierblad en laat de rest afkoelen. Roer er paprikapoeder, azijn en wijn door en corrigeer zo nodig de smaak.

Molho de Vinho do Porto

Portsaus

In plaats van port kunt u ook droge madera nemen. Het is een dikke saus met een volle smaak en heel geschikt bij een feestelijke gelegenheid. Geef er gekookt vlees een extra accent mee.

30 g boter
1 uitje, fijngehakt
2 takjes peterselie, fijngehakt
1 middelgrote wortel, fijngehakt
1 eetlepel bloem
3 eetlepels witte wijn
1 laurierblad
1 eetlepel tomatenpuree
3 dl vlees- of kippenbouillon (desnoods van een blokje van goede kwaliteit)
zout en peper
4 eetlepels port of droge madera

Smelt de boter en laat de ui, peterselie en wortel 5 minuten zweten. Roer er eerst de bloem en dan de witte wijn en laurier door. Breng alles weer zachtjes aan de kook. Roer er beetje bij beetje de bouillon en tomatenpuree door en laat de saus 30-35 minuten pruttelen. Zeef hem en corrigeer zo nodig de smaak. Breng de saus weer aan de kook, voeg de port of madera toe en zet hem heet op tafel. Als de saus te dik is, kunt u hem met nog wat bouillon verdunnen voordat u de port of madera toevoegt.

Maionese Casiera

Zelfgemaakte mayonaise

Zelfgemaakte mayonaise is veel lekkerder dan kant-en-klare en bovendien makkelijker te maken dan veel mensen denken.

Neem per eierdooier 1½ dl uitstekende olijfolie, ½ theelepel wijnazijn, een mespunt zout en ½ theelepel milde Franse mosterd. Klop de dooier in een diepe kom met de azijn los. Voeg met uw ene hand heel langzaam de olie toe en blijf met uw andere hand steeds in dezelfde richting kloppen. Als de mayonaise dik is geworden, voegt u wat zout en mosterd toe. Corrigeer zo nodig de smaak. Zelfgemaakte mayonaise is in de koelkast dagenlang houdbaar.

Opmerking: U wilt misschien wat extra azijn of mosterd toevoegen, maar proef altijd eerst en doe ze er met kleine beetjes tegelijk bij totdat de smaak naar uw zin is.

Molho beirão

Beirãosaus

Provincie Beira Alta

Voor bijna 5 dl

Deze saus is een alternatief voor mayonaise.

3 hardgekookte eieren, heel fijn gehakt
1 middelgrote ui, fijngehakt
3 takjes peterselie, fijngehakt
3 dl olijfolie
3 eetlepels wijnazijn
zout en peper

Meng alle vaste ingrediënten en roer er heel grondig de olie door. Voeg de azijn toe en roer opnieuw. Doe er peper en zout bij en roer opnieuw. Geef de saus koud. Als u hem graag volledig glad wilt hebben, kunt u hem in de blender doen.

ZEVEN

Groente en bijgerechten

Peixinhos da horta

Visjes uit de moestuin

Midden-Portugal, maar in het hele land gegeten

Voor 4 personen

Dit nederige maar erg lekkere bijgerecht bij vlees bevat ondanks zijn merkwaardige naam geen vis. Het bestaat uit in beslag gefrituurde sperziebonen, en die lijken een beetje op visjes. *Peixinhos da horta* worden in het sperziebonenseizoen veel gegeten – meestal thuis, maar ook sommige restaurants hebben ze op de kaart.

400 g gare jonge sperziebonen, in gelijke stukken

Beslag

120 g bloem
water
2 eieren, losgeklopt
zout
frituurolie

Meng de bloem in een diepe kom met genoeg water om er een dik-romig beslag van te roeren. Klop het glad, voeg de eieren en wat zout toe en roer opnieuw grondig. Haal er de sperziebonen door en frituur ze met twee of drie tegelijk in hete olie op middelhoog vuur goudbruin. Haal de 'visjes' uit de pan en laat ze op keukenpapier uitlekken.

Ze zijn koud even lekker als warm. In het algemeen dienen ze als bijgerecht bij vlees maar u kunt ze ook met tomatensaus of bijvoorbeeld een salade als voorgerecht geven.

Opmerking: Sommige mensen nemen voor het beslag melk in plaats van water en laten de eieren weg. U kunt het water ook door witte wijn vervangen.

Salada de feijão frade

Zwartoogbonensalade

Voor 4 personen

Zwartoogbonen zijn in Portugal heel populair. Ze zijn veel sneller gaar dan gewone bonen en door hun kenmerkende smaak heel geschikt voor warme of koude salades en als eerste gang. Geef ze warm bij gestoofde bacalhau en hardgekookte eieren, of koud bij sardines uit blik (in tomatensaus of olie), tonijn uit blik of de innig geliefde bacalhaukoekjes (*pasteis de bacalhau*, blz. 80). Maar u kunt ze ook heel goed als zodanig eten of met alleen plakjes ei. Hoe dan ook, warme en koude zwartoogbonen krijgen altijd een scheutje olie en azijn, geraspte of fijngehakte ui en royaal peterselie mee om hun smaak tot zijn recht te laten komen.

ca. 250 g zwartoogbonen
zout
1 uitje, heel fijn gehakt
3 eetlepels olijfolie
1 theelepel wijnazijn
2 takjes peterselie, fijngehakt

Was de bonen en verwijder ongerechtigheden. Week ze een nacht of minstens een halve dag. Kook ze in tweemaal hun volume aan water gaar en voeg tegen het einde van de kooktijd wat zout toe. De bonen zijn verrassend snel gaar maar moeten wel goed zacht zijn: controleer ze na 35-40 minuten voordat u de pan van het vuur haalt, en kook ze zo nodig nog even door. Giet ze af (gooi het water weg) en verwerk ze zoals boven beschreven, maar roer er eerst de ui, olie, azijn en peterselie door.

Variant: Een heel goed lunchgerecht zijn zwartoogbonen, klaargemaakt zoals hierboven, met bliktonijn en gekookte eieren plus rauwe ui en peterselie.

Feijão verde guisado à portuguesa

Gestoofde sperziebonen in Portugese stijl

Voor 4-6 personen

Zoals al gezegd mag u in een gerecht *à portuguesa* tomaten verwachten. Gestoofde sperziebonen zijn lekker bij eieren en gebakken gerechten. Heel jonge sperzieboontjes geven het beste resultaat.

500 g jonge sperziebonen
1 eetlepel olijfolie
1 eetlepel reuzel
1 middelgrote ui, fijngehakt
2 middelgrote tomaten, ontveld, ontpit en kleingesneden
1 teentje knoflook, fijngehakt
1 laurierblad
1 takje peterselie, fijngehakt
zout en peper

Was de bonen, snijd ze in de lengte doormidden en vervolgens in stukjes van 5 cm. Smelt de olie en reuzel en fruit de ui, tomaten, knoflook, laurier, peterselie, peper en zout 5-6 minuten op laag vuur. Voeg een scheutje kokend water en de bonen toe en laat ze gaar pruttelen; doe er nog wat water bij als het gerecht te droog wordt. Proef of er nog zout bij moet en dien de bonen gloeiendheet op.

Esparregado

Groene mousse

Dit bijgerecht wordt in Portugal vaak bij vlees en vis gegeven.

Voor 4-6 personen

500 g rapengroen (zie blz. 33) of spinazie
1 teen knoflook, in zijn geheel
2 eetlepels olijfolie
1 eetlepel bloem
zout
paar druppeltjes citroensap of een 1 krappe theelepel wijnazijn

Was de blaadjes en kook ze gaar. Laat ze uitlekken en snijd ze heel fijn of pureer ze. Bak de teen knoflook in de olie op laag vuur bruin en gooi hem weg (hij moet alleen de olie op smaak brengen). Doe de bloem bij de olie, roer er een pasta van, roer er de groene massa door en laat alles een paar minuten pruttelen om de bloem gaar te laten worden en de mousse dikker te maken. Breng het gerecht met wat zout en citroensap of azijn op smaak.

Variant: Uw *esparregado* wordt minder 'rustiek' als u boter neemt in plaats van olie, het zuur weglaat en de boter en bloem eerst met wat melk tot een dikke bechamelsaus roert.

Cogumelos guisados

Gestoofde wilde paddestoelen

Provincie Trás-os-Montes
Voor 4-6 personen

Noord-Portugezen zijn verzot op de eiwitrijke wilde paddestoelen die in hun streek groeien, en verwerken ze in het seizoen in allerlei heerlijke gerechten. Wilde paddestoelen hebben veel meer smaak dan de nogal flauwe gekweekte champignons. De onderstaande hoeveelheden zijn genoeg voor een hoofdgerecht. Voor een bijgerecht neemt u minder.

1 kg wilde paddestoelen (of champignons)
ca. 100 g gerookte ham of mager ontbijtspek, in blokjes
1 middelgrote ui, fijngehakt
4 eetlepels olijfolie
1 teen knoflook, fijngehakt
zout
4 niet te dikke sneden brood

Veeg de paddestoelen schoon en snijd het uiteinde van de stelen. Snijd de paddestoelen klein of in plakjes. Bak de ham (of het spek) en de ui in de olie op laag vuur. Voeg de paddestoelen toe, schud aan de pan en doe er de knoflook en zout (behalve het brood) bij. Laat het gerecht afgedekt 8-10 minuten pruttelen. Voeg geen water toe, want de paddestoelen staan hun eigen vocht af. Bak of rooster intussen het brood en schep er de paddestoelen over.

Variant: Laat de ham weg en voeg wat nootmuskaat toe.

Tuinbonen

'Hij proefde wantrouwig een hap – maar zijn door chronisch pessimisme vertroebelde blik lichtte ineens op en kruiste de mijne. Een tweede, bewust langzame hap volgde, alsof een monnik genietend zat te eten. En toen de wilde uitroep:

"Heerlijk! Deze tuinbonen zijn anders! Wat een tuinbonen! Wat een wonderdingen!"'

Eça de Queiroz, *A cidade e as serras*

In de lente zijn tuinbonen heel populair. Vroeger hoorde je in Lissabon vaak de straatroep: '*Fava rica!*' ('lekkere tuinbonen'). Vrouwen met grote pannen gekookte tuinbonen op hun hoofd verkochten dan porties aan huisvrouwen die in hun deur kwamen staan. Die straatroep is (overigens niet al te verre) geschiedenis geworden, maar tuinbonen worden in het hele land nog steeds op grote schaal gegeten. Er bestaat dan ook een grote verscheidenheid aan heerlijke streekgerechten, waarvan ik hier de bekendste opneem.

Een oude zegswijze luidt: '*Vai à fava!*' Letterlijk vertaald is dat een aansporing om 'naar de tuinbonen te gaan', maar in feite betekent het: 'Loop naar de hel.' Dat is natuurlijk geen liefdesverklaring maar evenmin erg kwetsend bedoeld. Het wordt soms ook schertsend gezegd. Aangezien gedroogde tuinbonen in Portugal vaak als ezelvoer dienen, is het zoiets als wanneer je iemand een ezel noemt.

Fava rica

Lekkere tuinbonen

Lissabon

Voor 4 personen

Dit gerecht van gedroogde tuinbonen placht het hele jaar door te worden klaargemaakt. Het was een populair gerecht dat in Lissabon op straat verkocht werd. Het heeft de moderne tijd helaas niet overleefd maar is thuis heel makkelijk klaar te maken.

500 g gedroogde tuinbonen
3 tenen knoflook, fijngehakt
4 eetlepels olijfolie
1 koffielepel wijnazijn
zout en peper

Week de bonen minstens 12-15 uur in ruim koud water. Laat ze uitlekken en kook ze in vers water met zout goed gaar. Bak de knoflook op laag vuur in de olie. Roer er de bonen door, voeg de azijn toe, corrigeer zo nodig de smaak en pureer een paar bonen om de saus dikker te maken. Laat het gerecht nog 2-3 minuten pruttelen en dien het gloeiendheet op.

Favas à moda de Lisboa

Tuinbonen op de wijze van Lissabon

Voor 4 personen

1½ kg tuinbonen (ongedopt gewogen)
1 eetlepel reuzel
1 eetlepel boter
100 g vet ontbijtspek, in blokjes
100 g chouriço (zie blz. 29), in dikke plakken
3 grote takjes koriander, fijngehakt
1 grote ui, fijngehakt
zout en peper

Dop de tuinbonen. Smelt de boter en reuzel en bak het vlees met de overige ingrediënten (behalve de tuinbonen) in 4-5 minuten bruin. Voeg de tuinbonen toe, roer en laat het gerecht 20-30 minuten afgedekt pruttelen of totdat de bonen gaar zijn. Controleer een paar keer of het niet te droog wordt en voeg zo nodig nog wat water toe. Schud af en toe aan de pan. Corrigeer zo nodig de smaak en geef er een groene salade bij. Een pan van aardewerk is voor dit gerecht ideaal.

Favas à moda do Ribatejo

Tuinbonen op de wijze van Ribatejo

Voor 4-6 personen

1½ kg jonge tuinbonen (ongedopt gewogen)
300 g mager varkenspoelet
150 g mager ontbijtspek, in kleine blokjes
2 eetlepels olijfolie
2 eetlepels reuzel
150 g chouriço (zie blz. 29), in dikke plakken
150 g morcela (zie blz. 29), in haar geheel
1 teen knoflook, fijngehakt
4-6 takjes koriander, fijngehakt
2-3 lente-uitjes, kleingesneden
mespunt suiker
zout en peper

Dop de bonen, was ze en houd ze apart. Bak het varkensvlees in het vet en de olie op laag vuur goudbruin. Voeg het andere vlees toe en bak het mee. Roer er de knoflook, koriander, lente-uitjes, suiker en tuinbonen door. Zet het vuur lager en leg het deksel op de pan. De tuinbonen moeten vooral gaar worden in de stoom binnen de pan, maar u zult ook af en toe scheutjes water moeten toevoegen. Schud af en toe aan de pan en laat de bonen gaar worden. Voeg nu pas zout en peper naar smaak toe want het vlees bevat ook al zout. Dien het op met een groene salade, het klassieke bijgerecht bij de meeste tuinbonengerechten.

Favas com coentros

Tuinbonen met koriander

Alentejo

Voor 4-6 personen

Korianderblad wordt, misschien dankzij de Arabische invloed, in Portugal heel veel gegeten, vooral in Alentejo. Tuinbonen krijgen er een heerlijke geur van, zoals dit streekgerecht bewijst. Het is als bijgerecht bij plaatselijke varkensvleesgerechten bedoeld maar het kan ook als aparte gang dienen. Verdubbel in dat geval de hoeveelheden.

1¼ kg tuinbonen (ongedopt gewogen)
6 takjes korianderblad, fijngehakt
2 lente-uitjes, fijngehakt
3 takjes peterselie, fijngehakt
1 eetlepel wijnazijn
4 eetlepels olijfolie
2 grote tenen knoflook, fijngehakt

Dop de tuinbonen en kook ze met een derde van de koriander en 1 lente-uitje in water met zout gaar. Laat ze uitlekken en roer er de andere ingrediënten door.

Favas com molho amarelo

Tuinbonen met gele saus op de wijze van Bairrada

Provincie Beira Litoral

Voor 4-6 personen

Dit is een heel traditioneel recept uit de streek Bairrada, waar het een bijgerecht bij vlees is. Opgediend met een salade in plaats van vlees is het echter ook heel geschikt voor vegetariërs. De bijzondere geur is te danken aan het bonenkruid.

1¼ kg tuinbonen (ongedopt gewogen)
2 takjes bonenkruid, fijngehakt
zout en peper
2 eetlepels boter

2 eetlepels bloem
2 takjes peterselie, fijngehakt
2 eierdooiers

Dop de bonen en kook ze met 1 takje bonenkruid in water met zout gaar (20-25 minuten). Laat ze uitlekken, houd ze apart en bewaar een deel van het kookwater. Maak een dikke bechamelsaus van de boter, de bloem en een deel van het kookvocht. Voeg de peterselie en de rest van het bonenkruid toe en breng de saus weer zachtjes aan de kook. Corrigeer zo nodig de smaak, zet het vuur heel laag en roer de dooiers door de saus. Voeg de bonen toe, roer goed, laat ze warm worden en dien ze direct op.

Favas com azeite

Tuinbonen met olijfolie

Provincie Ribatejo

Voor 4 personen

1½ kg tuinbonen (ongedopt gewogen)
4 eetlepels olijfolie
2 lente-uitjes, fijngehakt
1 grote teen knoflook, fijngehakt
zout
4 dunne sneden maïsbrood (zie blz. 60) of volkorenbrood

Dop en was de tuinbonen. Verhit de olie, fruit de uitjes en knoflook, doe er de tuinbonen en wat zout bij, roer en laat het gerecht op laag vuur afgedekt pruttelen. Schud af en toe aan de pan en voeg zo nodig een scheutje water toe om aanbakken te voorkomen, maar de saus moet dik worden. Leg het brood in soepkommen, schep er de bonen op en zorg voor een klassieke, groene salade als bijgerecht.

Arroz de tomate

Tomatenrijst

Voor 4 personen

Dit gerecht is vooral lekker bij gebakken vis, bacalhaukoekjes en omeletten.

1 middelgrote ui, fijngehakt
2 eetlepels olijfolie

2 middelgrote tomaten, ontveld, ontpit en kleingesneden
water (2½ maal het volume van de rijst)
250 g langkorrelige rijst
zout
1 takje peterselie, fijngehakt

Fruit de ui in de olie, voeg de tomaten toe en laat ze 5 minuten pruttelen. Giet er het water bij, breng het aan de kook en roer er de rijst en wat zout door. Laat de rijst gaar pruttelen (in ca. 25 minuten), voeg de peterselie toe en corrigeer voor het opdienen zo nodig de smaak. Zorg dat de rijst niet te droog wordt. Tamelijk natte rijst wordt soms *malandrinho* ('stout') genoemd om aan te geven hoe lekker deze manier van klaarmaken is, hetzij simpel met tomaat en ui, hetzij met vis, bacalhau, schaal- en schelpdieren of vlees. Voor een natte rijst is risottorijst heel geschikt.

Varianten:
1. Doperwtenrijst (*arroz de ervilhas*) is een bijgerecht dat in het hele land gegeten wordt en de moeite van het proberen waard is. Neem de helft van de tomaten, voeg een handje doperwten toe en laat ze samen met de rijst gaar worden; als het heel jonge doperwten zijn, kunt u ze beter iets later toevoegen. Lekker bij vleesgerechten.
2. Kikkererwtenrijst (*arroz de grão*) is eveneens een nationaal gerecht. Laat de tomaten weg en voeg een handje gare kikkererwten toe. Lekker bij alles wat gebakken is.
3. Bonenrijst met koriander (*arroz malandrinho*) is een bijgerecht uit Lissabonse restaurants. Doe 5 minuten voor het einde van de kooktijd een royale handvol gare lima- of nierbonen en een eetlepel fijngehakt korianderblad bij de rijst. Heerlijk bij gebakken gerechten.

Vegetariërs eten deze gerechten natuurlijk met salades en vegetarische rissoles of pasteitjes.

ACHT

Zoete gerechten

Portugezen zijn zoetekauwen en kunnen zich geen dag zonder gebak en pasteitjes voorstellen. Elk dorp en elke stad heeft zijn eigen specialiteiten; de variatie en rijkdom aan zoetigheid is dan ook nationaal gezien bijzonder indrukwekkend. Deze voorkeur voor heel zoete dingen is waarschijnlijk het gevolg van de Arabische invloed in Portugal. De met suiker en eierdooiers gevulde marsepeinvruchten uit de Algarve (Al-Gharb in het Arabisch) lijken bijvoorbeeld sterk op zoetigheden uit allerlei Arabische landen en landen waar Arabieren wonen.

Om het neuzen in de recepten te vergemakkelijken heb ik ze verdeeld in categorieën zoals 'jams en geleien', 'gefrituurd gebak', 'pudding', enzovoorts. Ik hoop dat u op die manier niet verdwaalt in het labyrint van zoete gerechten.

Pudding

Arroz doce

Rijstpudding

Provincie Minho, maar in het hele land gegeten

Voor 8-10 personen

'Vicencia bracht de rijstpudding binnen en wij prevelden een dankgebed.'
Eça de Queiroz, *A relíquia*

In Portugal is rijstpudding onmisbaar bij elk feest, of het nu om Kerstmis, verjaardagen, bruiloften, diners of andere feestelijke gelegenheden gaat.

Het gerecht wordt zelfs zo vaak gegeten dat elke dag 'rijstpuddingdag' is, en restaurants, snackbars en andere eetgelegenheden hebben het altijd.

Portugese rijstpudding wordt op het fornuis gemaakt en hoort romig maar niet erg vochtig te zijn (u kunt hem koud zelfs storten). Rijstpudding kan in individuele schaaltjes of op één grote schaal worden opgediend, maar is altijd met kantachtige motieven van kaneel versierd: harten, initialen (als hij voor iemands verjaardag bedoeld is), bloemen, rasters, of wat dan ook. Daarvoor neemt u een beetje kaneel tussen duim en wijsvinger en laat u het poeder handig op de rijst vallen. De operatie kost wat tijd, maar dat hangt ook van de hoeveelheid decoratie en de handigheid van de decorateur af. Kinderen zijn er makkelijk voor te interesseren en doen het vaak heel goed. Normaal gesproken nemen ze het hele werk voor hun rekening om hun resultaten later te vergelijken, en uiteraard beweert iedereen dan dat zijn of haar werk het beste is.

Het is de moeite waard om meer rijstpudding te maken dan u voor één maaltijd nodig hebt. Het gerecht is een paar dagen houdbaar en droogt wel een beetje uit maar blijft lekker.

500 g rondkorrelige rijst
½ koffielepel zout
stukje citroenschil
1¼ liter volle melk
1 vanillestokje
300 g suiker
3 eierdooiers
kaneel

Was de rijst, breng 2½ maal zijn volume aan water met zout en citroenschil aan de kook. Voeg de rijst toe en kook hem in 25 minuten gaar. Verwijder de citroenschil, voeg de kokende melk en het vanillestokje toe en roer goed met een houten lepel. Laat de pudding pruttelen totdat de vloeistof geabsorbeerd is en de rijst echt zacht en romig is (20-30 minuten). Roer af en toe. Voeg de suiker toe en laat het gerecht opnieuw 3-4 minuten pruttelen. Haal de pan van het vuur en roer de dooiers door de rijst. Breng het geheel tegen het kookpunt aan om de dooiers gaar te laten worden maar laat het niet meer koken. Proef of er nog suiker bij moet (bedenk dat warme pudding zoeter smaakt dan koude) en giet de pudding in individuele schaaltjes of op één schaal. Decoreer zoals hierboven beschreven.

Schrik niet als er wat rijst aan de pan kleeft. Dat gebeurt altijd, maar u moet oppassen dat het niet aanbrandt. Roer met de houten lepel maar probeer het vastklevende gedeelte niet los te werken, anders bederft u het uiterlijk van het gerecht. Die laag kunt u er aan het einde uitschrapen en op het bord van het feestvarken leggen – dat is namelijk het lekkerste deel.

Leite-creme

Eiercrème

Provincies Beira, maar in het hele land gegeten
Voor 4-6 personen

Eiercrème met meer of minder dooiers (afhankelijk van hoe zwaar u het gerecht maken wilt) is een heerlijke en gezonde pudding om een maaltijd mee te besluiten. Het geldt tegenwoordig als ouderwets maar het blijft een handig gerecht dat in Portugal nog steeds veel gegeten wordt. Een goede *leite-creme* is dan ook de trots van menige huisvrouw. De pudding wordt op het fornuis klaargemaakt en koud gegeten.

1 eetlepel bloem
6 dl melk
150 g suiker
1 stuk citroenschil of vanillestokje
3-4 eierdooiers (afhankelijk van hun grootte)
kaneel of (als u van karamel houdt) wat suiker

Roer een glad papje van de bloem en 1 eetlepel melk. Houd 2 eetlepels melk apart en zet de rest van de melk met de suiker en citroen of vanille op laag vuur. Roer er, voordat het geheel aan de kook komt, met een houten lepel het papje doorheen en breng het al roerend aan de kook. Laat het ca. 4 minuten pruttelen. Klop intussen de dooiers los met de 2 eetlepels melk. Haal de pan van het vuur en roer beetje bij beetje de dooiers door de melk. Zet de pan weer op het vuur en roer een minuutje zodat de dooiers gaar worden zonder dat de pudding gaat koken. Verwijder de citroen of vanille en giet de pudding in een hittebestendige schaal. Bestrooi het oppervlak met kaneel, of met suiker en laat die eventjes onder de grill karameliseren. U kunt de pudding ook in individuele schaaltjes opdienen. Eiercrème stijft bij het afkoelen op; maak u dus geen zorgen als de pudding bij het gieten erg dun lijkt.

Varianten:
1. Neem voor een zwaardere versie 6 eierdooiers in plaats van 3-4.
2. U kunt de dooiers ook met de suiker loskloppen totdat een echt gladde en bijna witte massa is ontstaan. Voeg dan 2 eetlepels melk toe zodat het mengsel wat dunner wordt, en roer er dan heel grondig de bloem door. Giet dit al roerend bij de rest van de melk, blijf roeren, breng het aan de kook en laat het een paar minuten pruttelen. Het wordt na afkoelen nog dikker.
3. Een huiselijker versie is de volgende:

1 opgehoopte theelepel maïzena
5 dl melk
100 g suiker
2 eierdooiers
1 stuk citroenschil of vanillestokje

Meng de maïzena met een beetje melk en roer er grondig de suiker en dooiers door. Verwarm intussen de melk tot het kookpunt. Giet hem bij het maizenamengsel, roer grondig en zet het geheel weer op het vuur, maar blijf roeren. Haal de pan van het vuur zodra de pudding aan de kook komt, zet hem weer terug, en herhaal dat meermaals totdat de pudding romig is. Verwerk de citroen en vanille zoals in het basisrecept.

4. Uit Beira Litoral komt deze sensuele variant:

5 eierdooiers
250 g suiker
1½ eetlepel bloem
5 dl melk
1 stuk citroenschil of vanillestokje

Klop de dooiers met de suiker tot een bijna witte massa. Voeg de bloem en een beetje melk toe en roer opnieuw. Roer er beetje bij beetje de rest van de melk door, breng het langzaam aan de kook en laat het al roerend pruttelen. Laat de pudding in ca. 8 minuten binden. Giet hem in een schaal, bestrooi hem met suiker, zet hem onder de grill en laat de suiker karameliseren. Verwerk de citroen of vanille zoals in het basisrecept.

Opmerking: Het geheim van al deze puddingen is dat u blijft roeren terwijl ze op het vuur staan.

Pudim flan
Crème caramel

Provincie Estremadura
Voor 6 personen

Dit nagerecht is overal populair. Restaurants dienen individuele puddinkjes op, maar die zijn bewerkelijk. U kunt thuis beter een grote vorm gebruiken.

200 g suiker
5 dl melk
4 extra grote eieren

Maak eerst de karamel. Breng de helft van de suiker met 2 eetlepels water in een pan aan de kook en laat hem karameliseren. Giet hem direct in een vorm van 15-18 cm doorsnee, draai hem rond en zorg dat de binnenkant bedekt wordt, bijvoorbeeld met behulp van een lepel. Doe dat allemaal heel snel, want de karamel wordt gauw hard. Eventuele klontjes zullen later smelten en hoeven u geen zorgen te baren. Houd de vorm apart. Warm de melk tot lichaamstemperatuur op en roer er de eieren en de rest van de suiker door. Giet het mengsel in de vorm, zet de vorm in een braadslee met kokend water en laat de pudding in een tot 180 °C (stand 4) voorverwarmde oven opstijven (35-40 minuten).

Opmerking: U kunt zich veel tijd en werk besparen door de pudding in een snelkookpan op een treeft te laten opstijven: 10-12 minuten zijn onder druk genoeg. Sluit de vorm wel met een deksel of folie goed af, zodat geen water in de pudding terechtkomt. Stort de pudding na afkoelen.

Mousse de chocolate

Chocolademousse

Voor 4-6 personen

De Portugezen zijn buitengewoon dol op chocolademousse. Het staat op elke menukaart en huisvrouwen pochen graag over de kwaliteit van hun mousse. Voor een goede mousse hebt u chocolade van topkwaliteit en verscheidene eieren nodig. Dit is een uitmuntende pudding, en wees dus maar gerust royaal met de ingrediënten.

4 grote eieren, gesplitst
200 g pure chocolade
6 eetlepels suiker (of desgewenst meer)
beetje vanillesuiker
2 eetlepels boter

Klop de eiwitten tot echt stijve pieken en houd ze apart. Breek de chocolade in kleine stukjes, doe ze in een pan en zet deze in een andere pan met kokend water; laat ze smelten. Roer er de suiker, vanille, boter en losgeklopte dooiers door. Roer er in de bain-marie een gladde massa van, haal de pan van het vuur en spatel de eiwitten door het mengsel. (Doe dat meteen, anders wordt de chocolade te hard om er de eiwitten gelijkmatig door te kunnen spatelen.) Giet de mousse in een schaal en zet hem tot aan het gebruik in de koelkast: de pudding moet koud zijn maar niet ijskoud. Geef er niets anders bij, zodat iedereen volop van de heerlijke smaak en structuur kan genieten. U kunt deze mousse ook als vulling of bovenlaag van gebak gebruiken.

Ovos moles

Zachte eieren

Aveiro (provincie Beira Litoral)
Voor 4 personen

Dit is een van de geliefdste en beroemdste Portugese puddingen. In Aveiro verkoopt men ze per lepel uit vrolijk versierde houten vaatjes en dienen ze als vulling voor een wit, schelpvormig gebak (dat in Aveiro gemaakt en in het hele land verkocht wordt). *Ovos moles* worden verder in allerlei zoetigheden verwerkt: als bovenlaag of vulling van luchtige taarten, als dikke saus voor pudding, als decoratie van klein gebak, enzovoorts. Ze worden ook opgediend als nagerecht in combinatie met een handje grof gemalen walnoten of geroosterde amandelen, bestrooid met wat kaneel of gewoon zonder iets erbij.

Ovos moles zijn makkelijk te maken maar vanwege de vele eierdooiers niet echt goedkoop. U kunt ze 'oprekken' door rijstmeel of fijngewreven gare rijst toe te voegen en dan zijn ze prima als vulling. Maar het basisgerecht is natuurlijk veel lekkerder – mits in kleine beetjes genuttigd.

1½ dl water
250 g suiker
8 eierdooiers

Breng water en suiker op laag vuur aan de kook en laat ze pruttelen totdat ze de 'draad'-fase bereiken (zie blz. 37). Laat de stroop iets afkoelen en giet hem langzaam maar stevig roerend door de losgeklopte dooiers. Breng het geheel al roerend weer zachtjes aan de kook totdat de pudding op dikke eiercrème lijkt. Verdeel het gerecht over kleine glazen schaaltjes of giet het in een grote schaal.

Varianten:

1. *Met gekookte rijst.* Neem dezelfde hoeveelheden water en suiker, maar 6 dooiers in plaats van 8 en 60 g puddingrijst. Kook de rijst heel gaar en pureer de korrels met een vork of in een blender. Maak de stroop, voeg de rijst toe, laat alles 2 minuten pruttelen en roer het dan heel grondig door de dooiers. Breng het al roerend aan de kook totdat een gebonden massa is ontstaan. Geschikt als vulling en dergelijke.

2. *Met rijstmeel.* Neem dezelfde hoeveelheden water en suiker en 4 dooiers. Maak een papje van 4 afgestreken eetlepels rijstmeel en een minimale hoeveelheid water en doe het bij de stroop. Kook eventjes al roerend om het meel gaar te krijgen. Laat het even afkoelen, roer het door de dooiers en kook het nog eventjes al roerend. Deze simpele versie is heel geschikt als vulling voor luchtig gebak en wordt na afkoelen heel dik.

Opmerking: U kunt van pompoenjam (zie blz. 230) een goedkope versie van *ovos moles* maken. Breng 175-200 g jam voorzichtig met 2-3 eierdooiers aan de kook, laat ze een minuutje pruttelen en laat ze afkoelen. Dan zijn ze een uitstekende vulling voor gebak.

Toucinho do céu

Spek uit de hemel

Odivelas (omgeving van Lissabon), maar in het hele land gegeten
Voor ca. 8 porties

Ook allerlei andere plaatsen hebben hun 'spek uit de hemel' en eisen het vaderschap ervan op, maar het gerecht komt traditioneel uit Odivelas, een voorstad van Lissabon die in de dertiende eeuw van enig belang werd omdat diverse koningen het handig vonden om in de buurt van de hoofdstad een discreet 'liefdesnestje' te hebben. Philippa van Lancaster (in 1350 geboren in Londen), dochter van John of Gaunt, hertog van Lancaster, en via haar huwelijk met João I koningin van Portugal, kwam er graag en stierf in het klooster van Odivelas in 1415 aan de pest.

Het oude klooster was vroeger beroemd om zijn poëziesessies (waarbij beroemde dichters hun werk voordroegen), gevolgd door drankjes, gekonfijte pompoen en citroenschil, meringues en plakjes kweeperenpasta (eveneens een creatie van het klooster en in Portugal nog steeds bij veel kruideniers te koop). Maar de verleidelijkste zoetigheid van het klooster was 'spek uit de hemel', een kruising tussen gebak en pudding die tegenwoordig als nagerecht of bij de thee wordt gegeten. Het oorspronkelijke kloosterrecept was buitengewoon zwaar en bevatte eieren en misschien zelfs spek (vandaar de naam). Sindsdien zijn simpeler versies ontstaan, maar die blijven heerlijk – anders heeft het geen zin te zeggen dat ze 'spek uit de hemel' zijn.

300 g suiker
2 eetlepels bloem
7 eieren
½ theelepel kaneel
250 g gemalen amandelen

Klop de suiker, kaneel en eieren tot een heel luchtige massa. Voeg de bloem en amandelen toe en meng alles grondig. Beboter een taartblik van 18-20 cm doorsnee, bestuif het met bloem, schep er de amandelmassa in en zet het 25 minuten in een tot 160 °C (stand 3) voorverwarmde oven of tot het gebak is opgesteven en goudbruin is. Laat het een beetje afkoelen, haal het uit het blik, schraap de bloem van de zijkanten en bestrooi het royaal met suiker.

Varianten:
1. Er bestaan allerlei regionale versies van dit gebak. Een van de simpelste komt uit een klooster in Beja (Alentejo). Strikt genomen is het geen 'spek uit de hemel', maar het is iets goedkoper en nog steeds erg lekker.

200 g suiker
3 eieren, gesplitst, plus 2 dooiers
2 eetlepels melk
100 g bloem
150 g gemalen amandelen

Klop de suiker met de dooiers schuimig. Voeg al roerend de melk toe en roer er dan de bloem en de amandelen door. Klop de eiwitten stijf en spatel ze door het mengsel. Beboter een rond taartblik met een doorsnee van 18-20 cm, schep er het beslag in en zet het 25-30 minuten in een tot 180 °C (stand 4) voorverwarmde oven of totdat het gebak opgesteven en goudbruin is. Haal het lauw uit het blik. Bestrooi het met suiker en kaneel of doordrenk het met een 2-3 minuten op laag vuur gekookte, lichte stroop van 5-6 eetlepels suiker en een beetje water.
2. Uit Murça (Tràs-os-Montes en Alto Douro) komt een zwaardere versie die als een van de beste en gezaghebbendste recepten geldt.

200 g suiker
100 g gemalen amandelen
1 eetlepel kaneel
4 hele eieren plus 6 dooiers, samen losgeklopt

Kook de suiker met een beetje water 2-3 minuten tot 'draad' (zie blz. 37). Voeg de amandelen toe en laat ze al roerend een paar minuten mee pruttelen. Haal de pan van het vuur en roer de kaneel en eieren door het gerecht. Zet het weer op het vuur en laat het pruttelend dik worden. Beboter een rond taartblik van 18 cm doorsnee, giet er het beslag in en zet het ca. 15 minuten in een tot 190 °C (stand 5) voorverwarmde oven. Laat het gebak niet te gaar worden, want dan droogt het uit. Laat het iets afkoelen, haal het uit het blik en bestrooi het met suiker.

Torta de laranja

Sinaasappelgebak

Voor 4-6 personen

Dit gulle gebak is heel populair en in bijna elk Portugees restaurant te krijgen, maar deze zelfgemaakte versie is misschien nog wel lekkerder.

1 eetlepel maïzena
1½ dl puur sinaasappelsap
200 g suiker
geraspte schil van 1 sinaasappel
5 grote eieren

Roer de maïzena door het sap en voeg de suiker, de schil en de losgeklopte eieren toe. Meng grondig maar klop niet te hard. Vet een rechthoekig bakblik van 20 x 30 cm in en bekleed het met bakpapier. Vet ook het bakpapier in en bestrooi het met suiker. Giet er het beslag in en zet het 15-20 minuten in een tot 180 °C (stand 4) voorverwarmde oven, of totdat het is opgesteven. Stort het gebak op een vochtige doek, snijd de randen bij en rol het met behulp van de doek voorzichtig op. Leg het op een met suiker bestrooide schaal, laat het afkoelen en bestrooi het met suiker. Snijd er dikke plakken van en geef ze als nagerecht.

Barriga de freira

Nonnenbuik

Provincie Beira Litoral
Voor 4-6 personen

In de zestiende en zeventiende eeuw werd het gewoonte om de benoeming van een nieuwe moeder-overste met aan muziek en poëzie gewijde avonden te vieren. De uitgenodigde kunstenaars kregen daarbij van de nonnen heerlijke zoetigheden en wijn. Almeida Garrett (1799-1854) beschreef het als volgt: '...muziek en sonnetten en allerlei soorten verzen met veel heerlijke zoetigheden die de nonnen ons aanboden. Wat mij betreft was dat geenszins het minst aangename deel van de avond.' Men kan zich voorstellen dat 'nonnenbuik' een van de zoetigheden was die bijzondere gasten kregen voorgezet, maar de naam – en die van veel andere zoetigheden met een kloosterachtergrond – wekt de indruk dat de middeleeuwse nonnen zichzelf erg verleidelijk vonden. Hoe dan ook, al die gerechten lijken sterk op elkaar omdat ze vooral op eieren en suiker gebaseerd zijn.

280 g suiker
klein stukje citroenschil
2 sneetjes wittebrood (zonder korst), verkruimeld
30 g boter
5 eierdooiers
1 theelepel kaneel

Kook een lichte stroop ('glad'; zie blz. 37) van de suiker, een beetje water en de citroenschil. Haal de schil eruit en roer er eerst het broodkruim, daarna de boter en ten slotte de losgeklopte dooiers door. Laat de massa zachtjes pruttelend in 2-3 minuten al roerend binden. Giet het gerecht in een schaal en bestrooi het met kaneel.

Fatias de Tomar

Plakken uit Tomar

Provincie Ribatejo
Voor ca. 8 plakken

Bij Tomar liggen de belangwekkende restanten van de Romeinse steden Sallium en Nabancia, maar de stad zelf ontstond in de twaalfde eeuw, toen aan de oevers van de Nabão een kasteel werd gebouwd. Dat werd het hoofdkwartier van de tempelorde, die echter in 1312 werd ontbonden en in Portugal vervangen werd door de Orde van Christus. Deze laatste speelde in de tijd van de ontdekkingsreizen een bijzondere rol. Prins Hendrik de Zeevaarder werd in 1416 gouverneur van de orde en kon dankzij die positie ook geld van de orde gebruiken om de reizen te financieren (hij stak er ook eigen geld in). In ruil daarvoor kreeg de orde het voorrecht om het spirituele welbevinden van de ontdekte gebieden te superviseren.

Tomar heeft zijn middeleeuwse sfeer behouden, maar over de tijd waarin de geheimzinnige tempeliers de stad beheersten, bestaan nog veel raadsels. Wat betekenen bijvoorbeeld het *signum salomonis* op de voorgevel van de grote kerk – die volgens oude verhalen door een geheime tunnel met het kasteel verbonden was – en de positie ervan ten opzichte van de torens? In het grote raam vinden we nog onbekende symbolen, en dat geldt zelfs voor de stedenbouwkundige opzet van de oude stad, waarin vier hoofdstraten elkaar kruisen. Alleen de geheimzinnige tempeliers zouden een tipje van de sluier daarvan kunnen oplichten.

Tomar is tegenwoordig een belangrijk agrarisch centrum en kent veel feesten, processies en traditionele gerechten, zoals bijvoorbeeld deze heerlijk 'plakken'.

10 eierdooiers
350 g suiker

In Tomar bestaat een speciale, diepe en ovale vorm voor dit verleidelijke gerecht, maar u kunt er ook een andere puddingvorm voor nemen, mits die een deksel heeft.

Klop de eierdooiers heel lang; de massa moet echt licht en schuimig zijn en zoveel mogelijk lucht bevatten. Met een elektrische mixer bent u in 8-10 minuten klaar, anders is uw sterke arm ruim een kwartier bezig. Giet de massa in een royaal ingevette diep vorm met een doorsnee van 15 cm en zet hem in een pan met kokend water. Zet deze bain-marie in de oven of op het fornuis en vergeet niet het deksel dicht te doen of de vorm met folie af te sluiten. Houd het water aan de kook (vul het zo nodig aan) en laat de dooiers in een minuut of 30 opstijven. Haal het gerecht na afkoelen heel voorzichtig uit de vorm en laat het koud worden. Snijd het met een vlijmscherp mes in plakken van 1½ cm en kook ze een voor een in een lichte stroop ('glad'; zie blz. 37) van de suiker en ca. 3 dl water. Laat de stroop de hele tijd pruttelen maar voeg af en toe een beetje water toe als hij te dik wordt. Leg de plakken op een glazen schotel, overgiet ze met de resterende stroop en dien ze koud op.

Sopa dourada

Gouden kerstsoep

Viana do Castelo (provincie Minho)
Voor 6 personen

In *A cidade e as serras* vertelt Eça de Queiroz dat hij wegens familieomstandigheden Parijs verliet en terugging naar zijn geboortedorp. Hij zag ertegenop, maar besefte toen dat er ook voordelen aan verbonden waren: 'Ik bedacht hoe lekker tante Vicencia's gouden soep zou zijn. Ik had die al in geen jaren gegeten, en dat gold ook voor het gebraden speenvarken en de rijst van thuis!' Later gaf hij toe: 'Tante Vicencia's gouden soep bleek verrukkelijk...'

Gouden soep is een nagerecht dat in de provincie Minho en met name in Viana do Castelo vooral in de kersttijd wordt opgediend.

350 g suiker
1½ dl water
175 g pão-de-ló (zie blz. 217; het mag oud zijn), in dunne plakjes
7 eierdooiers
kaneel

Breng suiker en water aan de kook en kook ze tot 'kleine draad' (zie blz. 37). Haal de pan van het vuur. Doop elke plak gebak met een schuimspaan in de stroop en leg ze op een grote schaal. Klop de dooiers los en roer ze door de rest van de stroop. Zet het mengsel nog even op het vuur, zodat de dooiers gaar kunnen worden, maar laat het niet koken. Giet deze saus over de plakken, bestrooi ze met kaneel en dien ze koud op.

Variant: In Fafe (Minho) bestaat een andere, nog zwaardere versie van dit recept:

8 niet te dikke plakken iets oude pão-de-ló (zie blz. 217)
3 dl ovos moles (zie blz. 160; neem een van de zwaardere versies)
30 g gekonfijte vruchten naar keuze

Leg de plakken gebak in een schaal. Verwarm de *ovos moles* (om de absorptie te bevorderen), giet ze over het gebak en laat het gerecht een nacht staan. Garneer met gekonfijte vruchten of met alleen kaneel.

Pudim do abade de Priscos
Pudding van de priester van Priscos

Provincies Entre-Douro en Minho
Voor 6-9 personen

Deze pudding is ontwikkeld door pater Manuel Rebello, parochiepriester in het stadje Priscos. Hij was een heel bijzondere figuur en op vele terreinen belezen. Zijn achterachternicht, mijn vriendin Maria Adosinda, vertelde dat hij bijna alles wist en kon en bovendien tot aan het einde van zijn lange leven (1834-1930) een uitstekende, vrome en geliefde parochiepriester was. Hij was een groot liefhebber van het theater en stichtte in Priscos – tot groot genoegen van zijn parochianen – een toneelvereniging. Voorts was hij een uitstekende fotograaf, en dat waren in die tijd merkwaardige hobby's voor een priester. Zijn borduurwerk was volmaakt; een paar kostbare kunstwerken van hem werden ingelijst en zijn nog steeds in de familie. Maar waarmee hij roem en zelfs de onsterfelijkheid oogstte, was zijn culinaire talent.

Hij had een klein zakje dat niemand mocht zien. Daarin bewaarde hij zijn geheime ingrediënten, specerijen en smaakstoffen. Het is helaas na zijn dood verdwenen, zodat niemand weet wat erin zat. Zijn roem werd zo groot dat hij vaak werd ingehuurd om grote banketten klaar te maken, soms zelfs voor de koninklijke familie. Vanwege zijn verdiensten werd hij 'erekapelaan' van het koninklijk hof. Dit gerecht bevat merkwaardig genoeg spek, dat een heel bijzondere smaak aan de pudding geeft.

3 dl water
50 g gerookt vetspek, in heel dunne plakjes
400 g suiker
1 kaneelstokje
1 stuk citroenschil
12 eierdooiers, goed losgeklopt
2 eetlepels port

Breng het water aan de kook met de plakjes spek (die tijdens het koken smelten), 300 g suiker, kaneel en citroenschil. Kook er een stroop van. Haal de pan van het vuur, laat de inhoud iets afkoelen, haal de kaneel en citroen eruit en roer er de dooiers en port door. Roer goed. Maak van de rest van de suiker karamel en bekleed er een puddingvorm van 15-18 cm mee (zie blz. 37). Giet er de stroop in, zet de vorm in een bain-marie en zet deze bijna 1 uur in een tot 250 °C (stand 9) voorverwarmde oven of totdat de pudding goed opgesteven en goudbruin is. Laat hem afkoelen en stort hem.

Migas doces

Zoete migas

Beira Alta
Voor 4 personen

Zoals bijna overal ter wereld wordt brood ook in Portugal tot pudding verwerkt. In de twee nu volgende recepten dient het alleen als bindmiddel en verdwijnt het volledig in een eiermengsel.

1½ dl water
200 g suiker
100 g vers wit broodkruim
60 g gemalen amandelen
5 eierdooiers
1 koffielepel kaneel

Kook het water met de suiker 1 minuut, zet het vuur lager en voeg het broodkruim toe. Roer goed. Doe er de amandelen bij en roer er op laag vuur een homogene massa van. Haal de pan van het vuur en roer de dooiers door het mengsel. Breng het gerecht weer al roerend tegen de kook aan. Verdeel het over individuele dessertschaaltjes en bestrooi het met kaneel.

Variant: Uit dezelfde provincie komt een vergelijkbaar gerecht zonder amandelen maar met de dubbele hoeveelheid broodkruim. Het brood wordt in 1½ dl gloeiendhete melk geweekt en gepureerd voordat het aan de kokende suiker wordt toegevoegd. Voor de rest is de werkwijze hetzelfde.

U kunt deze nagerechten ook in een grote schaal doen in plaats van individuele schaaltjes.

Farófias

Drijvende eilanden

Provincie Estremadura
Voor 4-6 personen

Dit heel ouderwetse gerecht is tegenwoordig minder populair maar nog steeds heel lekker. U kunt er eiwitten in kwijt waarvan het in Portugese keukens wemelt omdat daar zo veel dooiers worden gebruikt. Het is een interessant nagerecht, bestaande uit witte, met een beetje kaneel bestoven bergjes op eiercrème. Eet het liefst zo snel mogelijk na de bereiding, en maak het dus vlak voor de maaltijd, omdat het eiwit soms een beetje inzakt en daarmee visueel minder aantrekkelijk wordt, hoewel dat aan de fijne en heerlijke smaak niets afdoet.

3 eiwitten
100 g suiker
6 dl melk
1 stuk citroenschil
1 theelepel custardpoeder (of 3 dooiers)
mespunt zout
kaneel

Klop de eiwitten heel stijf en roer er een derde van de suiker door. Zet intussen de melk met een stukje citroenschil en de rest van de suiker op laag vuur. Breng alles aan de kook, zet het vuur zo laag mogelijk en laat de melk pruttelen. Gooi het stukje citroenschil weg. Leg grote lepels eiwit in de kokende melk; ze zijn heel snel gaar en zwellen als kasteeltjes op. Haal deze *farófias* er met een schuimspaan uit en leg ze in een grote zeef om uit te lekken. Leg ze, als ze allemaal klaar zijn, in een schaal en houd ze apart.

Maak nu de eiercrème met behulp van het custardpoeder (met wat koude melk tot een papje geroerd) of desgewenst de dooiers en de melk waarin de *farófias* gekookt zijn. Voeg ook de uitgelekte melk en een mespunt zout toe. Laat het mengsel 2 minuten al roerend pruttelen en giet het in een schaal. Leg er met een schuimspaan heel voorzichtig de witte 'eilanden' op, bestuif ze met wat kaneel en dien het gerecht op. Dat moet allemaal heel snel gebeuren, want als de *farófias* te lang moeten staan, kunnen ze een beetje inzakken.

Als u de crème met dooiers bindt in plaats van met custardpoeder (het poeder bespaart werk), roer ze dan buiten het vuur door de melk, zet de pan weer op het vuur en laat de crème al roerend binden maar niet meer echt koken.

Pudim de queijo

Kaaspudding

Azoren

Voor 6 personen

Op de Azoren gebruikt men voor deze pudding de eigen queijo da ilha (zie blz. 35), maar u kunt er ook andere, goede geraspte kaas voor nemen.

300 g suiker
150 g geraspte kaas
60 g boter
4 eierdooiers plus 2 hele eieren, losgeklopt
paar bigarreaux

Laat de suiker in wat water 3-4 minuten pruttelen. Haal de pan van het vuur. Voeg de kaas en boter toe, laat het mengsel afkoelen en roer er grondig de eieren en de dooiers door. Vet een taartblik van 18-20 cm doorsnee in en bestrooi het met suiker. Leg de bigarreaux langs de rand en giet er de pudding in. Zet het gerecht in een braadslee met kokend water 30-40 minuten in een tot 190 °C (stand 5) voorverwarmde oven, of totdat het goudbruin en opgesteven is.

Pudim de requeijão

Zachte kaaspudding

Estrelagebergte

Voor 6 personen

Het oorspronkelijke recept voor deze zware pudding met amandelen schrijft érg veel suiker voor. Ik heb die hoeveelheid met een derde verminderd en vind de pudding dan lekkerder, maar u bent misschien een zoetekauw. U kunt het gerecht iets goedkoper maken door hele eieren in plaats van dooiers te nemen; de smaak en structuur van de pudding lijden daar nauwelijks onder.

150 g verse requeijão (zie blz. 35)
125 g gemalen amandelen
700 suiker
12 eierdooiers of 6 hele eieren
1 koffielepel kaneel

Meng de suiker, de amandelen en de kaas tot een zachte massa. Voeg een voor een de eieren toe en daarna de kaneel. Beboter een taartblik van 18-20 cm doorsnee, doe er het beslag in en zet het 15 minuten in een tot 160 °C (stand 3) voorverwarmde oven. Verhoog dan de temperatuur tot 180 °C (stand 4) en laat de pudding nog 15 minuten staan. Laat hem iets afkoelen, haal hem uit de vorm en dien hem als koud nagerecht op.

Bolo de nozes

Walnotengebak

Voor 4-6 personen

Dit sensuele gebak zonder bloem kunt u een pudding noemen, maar kan ook een heerlijke vulling zijn voor een taart met *ovos moles* als toplaag. Garneer het met halve walnoten.

200 g walnoten, grof gestampt
200 g suiker
4 eieren, gesplitst
ovos moles (variant 2, zie blz. 161)

Roer de walnoten, suiker en dooiers tot een zo homogeen mogelijke massa. Klop de eiwitten stijf en spatel ze door het mengsel. Verdeel het beslag over twee goed beboterde taartblikken van 15 cm doorsnee en zet ze 15-20 minuten in een tot 190 °C (stand 5) voorverwarmde oven of totdat het gebak is opgesteven. Laat het een beetje afkoelen, haal de twee plakken heel voorzichtig uit de blikken, bestrijk de ene met ovos moles, leg de andere erop en bestrooi het geheel met suiker. Dien het gebak koud op.

Sopa seca doce

Zoete droge soep

Provincies Minho en Douro Litoral
Voor 6-8 personen

Het gebruik om vlees (vooral kip) in pudding te verwerken, bestaat in sommige noordelijke streken nog steeds, vooral tijdens bepaalde plattelandsfeesten zoals de druivenoogst en bruiloften. In de Middeleeuwen kwam de combinatie van suiker en vlees echter veel vaker voor (zie blz. 16). Het nu volgende recept is een van de verscheidene, nog steeds bestaande gerechten en is eerder een broodpudding dan gebak.

½ kippenpoot
ca. 125 g mager rundvlees
30 g vet ontbijtspek
½ theelepel zout
2 takjes munt
2 eetlepels heldere honing
suiker naar smaak
175-200 g wittebrood, in sneden
1 theelepel kaneel plus iets extra

Kook het vlees in minstens 6 dl water (het moet onderstaan) met zout en munt gaar. Haal het eruit (verwerk het in een hartig gerecht) en zeef de bouillon. Neem 6 dl bouillon en roer er grondig de honing, suiker en 1 theelepel kaneel door. Leg het brood in een kom en overgiet het met zoete bouillon. Beboter een diepe ovenschaal van 18-20 cm doorsnee en bestrooi hem met suiker en kaneel. Schep lagen geweekt brood in de schaal en bestrooi elke laag met kaneel en suiker. Bestrooi daarmee ook de bovenlaag en dek de schaal met aluminiumfolie of bakpapier af om verbranden te voorkomen. Zet de schaal 10 minuten in een tot 190 °C (stand 5) voorverwarmde oven; verlaag dan de temperatuur tot 150 °C (stand 2) en laat hem nog 15-20 minuten staan. Verwijder 5-8 minuten voor het einde van de oventijd de folie of het papier, zodat de bovenkant goudbruin wordt. Zet het gerecht in de schaal warm op tafel.

Palha de Abrantes

Stro uit Abrantes

Provincie Ribatejo
Voor 4-6 personen

Uit deze interessante, door de Romeinen gestichte stad komt een bekende eierpudding, die weliswaar 'stro' heet maar eigenlijk een heerlijk nagerecht in de beste Portugese traditie is.

8 eieren
200 g suiker
1 theelepel kaneel

Maak een portie 'eierdraden' (*fios de ovos*) van de helft van de eieren en de suiker (zie blz. 232). Houd het apart. Kook de resterende stroop tot 'draad' (zie blz. 37). Haal de pan van het vuur, laat de stroop een beetje afkoelen, klop de eieren heel goed los en roer ze door de stroop. Zet de pan weer op het vuur en laat de vloeistof al roerend binden. Zet het vuur uit, roer de kaneel door de pudding, giet hem in een schaal en garneer hem met de eierdraden (het 'stro').

Manjar celeste

Eten uit de hemel

Estremoz (provincie Alentejo)
Voor 6 personen

De 'hemelse' naam van deze pudding verraadt de herkomst van het gerecht: inderdaad een klooster, namelijk dat van de mooie, ommuurde dertiende-eeuwse stad Estremoz waar de eerste Portugese koningen graag verbleven. Vasco da Gama, de beroemde Portugese kapitein die de eerste expeditie van Europa naar Azië leidde (hij vertrok in juli 1497 vanuit Lissabon), placht hier te wonen.

200 g suiker
200 g verse kaas (requeijão; zie blz. 35)
4 eierdooiers plus 1 heel ei, losgeklopt

Maak een lichte stroop ('glad'; zie blz. 37) van de suiker en een beetje water (genoeg om de suiker in op te lossen). Zeef de kaas, klop grondig met een garde of elektrische mixer en roer hem door de stroop. Laat alles pruttelen totdat een romige massa is ontstaan (5-8 minuten). Haal de pan van het vuur, laat het gerecht iets afkoelen en roer er alle eieren door. Giet het in beboterde aardewerk kommetjes of ramequins en zet ze ca. 15 minuten in een tot 190 °C (stand 5) voorverwarmde oven of totdat de pudding goudbruin en goed opgesteven is.

Manjar celeste

Eten uit de hemel

Provincie Ribatejo

Voor 4-6 personen

Deze pudding heet net zoals de vorige, maar is iets heel anders.

200 g plus 2 eetlepels suiker
90 g vers broodkruim (zonder korst)
60 g gemalen amandelen
4 eieren, losgeklopt
1½ dl 'eierdraden' (zie blz. 232)

Maak een lichte stroop ('glad'; zie blz. 37) van 200 g suiker en genoeg water om de suiker in op te lossen. Voeg het brood en de amandelen toe en meng grondig. Laat alles 5 minuten al roerend pruttelen. Haal de pan van het vuur, voeg de eieren en 2 eetlepels suiker toe en roer er een heel luchtige massa van. Breng het geheel weer tegen de kook aan en laat het in 4-5 minuten binden. Giet het in een schaal en garneer met een bergje 'eierdraden'.

Sericá

Eierpudding met kaneel op de wijze van Elvas

Provincie Alentejo

Voor 6 personen

Dit ongewone gerecht komt uit Elvas, een van de interessantste ommuurde steden van Portugal. Vanuit het Romeins-Arabische kasteel en het fort hebt u een prachtig uitzicht op de stad en het omringende landschap. De stad heeft veel opmerkelijke gebouwen, maar het hoogtepunt is het aquaduct, een meesterwerk uit de vijftiende en zestiende eeuw dat als het grootste van het Iberisch schiereiland en het mooiste van Europa geldt. Omdat Elvas vlak bij de Spaanse grens ligt, was het een belangrijke ontmoetingsplaats voor koningen en edelen uit beide landen en er zijn minstens twee koninklijke, Spaans-Portugese bruiloften gevierd: die van een Portugese prinses met de koning van Castilië in 1383 en (nog belangrijker) die tussen de dochter van keizer Karel V (tevens koning van Spanje) en een Portugese prins in 1552. Ik weet zeker dat deze pudding een ereplaats zou hebben gehad bij de daarmee gepaard gaande banketten, maar de stad geniet faam om nog veel meer gerechten en bovendien om zijn pruimen en sappige olijven.

75 g bloem
5 dl melk
6 grote eieren, gesplitst
250 g suiker
mespunt zout
geraspte schil van ½ citroen
2 eetlepels kaneel

Roer de bloem door de melk, voeg de dooiers, suiker en het zout toe en meng grondig. Breng het al roerend heel zachtjes tegen de kook aan en laat het binden. Haal de pan van het vuur en laat de inhoud afkoelen. Klop intussen de eiwitten stijf en spatel ze door de crème. Voeg de citroenschil toe en schep het beslag in een goed beboterde flanvorm van 20-23 cm doorsnee. Leg de scheppen beslag kriskras neer en bestrooi elke schep met kaneel. Zet het gerecht in een tot 230 °C (stand 8) voorverwarmde oven of totdat de bovenkant scheurt. Dien het lauw of koud op.

Pudim de ovos

Eierpudding met sinaasappel uit Madeira

Madeira

Voor 4-6 personen
4 eieren, gesplitst
175 g suiker
3 dl melk
geraspte schil van 1 sinaasappel

Karamel
100 g suiker

Klop de eierdooiers en suiker tot een luchtige massa. Warm de melk iets op en roer hem beetje bij beetje door het dooiermengsel. Voeg de sinaasappel toe. Klop de eiwitten stijf en spatel ze door de massa. Kook de suiker voor de karamel met een theelepel water totdat de massa bruin wordt. Giet deze karamel in een puddingvorm (liefst met deksel) en draai de vorm rond, zodat de karamel zo gelijkmatig mogelijk verdeeld wordt. Giet er het beslag in en zet de vorm in een braadslee met kokend water 35-40 minuten in een tot 180 °C (stand 4) voorverwarmde oven of totdat de pudding is opgesteven; vul het kokende water zo nodig bij. Stort de pudding pas als hij helemaal is afgekoeld.

Manjar branco

Blancmanger

Coimbra (provincie Beira Litoral)
Voor 6-8 personen

Dit is beslist een van de traditioneelste recepten uit de Portugese keuken. Middeleeuwse boeken beschrijven het als iets heerlijks en heel bekends.

½ middelgrote kipfilet, gaar gekookt
3 dl melk
1 dl kookvocht van de kipfilet
100 g rijstmeel
125 g suiker
geraspte schil van ½ sinaasappel
mespunt zout

Snijd de kipfilet in kleine stukjes en wrijf ze heel fijn. Roer er grondig de andere ingrediënten door. Breng het geheel al roerend aan de kook en laat een dikke massa ontstaan. Schep 10 cm brede bergjes beslag op ingevette bakplaten en zet ze 20-25 minuten in een tot 230 °C (stand 8) voorverwarmde oven, of totdat er kleine vlekjes op komen.

Kastanjepudding

Doce de castanhas

Provincie Estremadura
Voor 8-10 personen

Een misschien ongewone maar opvallend lekkere pudding met de smaak van *marrons glacés*.

1¼ kilo gare kastanjes
3 dl melk
700 g suiker
vanillestokje

Werk de gare en gepelde kastanjes tweemaal door een zeef terwijl ze nog warm zijn, of draai er in de keukenmachine een gladde puree van. Voeg beetje bij beetje al roerend de melk toe of doe dat in de mixer. Kook de suiker, wat water en het vanillestokje tot 'kleine draad' (zie blz. 37). Haal het stokje eruit als de stroop klaar is. Roer er de kastanjepuree door. Breng het geheel al roerend aan de kook. Haal de pan van het vuur en laat het afkoelen. Bewaar het in een pot in de koelkast, maar u kunt het ook invriezen. Dien deze pudding bijvoorbeeld op met chocoladeschaafsel of gebruik hem als taartvulling. Een heerlijke wintertraktatie.

Opmerking: U kunt zich veel werk besparen als u ongezoete kastanjepuree uit blik koopt. Dan wordt de pudding echter vochtiger en hebt u een derde minder melk nodig.

Aletria com ovos
Pastapudding

Provincies Minho en Douro Litoral
Voor 4 personen

Neem voor deze pudding, die op Portugese rijstpudding lijkt, heel dunne pasta of vermicelli. Het gerecht was vroeger heel populair, maar nu zo veel mensen om hun lijn denken, is het een beetje uit de gratie geraakt.

90 g vermicelli, verkruimeld
3 dl melk
100 g suiker
1 stuk citroenschil
2 eetlepels boter
2 eierdooiers, losgeklopt
kaneel

Kook de vermicelli in water met wat zout gaar en laat ze uitlekken. Roer er melk, suiker en citroenschil door. Breng het gerecht aan de kook en laat het pruttelen totdat een romige massa ontstaat. Roer er de boter en dooiers door. Breng het nog even tegen de kook aan en haal de pan van het vuur. Giet het in een schaal, bestrooi het met kaneel (of maak met de kaneel patronen zoals bij de *Arroz doce* op blz. 155) en dien het dezelfde dag lauw of koud op.

Pudim de coco
Kokospudding

Lissabon en omstreken
Voor 6-8 personen

Strikt genomen is dit geen traditioneel recept, maar deze heerlijke puddinkjes hebben genoeg liefhebbers om ze hier op te nemen. Bak ze bijvoorbeeld in kleine gebakvormpjes, zoals ook veel Portugese banketbakkerijen doen.

350 g suiker
200 g gedroogde kokos
5 eierdooiers en 2 eiwitten, samen grondig losgeklopt

Doe de suiker in een pan met een beetje water (net genoeg om de suiker in op te lossen) en kook ze tot 'draad' (zie blz. 37). Haal de pan van het vuur en roer er eerst de kokos en dan de eieren door. Giet het beslag in een beboterde ringvorm van 15 cm doorsnee en zet het 20-25 minuten in een tot 180 °C (stand 4) voorverwarmde oven of totdat het is opgesteven.

Variant: Maak individuele puddinkjes door het beslag in individuele, beboterde gebakblikjes te gieten. Lauw of koud zijn ze heerlijk bij de thee.

Doce dourado de chila
Gouden pompoen

Oporto
Voor 6-8 personen

Dit fantastische nagerecht is ontwikkeld door een nonnenklooster in Oporto. Het is heel zoet, en er is niets op tegen om minder suiker te nemen. Voor de rest is het een gedenkwaardige pudding met een stevige textuur en een sensuele smaak.

200 g oude pão-de-ló (zie blz. 217)
450 g suiker
1 stuk sinaasappelschil (of wat oranjebloesemwater)
250 g pompoenjam (zie blz. 204)
1 eetlepel sukade of citroenschil
150 g grof gemalen amandelen
10 eierdooiers
1 theelepel kaneel

Snijd het gebak in plakken en leg ze op een schaal. Maak een dikke stroop van de suiker en wat oranjebloesemwater of met gewoon water en de sinaasappelschil. Giet een klein deel ervan over het gebak, dat doorweekt moet raken. Roer de jam en de sukade door de rest van de stroop en laat alles 1-2 minuten pruttelen. Roer er de amandelen door en laat ze een minuutje mee pruttelen. Haal de pan van het vuur en laat het mengsel een beetje afkoelen. Roer er de dooiers door, zet de pan weer op laag vuur en roer totdat een dikke massa is ontstaan. Giet de massa over het gebak, laat het afkoelen en bestrooi het met kaneel.

Maçãs assadas

Appels uit de oven

Voor 4 personen

Appels uit de oven worden in Portugese restaurants en thuis veel gegeten. Men gebruikt er vlezige en lekkere goudrenetten voor. Eça de Queiroz schreef erover in zijn *O crime do Padre Amaro*: '"Prachtig!" zei de kanunnik toen mevrouw Janeira een grote schaal vol appels uit de oven binnenbracht. "Daar neem ik er een paar van. Ik sla niets af dat zo verrukkelijk is als appels uit de oven!"'

4 grote goudrenetten (of Cox)
4 opgehoopte eetlepels suiker
4 theelepels boter

Was de appels goed maar schil ze niet en laat de klokhuizen zitten (de pitjes geven zelfs extra smaak). Leg ze in een beboterde braadslee. Smelt de boter, bestrijk er de appels mee en bestrooi ze met suiker. Zet ze 35-40 minuten in een tot 180 °C (stand 4) voorverwarmde oven of totdat ze zacht en bruin zijn.

Varianten:
1. Besprenkel de appels na het beboteren met 4 theelepels port. Bestrooi ze met suiker en ga verder te werk zoals hierboven.
2. Roer wat kaneel en/of kruidnagel door de suiker.

Pessego com vinho e Saladas de fruta

Perziken in wijn en andere fruitsalades

> 'Gisteravond vertelde ik haar aan tafel hoe verzot mijn neef Gonçalo is op perziken, vooral op perziken in wijn. Daarom besloot ze u deze mand met perziken te sturen...'
> Eça de Queiroz, *A ilustre casa de Ramires*

Perziken in wijn en suiker zijn werkelijk een geschenk uit de hemel, maar de Portugezen maken ook andere mooie fruitsalades waaraan wijn (meestal port) of likeur extra smaak geeft. Of anders geven citroen-, sinaasappel- of mandarijnsap een subtiele geur aan de salade. De volle smaak ontwikkelt zich alleen als u de salade een paar uur voor de maaltijd klaarmaakt (of zelfs een dag tevoren, mits in de koelkast bewaard); voeg ingrediënten zoals plakjes banaan echter pas vlak voor het opdienen toe.

Vaste ingrediënten bestaan niet maar hangen van het seizoen, uw smaak en de aard van de maaltijd af. Bij een formeel diner kan een fruitsalade een van de desserts zijn (zo'n maaltijd omvat altijd meer dan één nagerecht). Die salade moet dan de zorg weerspiegelen die aan het diner besteed is en dus een grote verscheidenheid aan fruit bevatten, onder andere ananas (uiteraard vers), perziken, peren, enzovoorts.

Meng in een glazen schaal de vruchten van uw keuze (behalve zachte zoals aardbeien en vruchten die verkleuren, zoals bananen; voeg deze pas vlak voor het opdienen toe) en bestrooi ze royaal met suiker. Als u wijn gebruikt, roert u een paar eetlepels witte wijn door een likeurglas port of iets dergelijks. Proef of er nog suiker bij moet en zet de salade tot aan het gebruik weg (liefst in de koelkast). Voeg voor het opdienen de zachte vruchten toe en gebruik er een paar als garnering. Bestrooi de bovenkant met suiker. Vervang in een simpeler salade de wijn door citrussap en suiker naar smaak.

Papas de milho doces

Zoete maïspap

Noordelijke provincies

Voor 4-6 personen

Dit is een loodzware pudding als onderdeel van een winterse maaltijd voor uitgehongerde mensen. Hij wordt heet opgediend, maar is ook lekker als warm ontbijt. Beschouw hem maar als een soort pap, zij het een heel goede!

175 g maïsmeel (zie blz. 31)
6 dl vloeistof (water of half water, half melk)
1 theelepel plantaardige olie (als u geen melk gebruikt)
½ koffielepel zout
100 g suiker
desgewenst: kaneel

Roer het maïsmeel door de vloeistof (en zo nodig de olie) en breng het al roerend aan de kook. Laat het op laag vuur 12-15 minuten pruttelen; roer vaak. Voeg tegen het einde zout en suiker toe en neem naar smaak meer vloeistof of suiker. Bestrooi het desgewenst met kaneel en dien het warm op. In plaats van suiker kunt u (deels) ook honing of stroop toevoegen.

Zoetigheid

Doces de almendoa

Marsepein op de wijze van de Algarve

Voor ca. 24 stuks

Zelfs in de Algarve, waar een overvloed aan amandelen groeit, zijn deze zoetigheden vanwege hun bewerkelijkheid duur, maar geen bezoeker zou durven teruggaan zonder een doos met deze marsepeinfiguurtjes mee te nemen. Ze zijn even lekker als mooi om te zien, want ze hebben allerlei sierlijke vormen (vruchten, vissen en groenten) en worden met de hand versierd. Meestal zijn ze met *ovos moles* (zie blz. 160) of *fios de ovos* (zie blz. 232) gevuld, en zo ontstaat een heerlijke zachte kern waarmee dit marsepein zich onderscheidt van de hardere soorten gewone marsepein die in veel andere landen verkocht worden.

200 g suiker
1½ dl water
200 g fijngemalen amandelen

Kook de suiker en het water op laag vuur tot 'draad' (zie blz. 37). Roer er grondig de amandelen door en laat alles al roerend pruttelen totdat een tamelijk droge massa ontstaat. Laat die helemaal afkoelen (liefst een nacht). De massa moet nu hard zijn maar hanteerbaar genoeg om (met licht bevochtigde vingers) te kunnen boetseren. Anders moet u het nog even koken om het overtollige vocht kwijt te raken. Laat het opnieuw afkoelen en modelleer er figuurtjes van met een doorsnee van 2-3 cm. Doe er wat eiervulling in zoals boven beschreven. Laat ze een dag liggen en beschilder ze met voedselverf. Leg elk figuurtje in een papieren caisse en serveer ze op een schaal aan het einde van de maaltijd, zoals u ook met chocolaatjes zou doen.

Een erg leuke vorm is een nestje met eitjes ter grootte van doperwten (allemaal van marsepein). Het 'stro' bestaat dan uit wat *fios de ovos.* U kunt het nest wat donkerder maken door cacao aan de marsepein toe te voegen.

Bolos de ovos de Viseu

Eierhapjes uit Viseu

Provincie Beira Alta

Voor ca. 24 stuks

Deze zoetigheid bestaat overal in Portugal, maar de inwoners van Viseu zijn bijzonder handig in het maken ervan en zijn er beroemd mee geworden. Afgezien daarvan is Viseu ook om andere redenen de moeite van een bezoek waard. De Romeinen, Zwaben, Visigoten en Arabieren zijn er heer en meester geweest. De christenen bouwden een muur om deze kostbare stad tegen de naburige Castilianen te beschermen en maakten er een belangrijk cultureel centrum van. Viseu bewaart echter niet alleen zijn belangwekkende verleden maar kijkt ook naar de toekomst en is een van de best aangelegde steden van het noorden.

200 g suiker

14 eierdooiers

Doe wat water bij de suiker (net genoeg om de suiker op te lossen) en kook het geheel tot 'kleine draad' (blz. 37). Haal de pan van het vuur en roer 13 losgeklopte dooiers door de suiker. Meng grondig. Zet de pan weer op het vuur en laat al roerend een dik geheel ontstaan. Laat het helemaal afkoelen (dat gaat sneller als u het een tijdje in de koelkast zet). Bestuif uw handen met bloem en boetseer figuurtjes: balletjes, cilinders, piramides, enzovoorts, allemaal met een doorsnee van 2-3 cm. Haal ze door de resterende dooier, die u met wat water hebt losgeklopt, en leg ze een minuut of twee onder de grill om de bovenkant lichtbruin te naken. Haal ze door suiker en leg ze in papieren caisses. Laat ze twee dagen staan om een beetje te drogen en op te stijven en dien ze dan op.

Nozes de Cascais

Walnoten uit Cascais

Voor ca. 18 balletjes

De Romeinen en moren hielden zielsveel van Cascais, en veel mensen doen dat nog steeds. Dit uitzonderlijk mooi stadje in de buurt van Lissabon is een magneet voor afgezette koningen, buitenlandse ingezetenen, toeristen en forenzen. De stranden, tuinen, grillige oude straatjes en zelfs de nieuwe straten zijn voor tallozen aantrekkelijk, maar Cascais bewaart desondanks zijn serene sfeer van kalme elegantie en intimiteit. Het wemelt er van de restaurants met uitmuntende visgerechten en de oude banketbakkerijen maken er nog steeds de belangrijkste zoetigheden van de stad: *areias* (zie blz. 212) en de nu volgende heerlijke, glimmende en knapperige walnootballetjes met een laagje karamel.

90 g suiker
4 eetlepels water
5 eierdooiers, losgeklopt
110 g gemalen amandelen
ca. 18 mooie halve walnoten

Karamel
110 g suiker
3 eetlepels water
2 druppels citroensap

Kook een dikke stroop van de 90 g suiker en 4 eetlepels water. Haal de pan van het vuur en roer beetje bij beetje de dooiers door de stroop. Voeg dan de amandelen toe. Zet de pan weer op het vuur en laat het mengsel al roerend binden. Giet het op een schaal en laat het een paar uur liggen. Maak er 2-3 cm dikke balletjes van, leg er een halve walnoot op en houd ze apart.

Kook een lichtbruine karamel van de 110 g suiker en het water. Haal de pan van het vuur zodra de juiste kleur bereikt is, voeg het citroensap toe en haal er direct met een vork de walnootballetjes door. Leg de doorgehaalde balletjes op een ingeoliede schaal (om kleven te voorkomen) en laat ze tot de volgende dag liggen. Knip met een schaar de overtollige karamel van de zijkanten en leg de balletjes in papieren caisses.

Als de karamel halverwege het doorhalen te droog wordt, voegt u wat water toe en brengt u hem weer aan de kook.

Brisas do Lis

Briesjes van de Lisrivier

Leiria (provincie Estremadura)
Voor ca. 12 stuks

Deze zoete hapjes zijn even verrukkelijk als Leiria, het stadje waar ze vandaan komen. Leiria was overigens in 1134 het toneel van de bloederige, beslissende slag tussen moren en christenen, die de christenen wonnen. Latere koningen bouwden er een schitterend paleis, dat ze vaak gebruikt hebben. De typische en geliefde *brisas* uit Leiria worden als volgt gemaakt.

60 g gemalen amandelen
200 g suiker
4 grote eieren, losgeklopt

Meng alle ingrediënten, giet het beslag in kleine, goed beboterde gebakvormpjes en zet ze 20 minuten in een tot 220 °C (stand 6) voorverwarmde oven of totdat het gebak goudbruin en opgesteven is. Geef ze in geribbelde caisses bij de thee of bij een glaasje port of likeur.

Papos de anjo

Engelenborsten

Mirandela (provincie Trás-os-Montes)
Voor 24-30 stuks

Iets dat 'engelenborsten' heet, móet heerlijk zoet zijn. Op de Azoren en in Beja, Amarante en Viseu maken oude kloosters onder deze naam diverse zoetigheden. Het nu volgende recept komt echter uit een klooster in Mirandela, een mooie stad met Romeinse wortels. Er staat nog een fraaie Romeinse brug, die in de zestiende eeuw herbouwd is.

350 g suiker
2 eetlepels dikke jam naar keuze
6 eieren plus 4 dooiers, samen losgeklopt
1 theelepel kaneel

Kook de suiker en een beetje water (genoeg om de suiker op te lossen) tot 'kleine draad' (zie blz. 37). Haal de pan van het vuur en roer de jam door de stroop. Zet de pan weer op het vuur om de stroop in te koken. Laat hem iets afkoelen en roer er krachtig de eieren en kaneel door. Beboter kleine gebakvormpjes heel goed en vul ze voor de helft met stroop (die in de oven flink rijst). Zet ze in een tot 200 °C (stand 6) voorverwarmde oven totdat ze goudbruin en opgesteven zijn. Bestrooi ze koud met poedersuiker en dien ze op.

Bolos de dom Rodrigo

Balletjes van dom Rodrigo

De Algarve

Voor ca. 10 stuks

Deze bolletjes worden verkocht in folie waarvan de uiteinden naar boven zijn gevouwen om geen stroop te laten weglekken. Ze zijn zoet en u kunt er maar één tegelijk aan, maar wat zijn ze hemels!

eierdraden (zie blz. 232)
100 g gemalen amandelen
3 eierdooiers, losgeklopt
125 g suiker
kaneel

Maak de eierdraden en houd ze met een beetje stroop vochtig. Bewaar de rest van de stroop voor later.

Kook de 125 g suiker met een beetje water (genoeg om de suiker in op te lossen) tot 'kleine draad' (zie blz. 37). Roer er de amandelen door en laat alles nog 2 minuten pruttelen. Haal de pan van het vuur, roer de dooiers door de stroop en breng het geheel tegen de kook aan. Haal de pan weer van het vuur en bestrooi de stroop met wat kaneel.

Maak van de eierdraden ca. 10 bergjes met een kuiltje in het midden. Vul elk kuiltje met amandelstroop en vouw er de draden overheen, zodat ca. 10 balletjes van gevulde eierdraden ontstaan. Breng de rest van de stroop aan de kook en leg er heel even de balletjes in. Haal ze er met een schuimspaan uit. Laat ze afkoelen en wikkel ze in vierkante stukjes folie, zoals hierboven beschreven.

Morgado de figo

Vijgenpasta

De Algarve

Voor ca. 36 kleine figuurtjes

Deze vijgenpasta met amandelen wordt in de Algarve gebruikt om er allerlei figuurtjes van te modelleren. Ze dienen als snoepjes of worden in groot gebak verwerkt. De pasta is bijna onbeperkt houdbaar; u kunt er dus afhalen wat u nodig hebt, en de rest bewaren.

250 g gedroogde vijgen van uitstekende kwaliteit
250 g suiker
1 theelepel kaneel
rasp van 1 grote citroen
2 theelepels cacao
250 g gemalen amandelen

Haal de kleine steeltjes van de vijgen en knip met een schaar de rest in heel kleine stukjes. Zet 6 eetlepels water op het vuur, voeg de suiker, kaneel, rasp en cacao toe en kook er een dikke stroop van. Roer er de amandelen door en laat het geheel 2-3 minuten pruttelen. Kook dan de vijgen op laag vuur 4-5 minuten mee; roer voortdurend. Haal de pan van het vuur en laat de pasta iets afkoelen. Schep haar op een met suiker bestoven oppervlak en geef er met uw handen en een paletmes de gewenste vorm aan.

Als taart kunt u het geheel nu garneren met poedersuiker en/of decoraties van amandelpasta. Breek er anders stukjes af en modelleer ze met behulp van wat suiker in de vorm die u wilt. Leg ze in papieren caisses en bewaar ze in een doos, zodat ze niet te veel uitdrogen.

Fartes de batata
Zoete-aardappelkoekjes

Madeira
Voor ca. 36 stuks

Zoete aardappels (zie blz. 33) groeien niet alleen in de Algarve maar ook op Madeira, en we mogen daar dus streekgerechten met deze zware, bloemige en erg lekkere soort aardappel verwachten. Deze heerlijke koekjes uit Madeira zijn heel makkelijk te maken.

30 g boter
2 eieren
350 g suiker
400 g gepureerde zoete aardappels, afgekoeld
1 eetlepel bloem
100 g gemalen amandelen
2 eetlepels sinaasappelsap
100 g gemengde gekonfijte vruchten, in kleine stukjes
2 eetlepels gesmolten boter

Roer 30 g boter en de eieren door de suiker. Voeg puree, bloem, amandelen, sap en gekonfijte vruchten toe en roer grondig. Breng alles al roerend op laag vuur aan de kook om al het vocht te laten verdampen; zorg dat het niet aanbakt. Haal de pan van het vuur en stort de massa op een met bloem bestoven plank. Snijd er vierkantjes van 2-3 cm van en leg ze in ingevette bakblikken. Bestrijk de bovenkanten met gesmolten boter en zet ze 10-15 minuten in een tot 190 °C (stand 5) voorverwarmde oven of totdat ze goudbruin zijn. Haal ze uit de oven, bestrijk ze opnieuw met gesmolten boter en bestrooi ze met suiker.

Bolos de ovo e pão de Bragança

Eierballetjes met brood op de wijze van Bragança

Provincie Trás-os-Montes
Voor ca. 36 stuks

Een traditioneel recept met héél veel dooiers. Geniet er in alle rust van als u bijvoorbeeld op de belvedère van Bragança, naast de Bartholomeüskapel, uitkijkt op de weidse, stille horizon.

200 g oud brood, verkruimeld
200 g gemalen amandelen
400 g suiker
14 eierdooiers
1 theelepel kaneel
2 eetlepels oranjebloesemwater

Meng het broodkruim en de amandelen. Kook de suiker met wat water tot 'draad' (zie blz. 37). Haal de pan van het vuur en roer het amandelmengsel door de stroop. Doe er dan de dooiers bij en roer heel goed. Voeg de kaneel en het oranjebloesemwater (of desnoods gewoon water) toe; het mengsel mag niet te dik zijn. Breng het tegen de kook aan en roer 2-3 minuten, zodat de dooiers gaar worden. Het moet een bijna vast maar niet droog geheel zijn. Laat het tot de volgende dag liggen. Draai er dan balletjes van, rol ze door suiker en leg ze in papieren caisses.

Pasteis de Lorvão

Pasteitjes uit Lorvão

Provincie Beira Litoral
Voor ca. 24 stuks

Dit is een van de recepten die door monniken of nonnen bedacht zijn. Het feit dat in Lorvão inderdaad een belangrijk cisterciënzerklooster stond, zal wel iets met deze traditionele zoetigheid te maken hebben.

200 g suiker
1½ dl water
60 g gemalen amandelen
1 eetlepel bloem
1 eiwit
6 eierdooiers, losgeklopt
½ theelepel kaneel
rasp van ½ citroen

Kook de suiker met het water tot 'kleine draad' (zie blz. 37). Haal de pan van het vuur, roer de amandelen en bloem door de stroop en breng hem weer al roerend tegen de kook aan. Laat hem iets afkoelen en roer er de overige ingrediënten door. Beboter pasteivormpjes, giet er het mengsel in en zet ze ca. 25 minuten in een tot 160 °C (stand 3) voorverwarmde oven of totdat ze lichtbruin en opgesteven zijn. Haal ze door suiker en leg ze in papieren caisses.

Delícias de batata

Aardappellekkers

Benavente (provincie Ribatejo)
Voor 12-16 stuks

Aardappelpuree geeft een interessante structuur aan zoetigheden, zoals dit 'lekkers' uit het van oorsprong Romeinse Benavente bewijst.

200 g suiker
3 eetlepels water
100 g gepureerde aardappel
90 g gemalen amandelen
2 eieren
1 eetlepel maïzena
1 eetlepel boter
poedersuiker en kaneel

Kook van de suiker en het water een gladde stroop (zie blz. 37). Voeg de puree en amandelen toe en kook alles al roerend op laag vuur tot een dikke massa. Laat die bijna koud worden. Voeg de eieren en maïzena toe en roer goed. Giet het mengsel in goed beboterde pasteivormpjes en zet ze 20 minuten in een tot 210 °C (stand 7) voorverwarmde oven of totdat ze goudbruin zijn. Haal ze voorzichtig uit de vormpjes voordat ze helemaal koud zijn en bestrooi ze met een mengsel van poedersuiker en kaneel.

Laranjinhas
Sinaasappeltjes

Streek rond Setúbal, ten zuiden van Lissabon
Voor ca. 24 stuks

Deze zoete balletjes komen uit een streek waar veel sinaasappels groeien. Maak ze een paar dagen voordat u ze wilt opdienen, zodat ze wat kunnen opstijven.

4 grote wortelen
schil (met witte onderschil) van 3 sinaasappels
200 g suiker

Snijd de wortelen doormidden (niet in kleine stukjes, zodat ze niet te veel water opnemen). Kook ze met de sinaasappelschillen gaar. Laat de wortelen heel goed uitlekken en dep ze in een doek droog. Pureer en zeef ze. Kook de suiker met 2 eetlepels water tot 'draad' (zie blz. 37) en roer er met een houten lepel de puree door. Het mengsel moet droog worden maar mag niet verbranden – let dus heel goed op en houd het vuur zo laag mogelijk. Stort het op een schaal en laat het helemaal afkoelen. Maak er balletjes van 2-3 cm van, haal ze door suiker, leg ze in papieren caisses en laat ze 2-3 dagen onaangeroerd drogen. U kunt deze sinaasappeltjes nog levensechter maken door er een steeltje met een blad in te steken.

Casca de laranja cristalizada
Gekonfijte sinaasappelschil

Setúbal, ten zuiden van Lissabon

Setúbal is door Kelten gesticht maar werd verder ontwikkeld door de Romeinen. Dankzij de zoutgroeven, de visverwerking, de fruitteelt en de wijnen van de streek groeide de stad gestaag, en ook tegenwoordig brengen allerlei industrieën in en rond Setúbal voorspoed.

Rond Setúbal worden onder andere sinaasappels verbouwd en de streek is beroemd om zijn sinaasappel*compote* en gekonfijte sinaasappelschil. Dat laatste is makkelijk thuis te maken en veel Portugese huisvrouwen hebben graag wat zelfgemaakte schil bij de hand om ze in gebak te verwerken en als lekkernij te eten.

sinaasappelschillen
hetzelfde gewicht aan suiker

Als u sinaasappels eet, bewaar dan de schillen en vraag uw familieleden hetzelfde te doen. Laat het grootste deel van de witte onderschil zitten, anders worden de schillen te bitter. Ze zijn in de koelkast een paar dagen houdbaar. Week ze 24 uur en ververs het water meermaals om de bitterheid weg te krijgen. Snijd ze in reepjes van ruim 1 cm breed en doe ze in een pan met kokend water. Breng het weer aan de kook en zet het vuur direct uit. Laat de schillen uitlekken en dep ze met eens schone doek zo droog mogelijk. Weeg ze. Kook hetzelfde gewicht aan suiker met een klein beetje water tot 'draad' (zie blz. 37). Voeg de schillen toe en roer, zodat ze goed met stroop bedekt zijn. Houd het vuur heel laag en zorg dat de schilletjes niet breken. Laat het mengsel heel droog worden, maar het mag niet verbranden. Giet het op een schaal en scheid de schilletjes meteen met een mes. Laat ze een nacht afkoelen.

Als de schilletjes in deze fase niet kurkdroog zijn, kunnen ze snel gaan schimmelen. Als ze nog te vochtig zijn gebleven, kookt u ze opnieuw voorzichtig zodat het vocht verdampt, of laat u ze uitgespreid op een schaal of plank een paar dagen liggen; keer ze af en toe. Bewaar ze in potten op een donkere plaats.

Salame de chocolate

Chocoladesalami

Lissabon en omstreken
Voor 4-6 personen

In sommige Portugese gezinnen is dit een geliefd hapje, en u hoeft er niet eens voor te koken of bakken. Door zijn smaak en uiterlijk is het geschikt voor verjaardagsfeesten.

100 g boter
100 g suiker
100 g cacao
1 ei
150 g gewone koekjes (bijv. petit-beurre, maria's, digestive), verkruimeld

Roer de boter door de suiker en voeg achtereenvolgens cacao, ei en ten slotte koekkruim toe. Zo ontstaat een pasta waarvan u een dikke worst kunt maken (vandaar de naam 'salami'). Wikkel hem in licht ingeoliede folie en leg hem een nacht in de koelkast om op te stijven. Snijd hem vlak voor het opdienen in dikke plakken. Of maak er kleine balletjes van, rol ze door cacao en leg ze in papieren caisses.

Pasteitjes

Pasteis de nata of Pasteis de Belém

Room- of Belémpasteitjes

Lissabon

Voor 12-16 stuks

Deze pasteitjes werden voor het eerst gemaakt in een heel oude winkel in de Lissabonse wijk Belém. Die winkel bestaat nog steeds. De vele ruimtes met liefdevol betegelde muren zitten altijd vol mensen die er bij een kop koffie pasteitjes komen eten. De winkel staat niet ver van de prachtige toren van Belém, een van de beroemdste en mooiste gebouwen van Lissabon. Die toren dateert uit de zestiende eeuw en staat op de plaats waar vroeger de karvelen uitvoeren en aanmeerden. *Pasteis de nata* zijn tegenwoordig overal in Portugal te koop en misschien wel de populairste van alle kleine pasteitjes. Afhankelijk van wie ze maakt, zijn ze hetzij lekker, hetzij verrukkelijk. In het algemeen worden ze kant-en-klaar verkocht, want zelfgemaakte zijn om de een of andere reden nooit zo mooi, maar ze blijven desondanks heerlijk.

Deeg

250 g bloem
mespunt zout
scheutje citroensap
250 g ongezouten boter

Vulling

4 eierdooiers
75 g suiker
1½ dl slagroom

Maak eerst de vulling. Roer de dooiers en de suiker in een pan tot een dikke massa. Voeg beetje bij beetje de room toe, zet de pan op laag vuur en roer totdat een heel dikke massa is ontstaan. Zet het vuur uit.

De ingrediënten voor het deeg moeten heel koud zijn. Zeef de bloem in een kom. Maak een kuiltje in het midden, doe er een mespunt zout in en voeg net genoeg ijskoud water toe om een deeg te kunnen kneden. Voeg het water beetje bij beetje toe en neem ook een beetje citroensap, want dat maakt het gebak lichter. Kneed het tot een elastisch en echt glad deeg. Maak er een bal van en leg het afgedekt 15 minuten in de koelkast. Rol het tot een rechthoek uit en verdeel de boter in drie gelijke delen. Snijd het eerste in kleine stukjes en verdeel ze over het deeg, maar laat de randen vrij. Vouw een korte rand van het deeg naar het midden en vouw er de rest van het deeg overheen. Druk de randen aan en leg het deeg weer een paar minuten in de koelkast. Rol het weer uit, herhaal de procedure totdat alle boter op is, en herhaal het proces nog tweemaal.

Als het deeg klaar is, rolt u het tot een rechthoek uit. Rol die op en snijd hem met een scherp mes in repen van 2 cm breed. Bekleed met deze repen kleine pasteivormpjes door het deeg met uw duimen stevig aan te drukken. Vul ze met een eetlepel vulling en zet ze in een tot 250 °C (stand 9) voorverwarmde oven totdat de bovenkant bruin is; het deeg moet dan mooi goudbruin zijn.

Eet de pasteitjes liefst dezelfde dag op, anders gaat iets van de heerlijke knapperigheid van het gebak en de zachtheid van de vulling verloren. Als er de volgende dag nog een paar over zijn, kunt u ze het beste een paar minuten opwarmen. Ze zijn overigens warm het lekkerst.

Traditioneel worden ze met een mengsel van poedersuiker en kaneel bestoven, maar de meeste mensen eten ze tegenwoordig liever zonder.

Queijadas de Sintra

Kaastaartjes uit Sintra

Voor 24-30 stuks

Sintra is een heel oude stad in de buurt van Lissabon met een kasteel op een hoge berg, dat de vroegere heerschappij van de moren bewijst. Koningen en koninginnen kwamen er graag en bouwden in en rond de door dichte bossen omringde stad veel schitterende paleizen. Sintra is weinig veranderd: het is een verrukkelijke en nobele stad met een verfijnde, duurzame charme gebleven. Lord Byron schreef erover en allerlei kunstenaars vallen ervoor. *Queijadas* worden alleen hier gemaakt maar zijn ook bij de beste banketbakkerijen van Lissabon te koop.

Deeg

280 g bloem
1½ eetlepel boter
zout

Vulling

350 g verse kaas (requeijão; zie blz. 35)
60 g harde kaas, geraspt
200 g suiker
5 eetlepels bloem
3 eierdooiers plus 1 heel ei
½ theelepel kaneel

De dunne en knapperige omhulsels voor de vulling moeten op heel dunne waterbiscuitjes gaan lijken. Het deeg wordt meestal ruim van tevoren gemaakt, liefst een dag voor het bakken. Doe de bloem in een kom, maak een kuiltje in het midden en doe er de zachte boter en wat zout in. Kneed met uw vingertoppen en voeg beetje bij beetje lauw water toe. Het deeg moet glad en elastisch maar tamelijk droog zijn; het mag ook niet aan de kom kleven. Leg er eerst een droge en dan een vochtige doek overheen en laat het tot de volgende dag (of minstens een paar uur) rusten.

Maak intussen de vulling. Zeef de verse kaas en roer er met de geraspte kaas en gladde massa van. Voeg al roerend eerst de suiker en dan beetje bij beetje de andere ingrediënten toe.

Rol het deeg vliesdun uit tot een dikte van drie vellen papier op elkaar. Steek er rondjes van 7½ cm doorsnee uit en bekleed er beboterde pasteivormpjes mee. Knip er de boven de rand uitstekende stukjes af. Verdeel de vulling over de vormpjes en zet ze 15 minuten in een tot 210 °C (stand 7) voorverwarmde oven of totdat ze bruin zijn.

Laat ze afkoelen en zet ze in paren naast elkaar met een stukje vetvrij papier ertussen. Houd ze in de vormpjes om uitdrogen tegen te gaan.

Pasteis de feijão

Bonenpasteitjes

Torres Vedras (omgeving van Lissabon)

Voor 24 stuks

Torres Vedras was in 2000 v.C. een belangrijk centrum voor de koperwinning. Tegenwoordig is het een druk stadje met een uitstekende wijn. Bijzonder interessant zijn de vele historische gebeurtenissen die hier hebben plaatsgevonden, maar ook de oude gebouwen zijn een kijkje waard. Het fort van Sint-Vincent herinnert aan de aanwezigheid van Britse troepen onder de hertog van Wellington. Ze hielpen de Portugezen in hun strijd tegen de Napoleontische binnendringers onder leiding van generaal Masséna. Dankzij Wellingtons ondoordringbare 'linies van Torres Vedras' werd de opmars van het Franse leger gestuit.

Onderstaande bonenpasteitjes schijnen in Torres Vedras ontwikkeld te zijn en worden nog steeds als plaatselijke specialiteit verkocht (in dozen van 6 stuks). Ze zijn echt heerlijk en de bonenpuree geeft er een heel eigen textuur aan.

Deeg

200 g bloem
3 eetlepels boter (of boter en reuzel)
water
zout

Vulling

250 g suiker
125 g witte-bonenpuree
125 g gemalen amandelen
5 eierdooiers

Maak van bloem, boter, lauw water en zout een zacht en plooibaar deeg. Dek het af en maak dan de vulling.

Kook de suiker en 3 eetlepels water tot 'draad' (zie blz. 37). Voeg de bonenpuree toe en kook alles nog een paar minuten door. Roer er de amandelen door en breng het weer aan de kook. Laat het bijna koud worden. Voeg de dooiers toe, breng alles weer tegen de kook aan, haal de pan van het vuur en laat de inhoud afkoelen. Rol het deeg heel dun uit en bekleed er kleine, beboterde pasteivormpjes mee. Verdeel er de vulling over. Zet ze 20 minuten in een tot 220 °C (stand 7) voorverwarmde oven of totdat een goudbruine korst is ontstaan.

Pasteis de arroz dos Açores

Rijstbroodjes uit de Azoren

Voor 24 stuks

Deeg

200 g bloem
1 eetlepel suiker
1 eetlepel boter
1 eierdooier

Vulling

225 g rijst
mespunt zout
350 g suiker
50 g gemalen amandelen
5 eierdooiers

Maak de vulling een dag tevoren. Kook de rijst heel zacht in driemaal zijn volume aan water met wat zout. Werk de korrels door een zeef. Kook een dikke stroop van de suiker met genoeg water om er de suiker in op te lossen. Voeg de rijst toe en laat alles al roerend 5 minuten pruttelen. Voeg de gemalen amandelen toe en kook ze 2-3 minuten mee. Roer er de losgeklopte dooiers door en haal de pan direct van het vuur. Bewaar het mengsel tot de volgende dag; het moet heel dik worden.

Kneed de bloem met de andere ingrediënten en wat water tot een glad deeg en laat het 20-30 minuten rusten. Rol het uit tot nauwelijks de dikte van een vel papier. Steek er rondjes met een doorsnee van 10 cm uit en verdeel er de vulling over. Vouw er het deeg overheen zodat halvemaantjes ontstaan en druk de randen aan. Leg ze op beboterde bakplaten en zet ze 15 minuten in een tot 160 °C (stand 3) voorverwarmde oven; ze moeten drogen zonder echt bruin te worden. Bestuif ze met poedersuiker.

Pasteis de Santa Clara

Broodjes van Sint-Clara

Coimbra (provincie Beira Litoral)

Voor 12-16 stuks

Toen de Romeinen nog een groot deel van Europa beheersten, grepen ze iedere gelegenheid aan om zich op mooie plaatsen te vestigen, en zo stichtten ze de stad Aeminium (het huidige Coimbra) aan de oevers van de Mondego. Er zijn nog belangrijke Romeinse restanten te zien, vooral in het naburige Conimbriga, waaraan Coimbra zijn huidige naam ontleent. De stad heeft ook een van de oudste universiteiten van Europa (in 1308 gesticht), en was meer dan een eeuw lang de hoofdstad van het land op aanwijzing van Afonso Henriques, die in 1140 de eerste koning van Portugal werd. Historisch en cultureel is Coimbra dus een opmerkelijke stad en zelfs een van de interessantse en belangrijkste steden van Portugal. De vele kloosters brachten allerlei originele gerechten voort die nog steeds worden klaargemaakt, zoals deze heerlijke broodjes.

Deeg

200 g bloem

110 g koude boter

1 ei, losgeklopt

Vulling

200 g suiker

110 g gemalen amandelen

7 eierdooiers, goed losgeklopt

Werk de bloem met uw vingertoppen door de koude boter en voeg zo veel ijswater toe dat een plooibaar deeg ontstaat. Leg het afgedekt op een koele plaats of in de koelkast terwijl u de vulling maakt.

Kook de suiker met wat water tot een dikke stroop. Voeg de amandelen en dooiers toe en laat het mengsel al roerend binden. Laat het afkoelen.

Rol het deeg tot een dikte van 3 mm uit, steek er rondjes van 7½ cm doorsnee uit en verdeel er de vulling over. Bevochtig de randen, vouw het deeg over de vulling zodat halvemaantjes ontstaan, en druk de randen goed aan. Bestrijk ze met losgeklopt ei, leg ze op ingevette bakplaten en laat ze in een tot 200 °C (stand 6) voorverwarmde oven goudbruin worden. Bestrooi ze ten slotte met suiker.

Pasteis de Vila Real

Rissoles uit Vila Real

Provincie Trás-os-Montes

Voor 12-16 stuks

Vila Real is een van de belangrijke noordelijke steden in het binnenland en bovendien de geboorteplaats van Diogo Cão, een vooraanstaand zeeman die in 1482 de Afrikaanse kust bevoer en deze gebieden als eerste markeerde met stenen monumenten (*padrões*) als bewijs dat de Portugezen er geweest waren: 'Hier arriveerden de schepen van de geleerde koning van Portugal.' De monumenten bij de watervallen van de Zaïre markeerden de eerste Europese contacten met de Kongo.

Veel later (in 1895, om precies te zijn) werd in de kloof van de Corgo bij Vila Real een waterkrachtcentrale gebouwd, waardoor deze stad de eerste in Portugal was met elektriciteit.

De hieronder beschreven rissoles komen, voorspelbaar genoeg, uit een klooster. U kunt ze frituren of bakken en er bestaan allerlei versies van, maar de onderstaande is opvallend verfijnd.

Deeg

75 g boter, reuzel of margarine
225 g bloem
1 ei, losgeklopt
½ theelepel zout

Vulling

175 g suiker
1 middelgrote appel, geraspt
60 g gemalen amandelen
3 eierdooiers
½ theelepel kaneel
zo nodig 1 dunne snee vers wittebrood, verkruimeld

Maak eerst het deeg. Werk de boter met uw vingertoppen door de bloem. Voeg het ei, wat koud water en zout toe. Kneed goed en bestuif het deeg met bloem als het te kleverig blijft. Het moet heel elastisch en glad zijn. Maak er een bal van en leg het een uurtje op een koele plaats.

Maak intussen de vulling. Kook de suiker met wat water tot 'kleine draad' (zie blz. 37). Voeg de appel en amandelen toe, roer goed en laat een heel dik mengsel ontstaan. Laat het afkoelen en roer er eerst een voor een de dooiers en dan de kaneel door. Zet de pan weer op het vuur en laat het mengsel al roerend binden. Als het iets vochtig blijft, voegt u het broodkruim toe. Roer alles weer dooreen en zet het vuur uit.

Rol het deeg op een met bloem bestoven werkvlak tot een dikte van 3 mm uit.

Steek er rondjes van 7½ cm doorsnee uit en verdeel daarover de vulling (ca. 2 theelepels per rondje). Vouw het deeg over de vulling, zodat halvemaantjes ontstaan, en druk de randen met een vork dicht. Leg ze op ingevette bakplaten en laat ze in een tot 200 °C (stand 6) voorverwarmde oven goudbruin worden. Bestrooi ze meteen na het bakken met suiker.

U kunt ze ook frituren, maar in de oven barsten ze minder snel.

Queijadas da Beira

Kaastaartjes uit Beira

Voor 24-30 stuks

De meeste Portugese streken hebben hun eigen kaastaartjes van verse *requeijão* of soortgelijke verse kaas.

200 g verse requeijão (zie blz. 35)
4 eieren
200 g suiker
60 g maïzena

Zeef de kaas en roer hem grondig door de eieren en suiker. Voeg de maïzena toe en roer grondig. Verdeel de massa over kleine gebak- of pasteivormpjes, die goed beboterd moeten zijn. Zet ze 20 minuten in een tot 200 °C (stand 6) voorverwarmde oven of totdat ze goudbruin zijn. Laat ze een beetje afkoelen en haal ze voorzichtig uit de vormpjes.

Queijadas do Pereiro

Kaastaartjes op de wijze van Pereiro

Provincie Beira
Voor 24 stuks

Deeg

225 g bloem
1½ eetlepel gesmolten boter
½ koffielepel zout

Vulling

200 g verse requeijão (zie blz. 35) of soortgelijke kaas
5 eierdooiers
200 g suiker

Maak een kuiltje in het midden van de bloem en doe er wat lauw water, de boter en het zout in. Kneed goed en voeg zo nodig nog wat water toe. Het deeg moet soepel zijn. Laat het 45-60 minuten afgedekt rusten. Roer intussen een zachte pasta van kaas, dooiers en suiker. Rol het deeg tot een dikte van 3 mm uit. Beboter geribbelde pasteivormpjes en bekleed ze met deeg. Vul ze met het kaasmengsel en zet ze 15-20 minuten in een tot 200 °C (stand 6) voorverwarmde oven of totdat ze goudbruin zijn. Laat ze tot lauw afkoelen en haal ze uit de vormpjes. Geef ze koud bij de thee of koffie.

Covilhetes de leite

Melktaartjes uit de Azoren

Voor 24 stuks

Deeg

200 g bloem
2 eetlepels boter
1 eetlepel reuzel
mespunt zout
water

Vulling

6 dl melk
225 g suiker
4 eierdooiers plus 2 hele eieren
1 eetlepel bloem
1 theelepel kaneel

Maak een kuiltje in de bloem voor het deeg, doe er boter, reuzel en zout in en voeg zo veel lauw water toe dat u er een soepel deeg van kunt kneden. Laat het rusten.

Kook intussen de melk met de suiker met een derde in. Haal het mengsel van het vuur en laat het afkoelen. Maak van bloem en een beetje melk een papje en giet het met de dooiers, de eieren en de kaneel bij de ingekookte melk. Roer goed. Rol het deeg tot een dikte van 3 mm uit en bekleed er ingevette pasteivormpjes mee. Giet er de vulling in en zet ze 20-25 minuten in een tot 190 °C (stand 5) voorverwarmde oven of totdat ze goudbruin zijn. Dien ze koud op.

Fofas do Faial

Soesjes uit Faial

Azoren

U kunt deze soesjes vullen met custard of chantilly (zie blz. 233), maar ze zijn ook ongevuld lekker. Op de Azoren zijn ze een traditioneel carnavalsgebak.

3 dl vloeistof (half melk, half water)
100 g boter
30 g suiker
2 eetlepels venkel- of anijszaad
1 koffielepel zout
350 g bloem
10 eieren

Breng de vloeistof met de boter, suiker, venkel- of anijszaadjes en zout in een grote pan aan de kook. Roer er in één keer de bloem door, zet het vuur lager en roer er een gladde massa van die loslaat van de pan. Zet het vuur uit en laat de massa een beetje afkoelen. Roer er een voor een krachtig de eieren door en voeg het volgende pas toe als het vorige volledig is opgenomen. Het beslag moet de consistentie van dikke meringue krijgen. Zodra die fase bereikt is, voegt u geen eieren meer toe, maar als het beslag na het laatste ei nog te stijf is, roert u er nóg een door – hoewel dat niet nodig zou moeten zijn. Maak er op ingevette bakplaten bergjes ter grootte van een pingpongbal van en zet ze in een tot 210 °C (stand 7) voorverwarmde oven totdat ze gerezen en goudbruin zijn. Laat ze afkoelen en vul ze bijvoorbeeld met stijfgeklopte slagroom met suiker, chantilly of dikke custard.

Tarte de amendoa

Amandeltaart

Estremadura
Voor 6-8 personen

Dit heerlijke nagerecht krijgt u soms in Portugese restaurants of op recepties voorgezet.

Deeg

200 g bloem
100 g zachte boter
1 groot ei
100 g suiker
mespunt zout

Vulling

100 g gepelde amandelen, in de lengte in stukjes gesneden
100 g suiker
4 eetlepels melk
100 g boter

Maak snel een deeg van alle ingrediënten en spreid het over de bodem van een ingevette taartvorm uit. Bak het 15 minuten blind in een tot 200 °C (stand 6) voorverwarmde oven of totdat het goudbruin is.

Breng intussen alle ingrediënten voor de vulling aan de kook en laat ze wat inkoken. Spreid de massa gelijkmatig over de voorgebakken bodem uit en zet de taart ca. 5 minuten in een tot 210 °C (stand 7) voorverwarmde oven of totdat de bovenkant droog is.

Tarte de maça e creme

Appeltaart

Lissabon en omstreken
Voor 6-8 porties

Deze taart is een prima onderdeel van een koud buffet of bijzondere maaltijd.

Deeg

175 g bloem
90 g boter
mespunt zout

Vulling

500 g goudrenetten (of Cox)
3 dl melk
4 eetlepels suiker
2 eieren
1 eetlepel bloem

Maak eerst het deeg: kneed van de bloem, boter, het zout en wat koud water een zacht, niet meer kleverig deeg. Laat het een halfuur op een koele plaats rusten. Schil intussen de appels, ontdoe ze van hun klokhuis en snijd ze in heel dunne plakjes. Rol het deeg uit en bekleed er een beboterde flanvorm mee. Leg er in nette cirkels de appels op en zet de taart ca. 25 minuten in een tot 180 °C (stand 4) voorverwarmde oven. Roer intussen grondig alle andere ingrediënten voor de vulling dooreen. Haal de taart uit de oven, giet de vulling over de appels en zet de taart nog 20 minuten in de oven of totdat de vulling goudbruin en goed opgesteven is. Geef de taart koud of nog warm, met of zonder room.

Klein gebak

Tigeladas de Abrantes

'Komvol' uit Abrantes

Provincie Ribatejo

Voor 24 stuks

Abrantes was in de achttiende en negentiende eeuw beroemd om zijn zijdeproductie maar tegenwoordig vanwege dit gebak. Het is ook buiten Abrantes in goede banketbakkerijen te koop.

4½ dl melk
6 eieren
200 g suiker
60 g bloem
mespunt zout

Klop alle ingrediënten met een garde minstens 25 minuten (met een elektrische mixer duurt het ca. 8 minuten). Verwarm intussen aardewerk kommetjes in de oven, ingesteld op 200 °C (stand 6); u hoeft ze niet te beboteren. Zet ze liefst op een bakplaat of in een braadslee; dan brandt u zich bij het vullen niet zo gauw. Vul ze met een soeplepel. Laat ze in 15-20 minuten opstijven; de bovenkant moet bruine vlekjes vertonen. Haal ze direct uit de kommetjes en geef ze koud bij de koffie of thee.

Bolos de São Gonçalo

São Gonçalo-gebak

Provincie Beira Litoral

Voor ca. 24 stuks

Veel populaire heiligen hebben hun feestdag op de datum van oude vruchtbaarheidsriten. Sint-Gonçalo is een van hen, maar niemand weet waarom. Hij was de architect die in de dertiende eeuw de naar hem genoemde elegante brug in Amarante bouwde. Dat behaaglijke, schilderachtige stadje is door de Romeinen gesticht. Aan het einde van de eerste week in juni en op 11 januari vinden zowel daar als in Gaia (dat tegenover Oporto ligt en beroemd is om de vele portkelders langs de hoofdstraten) half christelijke, half heidense feesten plaats ter ere van Sint-Gonçalvo, die minnaars zoekt voor oude vrijsters. De inwoners vieren zijn feesten met pelgrimages, luidruchtige kermissen, dansen, zingen en suggestief uitziend gebak. Het echte São Gonçalo-gebak heeft namelijk de vorm van een fallus, maar daarvoor hebt u langwerpige vormpjes nodig. Neem bij gebrek daaraan gewone pasteivormpjes.

5 eieren, gesplitst
200 g suiker
175 g boter
1 eetlepel likeur of cognac
200 g bloem
mespunt zout
1 theelepel bakpoeder

Roer de dooiers door de suiker, voeg de zachte boter en de alcohol toe en roer alles tot een schuimige massa. Klop de eiwitten stijf en spatel ze erdoor. Meng de bloem met zout en bakpoeder en voeg ook dat mengsel toe. Giet het beslag in goed ingevette pasteivormpje en zet ze ca. 25 minuten in een tot 190 °C (stand 5) voorverwarmde oven of totdat ze goudbruin zijn.

Bolos podres do Natal

Verrot kerstgebak

Provincie Ribatejo
Voor 36 stuks

Portugal kent talrijke recepten voor 'verrot gebak'. Die eigenaardige naam slaat op de donkere kleur en de zwaarte. Ze zijn altijd rijk aan specerijen en bevatten meestal olijfolie en honing of bruine suiker. Dit gerecht past de 'heet water'-methode toe en de consistentie lijkt op die van een pudding.

5 eetlepels water
2¼ dl olijfolie
1 theelepel gemalen anijszaad
1 theelepel kaneel
450 g bloem
200 g bruine basterdsuiker
poedersuiker

Breng in een pan het water met de olie en specerijen aan de kook. Meng intussen de bloem met de suiker en giet er het vocht over. Meng grondig en maak er kleine piramides van (4 cm breed en ca. 6 cm hoog). Zet ze 15 minuten in een tot 210 °C (stand 7) voorverwarmde oven. Laat ze afkoelen en bestrooi ze met gezeefde poedersuiker.

Variant: Doe ½ koffielepel gemalen kruidnagel bij het deeg en leg voor het bakken op elke piramide een amandel.

Broas de Bombarral

Kerstgebak uit Bombarral

Provincie Estremadura
Voor 48 stukes

Bombarral dateert uit de dertiende eeuw en is opmerkelijk vanwege zijn betegelde kerken en openbare gebouwen. *Pão-de-ló* (zie blz. 217) is een van de specialiteiten, maar deze *broas* gelden terecht als het beste gebak van de stad.

500 g suiker
700 g zoete-aardappelpuree
mespunt zout
1 eetlepel kaneel
1 eetlepel gemalen anijszaad
rasp van 1 citroen
500 g middelgrof maïsmeel
losgeklopt ei

Kook de suiker en wat water (genoeg om de suiker in op te lossen) tot 'draad' (zie blz. 37). Roer er de puree door en laat het geheel al pruttelend dik worden.

Roer het zout, de specerijen, en de citroenrasp door het meel en giet er het hete mengsel bij. Meng goed en laat het tot de volgende dag afgedekt staan.

Bestuif uw handen met bloem en vorm er ovale koekjes van met een maximale breedte van 2½ cm en een dikte van ruim 1 cm. Knijp in de uiteinden, zodat ze op bladeren gaan lijken. Bestrijk ze met losgeklopt ei. Leg ze op met olie (niet noodzakelijk olijfolie) bestreken bakplaten en zet ze 15 minuten in een tot 210 °C (stand 7) voorverwarmde oven of totdat ze goudbruin zijn.

Broas castelares

Kasteelkoekjes

Provincie Estremadura
Voor 16-20 stuks

Dit zijn koekjes voor de kersttijd, maar in Lissabon en de hele provincie Estremadura worden ze al ruim voor en nog ruim na die periode verkocht.

200 g zoete-aardappelpuree
100 g amandelen
100 g suiker
1 groot ei
2 eetlepels bloem
2 eetlepels fijn maïsmeel
rasp van 1 kleine sinaasappel
rasp van 1 kleine citroen
losgeklopt ei

Kook zoete aardappels in water gaar, schil ze, pureer ze en meet de juiste hoeveelheid af. Roer er de amandelen en suiker door. Breng alles al roerend aan de kook om wat vocht te laten verdampen. Haal de pan van het vuur en roer er grondig de rest van de ingrediënten door (behalve het losgeklopte ei). Laat het mengsel afkoelen en modelleer ovale koekjes van hoogstens 2½ cm breed en ruim 1 cm dik. Knijp in de uiteinden, zodat ze op bladeren gaan lijken. Bestrijk ze met losgeklopt ei en zet ze 15 minuten in een tot 210 °C (stand 7) voorverwarmde oven of totdat ze goudbruin zijn.

Bolos de coco

Kokoskoekjes

Voor ca. 24 stuks

200 g gedroogde kokos
200 g suiker
1 theelepel bloem
3 grote eieren

Meng alle ingrediënten grondig en modelleer ronde koekjes van ca. 4 cm doorsnee. Leg ze op goed beboterde en met bloem bestoven bakplaten en zet ze 10-12 minuten in een tot 210 °C (stand 7) voorverwarmde oven of totdat ze goudbruin zijn.

U kunt deze koekjes ook de vorm van bergjes of piramides geven.

Gefrituurd gebak

Sonhos

Dromen

Voor 24 stuks

Sonhos lijken op kleine doughnuts maar hebben een veel lichtere structuur. Portugal kent veel variaties op dit thema. In het algemeen gesproken zijn ze voor de kersttijd bedoeld, maar omdat ze zo lekker en populair zijn, worden ze ook in andere tijden van het jaar gegeten. Sommige gespecialiseerde banketbakkerijen maken ze elke dag vers. In de nu volgende versie is sinaasappel verwerkt.

1½ dl water
1 eetlepel boter
mespunt zout
150 g bloem
sap van 3 middelgrote sinaasappels
4 eieren
frituurolie
175 g suiker

Breng het water met boter en zout aan de kook. Roer er met een houten lepel de bloem door totdat een bal ontstaat. Leg het deeg in een kom en laat het iets afkoelen. Roer er een kwart van het sinaasappelsap en een voor een de eieren door. Blijf roeren om zoveel mogelijk lucht in het deeg te werken. Frituur het met eetlepels tegelijk in de hete olie goudbruin en laat ze op keukenpapier uitlekken. Breng het water met de rest van het sap en de suiker aan de kook en laat alles *op laag vuur* 2 minuten pruttelen. Laat deze stroop afkoelen, haal de *sonhos* erdoor en dien ze op.

Variant: U kunt ze na het frituren ook met suiker en kaneel bestrooien en ze niet door de stroop halen.

Bolinhos de jerimu de Viana

Pompoenkoekjes

Provincies Minho en Douro Litoral
Voor 24 stuks

Het normale Portugese woord voor pompoen is *abóbora* maar in sommige noordelijke streken zegt men *jerimu*. Deze koekjes zijn voor de kersttijd bedoeld en ontstonden in de mooie stad Viana do Castelo (Minho), een paradijs voor liefhebbers van ambachtelijke producten. Zijn gastronomie is even rijk als zijn traditie op het gebied van sieraden van filigrein, zijn plaatselijke gebruiken, zijn borduurwerk, zijn keramiek en zijn architectuur.

300 g pompoenpuree
1 eetlepel bloem
4 eieren
½ theelepel zout
frituurolie
500 g suiker
kaneelstokje

Kook wat geschilde pompoen gaar, dep hem met een doek droog, pureer hem en meet 300 g puree af. (Verwerk de rest in een groentesoep.) Roer de bloem, de eieren en het zout door de puree en klop er een luchtig mengsel van. Leg met behulp van twee dessertlepels steeds beetjes ervan in de hete olie en frituur ze goudbruin; keer ze eenmaal en laat ze op keukenpapier uitlekken. Kook een stroop van de suiker, de kaneel en genoeg water om de suiker op te lossen; laat de stroop 1 minuut pruttelen. Verwijder het kaneelstokje, leg de koekjes in de stroop en breng alles weer een minuutje tegen de kook aan. Haal de koekjes er met een schuimspaan uit en laat ze in een schaal afkoelen. Giet de rest van de stroop later over de koekjes om ze vochtig te houden. Als u ze voor Kerstmis maakt, doe dat dan een week tevoren, want ze zijn na een paar dagen het lekkerst.

Variant: Laat de stroop weg en bestrooi de koekjes heel royaal met suiker en kaneel.

Recheios of Azevias de batata doce

Zoete-aardappelbeignets

Voor 30 stuks

Deze heerlijke beignets zijn echt iets voor Kerstmis en worden gefrituurd, net als veel andere gerechten voor dat jaargetijde. Zoete aardappel is een ongewone maar mooie gebakvulling, die u echter ook als nagerecht kunt geven.

Deeg

15 g boter
30 g reuzel
350 g bloem
½ koffielepel zout
frituurolie

Vulling

500 g zoete aardappels
300 g suiker
1 kaneelstokje
suiker en kaneel

Maak eerst de vulling. Kook de zoete aardappels in de schil gaar. Schil ze en werk ze door een zeef. Roer er de suiker door en breng ze met het kaneelstokje aan de kook. Laat ze al roerend op laag vuur heel dik worden. Haal het kaneelstokje eruit en laat de massa afkoelen.

Maak intussen het deeg (dat heel geschikt is om te frituren). Werk de boter en reuzel met uw vingertoppen door de bloem. Maak een kuiltje in het midden, doe er het zout in en voeg zo veel water toe dat u er een soepel deeg van kunt kneden. Kneed 15 minuten grondig en maak er een bal van. Dek het met een droge en een vochtige doek af en laat het 45-60 minuten rusten. Rol het tot een dikte van 3 mm uit. Steek er rondjes uit van 10 cm doorsnee. Leg steeds 1 theelepel vulling in het midden van elk rondje, vouw het deeg eroverheen en druk de randen aan.

Frituur de halvemaantjes met drie of vier tegelijk (afhankelijk van het formaat van de pan); keer ze eenmaal en bak ze goudbruin. Laat ze op keukenpapier uitlekken en bestrooi ze royaal met een mengsel van 2 delen suiker op 1 deel kaneel.

Deze beignets zijn heerlijk bij de koffie of thee. Ze zijn op de dag zelf het lekkerst maar ook een dag of twee later nog prima te eten – als ze er dan tenminste nog zijn!

Pasteis de grão do convento de Santa Clara, Évora

Kikkererwtenbeignets uit het klooster van Santa Clara

Provincie Alentejo
Voor 18 stuks

De Romeinen, Zwaben, Visigoten, moren en veel Portugese koningen hebben in Évora hun sporen nagelaten. Met zijn oude monumenten, kloosters, prachtige gebouwen en Romeinse overblijfselen (zoals de tempel van Diana) is het nog steeds een van de aantrekkelijkste, intellectueelste en belangrijkste Portugese steden.

Deeg

200 g bloem
mespunt zout
1 eierdooier
1 eetlepel olijfolie
frituurolie

Vulling

200 g suiker
150 g kikkererwtenpuree
100 g gemalen amandelen
60 g boter
½ theelepel kaneel
5 eierdooiers

Maak eerst het deeg. Maak een kuiltje in het midden van de bloem en doe er het zout, de dooier, de olie en ca. ½ dl lauw water in. Kneed er een soepel deeg van; voeg zo nodig nog wat water toe. Laat het afgedekt 45-60 minuten rusten.

Kook voor de vulling een 'gladde' stroop (zie blz. 37) van de suiker en net genoeg water om de suiker erin op te lossen. Haal de stroop van het vuur en roer er de puree, gemalen amandelen, boter en kaneel door. Breng alles weer tegen de kook aan en laat het 5 minuten al roerend pruttelen. Haal de pan van het vuur en roer er de dooiers door. Breng alles weer even tegen de kook aan en roer voortdurend. Laat de vulling afkoelen.

Rol het deeg tot een dikte van 3 mm uit en steek er rondjes uit van 10 cm doorsnee. Verdeel er de vulling over, vouw er het deeg overheen en druk de randen met een vork goed aan. Leg de beignets voorzichtig in de hete olie en frituur ze goudbruin; keer ze eenmaal. Laat ze op keukenpapier uitlekken, bestrooi ze met suiker en geef ze lauw of koud bij de koffie of thee.

Filhós de Natal

Gefrituurde kerstkoekjes

Voor ca. 48 stuks

In heel Portugal bestaan talloze soorten gefrituurd gebak, vooral voor de kersttijd. *Filhós* zijn een van de traditioneelste koekjes.

500 g pompoen
1 kg bloem
4 eetlepels cognac of iets dergelijks
15 g verse gist
1 theelepel bakpoeder
1 koffielepel kaneel
rasp van 1 kleine citroen
frituurolie
mengsel van 2 delen suiker en 1 deel kaneel (of honingstroop; zie onder)

Schil de pompoen en kook hem met een minimum aan water gaar. Laat hem niet al te gaar worden, laat hem uitlekken (bewaar het kookvocht) en pureer hem. Doe de bloem in een kom en maak een kuiltje in het midden. Doe er de puree in en kneed er met wat kookvocht een puree van. Voeg alle andere ingrediënten (behalve de twee laatste) toe en kneed er in minstens 30 minuten een licht en luchtig deeg van. Het moet glad en elastisch zijn; voeg zo nodig nog wat lauw water toe. Leg er een doek en een deken op en laat het op een warme plaats rijzen. Als het volume verdubbeld is, verhit u de olie in een diepe frituurpan. Vorm met twee lepels eivormige koeken en laat ze een voor een in de olie glijden. Frituur ze goudbruin, laat ze uitlekken en bestrooi ze royaal met suiker en kaneel, maar sommige mensen overgieten ze liever met een lichte honingstroop (even opgekookte honing met wat water).

Filhós de Natal do Ribatejo

Gefrituurde kerstkoekjes uit Ribatejo

Voor 36-48 stuks

300 g wit brooddeeg
100 g suiker
2 eetlepels cognac
400 g pompoenpuree (zie het vorige recept)
500 g bloem
3 eieren
1½ sinaasappel, sap en geraspte schil
frituurolie
kaneel en suiker

Meng het brooddeeg met de suiker, cognac en pompoenpuree. Maak er een zacht deeg van en voeg ook wat kookvocht van de pompoen toe. Kneed er afwisselend de bloem, eieren en de sinaasappel door en voeg zo nodig nog wat vloeistof toe, maar altijd met kleine beetjes tegelijk, hoewel het een zacht deeg moet worden. Bewerk het minstens 30 minuten uit alle macht; het moet luchtig zijn. Leg er een deken op en zet het op een warme plaats totdat het tot tweemaal zijn volume gerezen is. Verhit de olie en frituur steeds lepels deeg goudbruin. Bestrooi ze met het mengsel van suiker en kaneel.

Orelhas de abade

Abtenoren

Noordelijke provincies
Voor 24 stuks

Dit typische kerstgerecht uit de noordelijke provincies Trás-os-Montes en Alto Douro is heel simpel en makkelijk te maken. In dat jaargetijde worden heel veel zoete hapjes gefrituurd, en Ramalho Ortigão schrijft erover in *As farpas*: '...de "abtenoren" waren uit de frituurpan gehaald en werden in piramides op grote schalen gelegd.'

200 g wit brooddeeg
suiker en kaneel
frituurolie

Kneed het deeg opnieuw. Rol kleine stukjes op een met bloem bestoven plank heel dun uit en spreid ze met uw vingers nog verder uit. Snijd er oorvormige stukjes uit en frituur ze in hete olie (180 °C) goudbruin; keer ze eenmaal. Laat ze op keukenpapier uitlekken en haal ze door een mengsel van 2 delen suiker en 1 deel kaneel. Eet ze liefst dezelfde dag.

Fritos de batata

Gefrituurde zoete aardappel

Madeira
Voor ca. 18 stuks

In Madeira worden deze *fritos de batata* veel als tussendoortje en nagerecht gegeten. Ze zijn warm even lekker als koud.

500 g zoete aardappels
100 g bloem
1¾ dl licht bier
1 groot ei, losgeklopt
mespunt zout
frituurolie
suiker en kaneel

Kook de zoete aardappels in de schil gaar. Schil ze en snijd ze in dikke plakken. Maak een beslag van bloem, bier, ei en zout en klop het schuimig. Haal de plakken aardappel door dit beslag. Verhit de olie tot 180 °C en frituur de plakken aardappel goudbruin; keer ze eenmaal. Laat ze op keukenpapier uitlekken en bestrooi ze met suiker en kaneel naar smaak.

Fatias douradas of Rabanadas

Gouden plakken

Voor 8 stuks

Fatias douradas schijnen uit de provincie Minho te stammen maar ze worden tegenwoordig in het hele land veel gegeten. Er zijn natuurlijk allerlei versies. Soms worden ze met kaneel en suiker bestrooid, soms door de stroop of honing gehaald, enzovoorts. Maar ze zijn altijd even machtig als heerlijk.

Op de avond voor Kerstmis zijn *fatias douradas* het middelpunt van de sortering desserts na het traditionele avondmaal. Op de dag dat ze gebakken zijn, zijn ze het lekkerst, maar ik heb nog nooit gezien dat iemand ze weggooide, ook niet als de eerste sjeu eraf was.

Júlio Diniz laat in zijn *Morgadinha dos canaviais* levendig zien hoe belangrijk deze *fatias* op Kerstmis zijn. De mannelijke hoofdpersoon Henrique wil helpen bij het maken van de *rabanadas* en zegt dat tegen de vrouw die ze met honing overgiet. '"Weet je dan niet," zei ze, "dat *rabanadas* de essentie van de kerstmaaltijd zijn? Die kan ik toch niet aan je toevertrouwen?"' Nee, natuurlijk niet. Niemand zou ze in handen geven van gewoon maar een hulp, hoe bereidwillig die ook is.

400 g oud, compact wittebrood,
 in tamelijk dikke sneden
3 dl melk
5-6 eieren
mespunt zout
frituurolie
suiker met kaneel (2 delen suiker en
 1 deel kaneel) of stroop of honing

Neem er geen zacht en 'wattig' brood voor, want dat wordt te slap. Doe de melk in een kom en de losgeklopte eieren met het zout in een andere.

Roer om te beginnen 1 eetlepel kaneel door 100-150 g suiker (u kunt later zo nodig nog meer nemen; alles hangt af van de gulheid waarmee u de *fatias* bestrooit, maar wees vooral niet te zuinig). Of kook in een paar minuten een stroop van 200 g suiker en tweemaal zoveel water. Of maak een honingstroop van 1½ dl heldere honing en dezelfde hoeveelheid water; meng ze goed op laag vuur.

Week elke snee brood in de melk en haal hem direct door het ei; zorg dat het brood aan beide kanten goed bedekt wordt. Frituur de sneden in de hete olie goudbruin; keer ze eenmaal. Haal ze er met een schuimspaan uit en leg ze op een schaal. Afhankelijk van de grootte van de pan kunt u 2-3 sneden tegelijk frituren. Bestrooi de hete *fatias* met het suikermengsel of overgiet ze met de gekozen stroop. Dien ze daarna snel op of laat ze eerst afkoelen.

Varianten:
1. Een oud recept, dat in sommige delen van het land nog steeds in gebruik is, vervangt de stroop door 5 dl rode wijn, die met honing of suiker naar smaak en wat kaneel is opgekookt.
2. In een 'rijke' versie van *rabanadas* worden de door het ei gehaalde sneden 2 minuten per kant in een met citroen en kaneel op smaak gebrachte lichte stroop gekookt, en niet gefrituurd. Doe af en toe wat heet water bij de stroop om te voorkomen dat hij te dik wordt. De rest van de stroop wordt over de sneden gegoten zodra ze allemaal klaar zijn.

Koekjes

SS de Peniche

S-en uit Peniche

Provincie Estremadura
Voor ca. 30 stuks

Iemand in de mooie vissersplaats Peniche liet zich misschien inspireren door het kantwerk dat typisch is voor die streek, en wilde het ingewikkelde gedraai ervan namaken in de vorm van koekjes. Hoe dan ook, de naam S-en bestaat al heel lang. Ze hebben het voordeel dat er veel eiwitten in verwerkt worden, wat heel nuttig is omdat Portugezen zo veel dooiers verwerken. Bovendien zijn ze heel lekker en verfijnd, goed houdbaar en heerlijk bij de thee.

280 g suiker
5 eetlepels boter
280 g gemalen amandelen
5 eiwitten, stijfgeklopt
100 g bloem

Spatel de suiker, boter en amandelen door de eiwitten. Doe het mengsel in een pan op laag vuur en laat het al roerend aan de kook komen. Haal de pan van het vuur, laat het wat afkoelen en roer er grondig de bloem door. Breng het opnieuw aan de kook en laat het al roerend pruttelen totdat een stijf maar plooibaar mengsel is ontstaan. Bestrooi uw handen met suiker en modelleer de koekjes in de vorm van 2 S-en. Leg ze op beboterde en met bloem bestoven bakplaten en laat ze in een tot 190 °C (stand 5) voorverwarmde oven goudbruin worden (ca. 10 minuten). Haal ze met een paletmes voorzichtig van de platen.

Areias de Cascais

Zand uit Cascais

Voor ca. 36 stuks

Dit zijn heerlijke koekjes uit het mooie stadje aan de kust, Cascais, in de buurt van Lissabon.

1 eetlepel boter
175 g reuzel
300 g bloem
100 g suiker
½ koffielepel kaneel
rasp van ½ kleine citroen

Werk de boter en reuzel met uw vingertoppen door de bloem en voeg dan de suiker, kaneel en citroenrasp toe. Bestuif uw handen met bloem en maak er walnootgrote koekjes van. Leg ze op ingevette en met bloem bestoven bakplaten en laat ze in een tot 190 °C (stand 5) voorverwarmde oven net goudbruin worden (10-15 minuten). Rol ze door suiker om de indruk te wekken dat ze met zand bedekt zijn. Laat ze afkoelen en bewaar ze in blikken.

Bolos de pinhões

Pijnboompitkoekjes

Provincie Beira Litoral
Voor 36 stuks

Overal in Portugal groeien pijnbomen, en er is dus een overvloed aan pijnboompitten. Ze worden ook in deze koekjes verwerkt, hoewel de meeste pijnboompitten zo gegeten worden en niet in de keuken worden gebruikt.

150 g maïzena
100 g bloem
200 g pijnboompitten, grof gemalen (laat er een stel heel)
100 g gesmolten boter
150 g suiker
4 grote eieren
½ koffielepel kaneel
mespunt zout

Meng alle ingrediënten, behalve het handje hele pijnboompitten. Maak er met behulp van uw hand en een lepel koekjes van en leg er steeds een paar hele pijnboompitten op. Leg ze op beboterde en met bloem bestoven bakplaten en zet ze

12-15 minuten in een tot 210 °C (stand 7) voorverwarmde oven of totdat ze goudbruin zijn.

Broodjes

Arrufadas de Coimbra

Broodjes uit Coimbra

Provincie Beira Litoral
Voor ca. 18 stuks

Elke bezoeker aan de oude universiteitsstad Coimbra hoort deze heerlijke broodjes te proeven. Ze zijn de bekendste specialiteit van de stad en worden het hele jaar door gegeten.

15 g verse gist
4 eetlepels lauwe melk
700 g bloem
175 g suiker
1 theelepel kaneel
mespunt zout
3 grote eieren, losgeklopt
100 g zachte boter

Los de gist op in de lauwe melk en roer het papje door de bloem. Voeg suiker, kaneel, zout en eieren toe. Kneed, voeg de boter toe en kneed opnieuw heel grondig. Doe er nog wat lauwe melk bij als het deeg te hard blijft (het moet op brooddeeg lijken). Laat het afgedekt tot de volgende dag liggen.

Beleg bakplaten met ingevet bakpapier. Vorm ronde koekjes van 6-7 cm doorsnee en laat ze ½ uur rusten. Bestrijk ze met melk en bak ze in een tot 210 °C (stand 7) voorverwarmde oven goudbruin.

Fogaças doces de Pombal

Zoete broodjes uit Pombal

Provincie Beira Litoral
Voor ca. 20 stuks

Deze broodjes van gistdeeg zijn heel lang houdbaar. De naam *fogaça* dekt alle mogelijke regionale versies en er zijn zelfs hartige *fogaças* (zie blz. 139), maar allemaal zijn ze bedoeld voor godsdienstige feesten. Deze zoete broodjes komen uit de oeroude stad Pombal ten zuiden van Coimbra.

Het verhaal gaat dat een rijke vrouw die Fogaça heette, de Heilige Maagd vroeg de stad te redden van een sprinkhanenplaag die alle gewassen verwoestte (iets dat in de twaalfde eeuw inderdaad heeft plaatsgevonden). Toen de sprinkhanen verdwenen, bakte ze koeken die ze als dank aan de priester gaf. De koeken kregen later haar naam, en dat is altijd zo gebleven. Maar het is heel goed mogelijk dat het woord al in de Romeinse tijd bestond, want in Italië is *focaccia* nog steeds een plat brood dat in de kersttijd gebakken wordt.

500 g bloem
15 g verse gist
1½ dl lauwe melk (of iets meer)
4 eetlepels reuzel
100 g zachte boter
mespunt zout
1 eetlepel gemalen anijszaad
60 g suiker
3 grote eieren
losgeklopt ei

Maak eerst het gistdeeg. Meng een derde van de bloem met de verkruimelde gist en de helft van de melk. Houd het mengsel afgedekt apart.

Doe weer een derde van de bloem in een kom, maak een kuiltje in het midden en doe er reuzel, boter, zout, melk, anijszaad en suiker in. Meng alles goed. Voeg het gistdeeg toe en kneed 10 minuten heel grondig. Voeg een voor een de eieren toe, afgewisseld met de rest van de bloem, en blijf kneden. Het deeg mag niet meer aan de kom kleven. Maak er een bal van, dek het met een doek en een deken af en laat het op een warme plaats rijzen.

Rol het tot een dikte van 2½ cm uit, neem steeds een stuk en modelleer er cirkels en hoefijzers van. Bestrijk ze met losgeklopt ei, leg ze op beboterde bakplaten en laat ze weer 45-60 minuten op een warme plaats rijzen. Zet ze 35-40 minuten in een tot 190 °C (stand 5) voorverwarmde oven of totdat ze goudbruin zijn.

Regueifas

Zoete broodjes

Provincie Minho
Voor 18 middelgrote broodjes

Deze broodjes van gistdeeg met eieren en kaneel zijn vaste prik op elk plattelandsfeest omdat ze de paar dagen van zo'n feest goed blijven.

½ koffielepel saffraan
1 koffielepel kaneel
15 g verse gist
mespunt zout
1 koffielepel bakpoeder
550 g bloem
100 g suiker
60 g boter, gesmolten
2 hele eieren plus 3 dooiers
gesmolten boter

Roer de saffraan en kaneel door wat lauw water. Verkruimel de gist, voeg lauw water, zout en bakpoeder toe en werk er 100 g bloem door. Laat het 1½ uur afgedekt op een lauwe plaats staan. Roer de 60 g boter, suiker, de eieren, de dooiers en het specerijenmengsel grondig dooreen. Doe de rest van de bloem in een kom, maak een kuiltje in het midden en doe er het gistdeeg in. Voeg het eiermengsel toe en kneed er een soepel deeg van. Leg het afgedekt op een warme plaats totdat het volume verdubbeld is. Bestuif uw handen met bloem en modelleer broodjes in allerlei vormen. Laat ze weer een tijdje rijzen. Bak ze in een tot 210 °C (stand 7) voorverwarmde oven goudbruin (de tijd hangt van de grootte van de broodjes af). Bestrijk ze nog warm met gesmolten boter.

Bolos dos santos

Allerheiligenbroodjes

Provincie Beira Baixa
Voor 12-18 stuks

Allerheiligen (1 november) wordt in heel Portugal (maar vooral op het platteland) met familiebijeenkomsten gevierd, en dan komen gebak en kastanjes op tafel. Het feest heeft ook een trieste toets; de volgende dag, Allerzielen, werpt zijn schaduw vooruit, want dan gaat de hele familie naar het kerkhof om de doden te gedenken.

30 g verse gist
450 g bloem
mespunt zout
3 eieren
60 g gesmolten reuzel
90 g suiker
1 eetlepel kaneel
1 eetlepel gemalen anijszaad
laatste hand: losgeklopt ei en suiker

Verkruimel de gist en los hem in 4 eetlepels warm water op. Doe de bloem in een warme kom, maak een kuiltje in het midden en doe er de gist en wat zout in. Meng, voeg alle andere ingrediënten toe (behalve de twee laatste) en kneed er een soepel deeg van dat op brooddeeg lijkt; voeg zo nodig nog wat lauw water toe. Laat het afgedekt op een warme plaats 45-60 minuten rijzen. Maak er bolletjes met een doorsnee van 5 cm van en leg ze op beboterde bakplaten. Laat ze op een warme plaats nog 10-15 minuten rusten. Bestrijk ze met losgeklopt ei, leg er steeds een bergje suiker op en zet ze 15-20 minuten in een tot 210 °C (stand 7) voorverwarmde oven of totdat ze mooi bruin zijn.

Bolinhos dos santos
Allerheiligenbroodjes

Provincie Beira Litoral

Voor ca. 30 stuks

35 g verse gist
250 g bloem
1 kg pompoen
500 g maïsmeel
250 g bruine suiker
2 grote eieren
2 eetlepels olijfolie
1 sinaasappel (sap en schil)
1 citroen (alleen de schil)
3 eetlepels cognac o.i.d.
1 eetlepel gemalen anijszaad
1 eetlepel kaneel
1 koffielepel zout
200 g zuidvruchten (gemengde noten, sultana's, enz., naar smaak)

Meng de verkruimelde gist met een beetje bloem en lauw water en laat het papje rusten. Kook de pompoen in zo weinig mogelijk water gaar; laat hem uitlekken en dep hem droog. Doe het maïsmeel in een warme kom en werk er de nog hete pompoen door. Voeg de bloem en het gistpapje toe. Kneed goed. Voeg de overige ingrediënten (behalve de zuidvruchten) toe en kneed er een echt elastisch, licht deeg van. Snijd de zuidvruchten in stukjes en werk ze door het deeg. Dek het af en laat het op een warme plaats rijzen totdat het volume verdubbeld is. Beboter bakplaten en modelleer koekjes van 4-5 cm doorsnee. Laat ze 15-20 minuten rusten en zet ze 15-20 minuten in een tot 210 °C (stand 7) voorverwarmde oven of totdat ze goudbruin zijn.

Bolos de Páscoa

Paasbroodjes

Provincie Trás-os-Montes

Voor 24-30 broodjes

Na de ontberingen van de vasten – die in afgelegen streken nog steeds werkelijkheid zijn – wordt dit lekkers dubbel lekker als het eenmaal Pasen is.

45 g verse gist
1 koffielepel zout
½ theelepel bakpoeder
1½ dl melk
1 eetlepel cognac o.i.d.
1 opgehoopte eetlepel kaneel
1½ dl olijfolie
350 g suiker
9 eieren
genoeg bloem voor het deeg

Verkruimel de gist en roer er een beetje lauw water door. Voeg zout, bakpoeder, melk, cognac, kaneel en olijfolie toe en roer goed. Klop de eieren los met de suiker en verwarm ze al roerend tot lichaamstemperatuur. Roer dit door het vorige mengsel en giet het geheel in een grote kom. Voeg beetje bij beetje de bloem toe en kneed totdat een soepel deeg is ontstaan (de hoeveelheid hangt van de soort af). Het moet op brooddeeg lijken en mag niet meer aan de kom kleven. Leg een deken op de kom en zet hem tot de volgende dag op een warme plaats.

Kneed het de volgende dag nog even door en maak er balletjes van (u mag de grootte zelf kiezen, maar 5 cm is een goed formaat). Leg ze op beboterde bakplaten, laat ze nog een uur staan en bak ze goudbruin in een tot 180 °C (stand 4) voorverwarmde oven. Ze worden mooier als u ze eerst met een mengsel van losgeklopt ei en melk bestrijkt.

Groot gebak

Pão-de-ló

Luchtig gebak

Voor 4-6 personen

De bekendste versies komen uit de noordelijke provincie Minho, Douro en Beira Alta, maar in het hele land bestaan ook andere recepten voor *pão-de-*

ló. Veel dorpen en stadjes in het noorden hebben hun eigen variant, en elke Portugese huisvrouw kan het maken. Dit is een van de geliefdste gebaksoorten en zal dat misschien wel altijd blijven. Vers wordt het zo gegeten, en als het oud wordt, dient het als basis voor pudding. Portugese banketbakkerijen en goede kruideniers verkopen het in zijn traditionele vorm: als ring, gewikkeld in het sterke, witte papier waarmee de vorm bekleed wordt voordat het in fabrieksovens gebakken wordt. Zelfgemaakte *pão-de-ló* wijkt altijd iets af van kant-en-klare – vanwege de oven of vanwege het recept. Maar het gebak is, ongeacht zijn herkomst, altijd lekker bij de thee.
Het geheim van een goede structuur schuilt in het grondige kloppen.

5 eieren
150 g suiker, volstrekt klontvrij
75 g zelfrijzend bakmeel, gezeefd
mespunt zout

Als u geen zin hebt om met de garde te kloppen, gebruik dan een elektrische mixer. De onderstaande tijden kunt u dan halveren.

Klop de eieren en suiker 20 minuten, voeg het bakmeel en zout toe en klop nog eens 15 minuten. Bekleed een ringvorm (doorsnee 18-20 cm) met beboterd bakpapier en doe het beslag erin. Zet het ca. 20 minuten in een tot 190 °C (stand 5) voorverwarmde oven of totdat het goudbruin is en veerkrachtig aanvoelt. Controleer de gaarte met een tandenstoker.

Varianten: 1. Een vederlicht *pão-de-ló* krijgt u op de volgende manier:

Voor 6 personen
5 eieren, gesplitst
200 g suiker
ca. 130 g fijn rijstmeel
1 theelepel bakpoeder

Klop de dooiers met de suiker minstens 10 minuten krachtig tot een wittige massa. Klop de eiwitten stijf en spatel de helft voorzichtig door de dooiers. Zeef het meel met het bakpoeder en spatel ze door het mengsel zonder echt te kloppen. Spatel er ten slotte de rest van de eiwitten door. Bak deze variant zoals in het basisrecept.

2 . Dit recept is een simpele variant. Ik heb het vaak met succes gebakken.

200 g suiker
4 eieren, gesplitst
4 eetlepels koud water
150 g bloem
1 theelepel bakpoeder

Klop de suiker door de dooiers zoals in variant 1. Voeg beetje bij beetje het water toe en blijf kloppen. Zeef de bloem met het bakpoeder, roer ze door het mengsel en spatel er ten slotte de stijfgeklopte dooiers door. Bak het zoals in het basisrecept.

Torta de Viano do Castelo

Rol uit Viana do Castelo

Provincie Minho

Voor 4-6 personen

Dit heerlijke gebak is maar een van de vele specialiteiten van Viana do Castelo. Deze 'prinses van de Lima', zoals de stad genoemd wordt, ligt aan de monding van de Lima en biedt vanaf de heuvel van Santa Luzia en de interessante basiliek een schitterend panorama. Een paar kilometer verderop ligt Ponte do Lima, een even mooie oude stad aan de oevers van dezelfde rivier.

3 grote eieren, gesplitst
200 g suiker
90 g bloem

vulling: goede jam of ovos moles (zie blz. 160)

Vet een rechthoekig bakblik van 23 x 31 cm in en bekleed het met beboterd bakpapier. Klop de dooiers grondig door de suiker. Klop de eiwitten stijf en spatel ze door de dooiers; voeg beetje bij beetje de gezeefde bloem toe. Blijf spatelen zonder te kloppen. Giet het beslag in het blik en bak het in een tot 230 °C (stand 8) voorverwarmde oven net goudbruin (7-10 minuten). Laat het niet te lang staan, want dan droogt het uit en breekt het bij het oprollen. Stort het gebak op een met suiker bestrooide theedoek. Spreid er snel de vulling over uit en rol het met behulp van de theedoek voorzichtig op. Snijd de randen bij en laat het op een rooster afkoelen.

Bolo rico de mel

Honingkoek

Madeira

Voor 10-12 personen

Deze zogenaamde honingkoek moet eigenlijk 'stroopkoek' heten, want de 'honing' komt van het suikerriet, niet uit de bijenkorf. Dit oeroude recept ontstond in de tijd toen de zwaarbeladen karvelen uit de Oriënt en Afrika de eerste specerijen en ongeraffineerde suiker naar het eiland brachten. Op Madeira begon de rietsuikerproductie bijna zodra het eiland Portugees bezit werd. Honingkoek is de traditioneelste en onweerstaanbaarste specialiteit van Madeira. Het is als kerstgebak bedoeld maar wordt het hele jaar gegeten en tegenwoordig ook naar Lissabon geëxporteerd, waar het op grote schaal verkocht wordt. Honingkoek is minstens een jaar houdbaar, maar zelfs oud en uitgedroogd blijft het met zijn volle, kruidige, lang talmende smaken heerlijk.

450 g bloem
15 g verse gist, gemengd met
110 g bloem
225 g suiker (hoe donkerder, hoe beter)
1 theelepel bakpoeder
2¼ dl keukenstroop
90 g reuzel
200 g boter
geraspte schil en sap van 1 middelgrote
sinaasappel
geraspte schil van 1 middelgrote citroen
225 g gestampte walnoten
150 g gemalen amandelen
110 g gedroogde pruimen zonder pit
60 g sukade
1 theelepel gemalen anijszaad
1 theelepel gemengde specerijen
1 theelepel kruidnagel
1 theelepel nootmuskaat
1 eetlepel kaneel
1 theelepel zout
garneren met: 1 handje hele amandelen

Maak een kuiltje in 110 g bloem, doe er de verkruimelde gist en wat lauw water bij en kneed er een zacht deeg van. Bestrooi het met wat bloem en laat het onder een doek op een warme plek tot de volgende dag rijzen.

Meng de rest van de bloem met suiker en bakpoeder en maak een kuiltje in het midden. Doe er het gistdeeg in en meng. Voeg afwisselend en beetje bij beetje de verwarmde stroop, gesmolten vetten, het sap en de rasp van de sinaasappel, de citroenrasp, de walnoten, de amandelen, de in stukjes gesneden pruimen, sukade, de verschillende specerijen en het zout bij en kneed heel grondig totdat het deeg niet meer aan de kom kleeft. Leg er eerst een doek en dan een deken op en laat het op een warme plaats met een constante temperatuur drie dagen rijzen.

Verwarm de oven voor tot 190 °C (stand 5). Verdeel het deeg intussen in vier porties en vet ronde bakblikken van 18 cm doorsnee royaal in. Het gebak rijst in de oven nauwelijks nog en u kunt de dikte schatten als u het deeg verdeelt: ca. 4 cm. Strijk de bovenkanten glad en garneer met cirkels amandelen. Zet ze 40-45 minuten in de oven of totdat een tandenstoker er weer droog uitkomt. Laat het gebak tot de volgende dag liggen om te zorgen dat het volledig is afgekoeld. Wikkel het dan in bakpapier of folie en bewaar het in blikken.

Bolo de frutas

Vruchtengebak

Madeira
Voor 6-8 personen

Net als de donkere, bijna zwarte en kruidige honingkoek hierboven is dit gebak op Madeira een kerstlekkernij. Het bevat alle traditionele zuidvruchten en noten die overal ter wereld voor kerstgerechten kenmerkend zijn.

100 g pitloze rozijnen of sultana's
60 g gemengde gekonfijte vruchten
60 g geschaafde amandelen
60 g gedroogde pruimen
rasp van 1 kleine citroen
½ koffielepel nootmuskaat
1 eetlepel kaneel
200 g bloem
1 eetlepel bakpoeder
200 g suiker
3 eetlepels zoete madera of port
1½ dl melk
3 grote eieren
200 g vet (een combinatie van iets meer boter dan reuzel)
2 eetlepels vloeibare honing

Meng alle noten, vruchten en specerijen goed met de bloem, het bakpoeder, de suiker en de madera of port. Voeg de melk en losgeklopte eieren toe. Smelt het vet en de honing en roer ze door het mengsel. Doe het in een rond, beboterd bakblik van 20 cm doorsnee en zet het 40-45 minuten in een tot 180 °C (stand 4) voorverwarmde oven of totdat het gebak goudbruin en stevig is. Controleer de gaarte met een tandenstoker.

Dit gebak is goed houdbaar maar wordt op Madeira meestal binnen 1-2 dagen na het bakken gegeten.

Bolo de Natal

Kerstgebak

Azoren

Voor 12 personen

Ondanks zijn naam wordt dit gebak ook op andere feestdagen dan Kerstmis (zoals verjaardagen en bruiloften) gegeten en dienovereenkomstig gegarneerd. Het is lang houdbaar en hoort zelfs 2-3 weken tevoren gemaakt te worden.

400 g bloem
400 g gekonfijte vruchten en sukade
200 g boter
300 g suiker
4 grote eieren, gesplitst
2 theelepels bakpoeder
3 eetlepels keukenstroop
2 eetlepels port o.i.d.
2 eetlepels cognac o.i.d.
rasp van 1 citroen of sinaasappel
100 g walnoten

Strooi wat bloem over de vruchten om te verhinderen dat ze wegzakken, en houd ze apart. Klop de boter met de suiker en dooiers tot een romige massa en voeg afwisselend beetje bij beetje de bloem vermengd met het bakpoeder, afgewisseld met de stroop, port, cognac en rasp toe. Klop de eiwitten stijf, spatel ze door het mengsel en voeg ten slotte de vruchten en noten toe. Doe het beslag in een grote vorm van 20-23 cm doorsnee en zet het 45-50 minuten in een tot 180 °C (stand 4) voorverwarmde oven of totdat een tandenstoker er weer droog uitkomt. Garneer het als het volledig is afgekoeld, of laat het zoals het is.

Bolo podre

Verrotte koek

Provincie Alentejo

Voor 8 personen

Deze zogenaamde 'verrotte' koek ontleent zijn naam aan zijn donkere en ruwe uiterlijk. Het is van dat smakelijke, eenvoudige gebak dat naar meer smaakt.

3 dl olijfolie
3 dl donkere honing
4 eieren
3 eetlepels cognac o.i.d.
½ koffielepel gemalen kruidnagel
1 eetlepel kaneel
350 g volkorenmeel
1½ theelepel bakpoeder
garneren met: 1 handje hele amandelen

Meng alle ingrediënten (behalve de bloem, bakpoeder en amandelen) en klop totdat een dikke massa ontstaat (een elektrische mixer bespaart veel werk). Voeg beetje bij beetje de bloem en het bakpoeder toe. Klop opnieuw. Laat het beslag tot de volgende dag rusten.

Giet het in een grote, goed beboterde taartvorm van 20-25 cm doorsnee (of in twee kleinere). Garneer het met de amandelen en zet het 45 minuten in een tot 180 °C (stand 4) voorverwarmde oven (een tandenstoker moet er weer schoon uitkomen).

Bolo de mel

Honinggebak

Provincie Ribatejo
Voor 6 personen

Een simpel gebak voor elke gelegenheid. U mag de smaken best variëren; probeer bijvoorbeeld ook eens gemengde specerijen en geraspte sinaasappelschil.

6 eieren, gesplitst
2 eetlepels zachte boter
60 g bruine suiker
4 eetlepels olijfolie
1½ dl donkere honing
2 theelepels kaneel
1 theelepel gemalen anijszaad
mespunt zout
200 g bloem
1 theelepel bakpoeder

Klop de dooiers met de boter en suiker tot een romige massa. Voeg olie, honing, specerijen en zout toe. Roer er beetje bij beetje de bloem en het bakpoeder door. Klop de eiwitten stijf en spatel ze door het mengsel. Giet het beslag in een goed ingevet bakblik van 20 cm doorsnee en zet het ca. 40 minuten in een tot 190 °C (stand 5) voorverwarmde oven of totdat een tandenstoker er schoon weer uitkomt.

Bolo rei
Koningsring

Provincie Estremadura
Voor 10-12 personen

Van begin december tot diep in januari – en steeds vaker ook rond Pasen – is dit gebak bij alle banketbakkerijen en goede kruideniers in enorme hoeveelheden te koop, maar zoals de naam al zegt, hoort het eigenlijk bij Driekoningen (6 januari), een dag die in Portugal tot voor kort een officiële vrije dag was en een wezenlijk onderdeel van de kersttijd is. In het algemeen bevat het een klein cadeautje (een in papier verpakt hartje of uiltje of zoiets) en een gedroogde tuinboon. Wie het stuk met het cadeautje of de boon opeet, merkt dat gauw genoeg. Degene die het cadeautje treft, wordt luid toegejuicht, maar degene met de boon moet het jaar daarna de koningsring kopen.

150 g gemengde noten en zuidvruchten
150 g gemengde gekonfijte vruchten en sukade
6 eetlepels port o.i.d.
30 g verse gist
700 g bloem
3 grote eieren
150 g suiker
150 g boter
1 theelepel zout
geraspte schil van 1 citroen en 1 sinaasappel
1 losgeklopt ei
desgewenst: 1 cadeautje en 1 gedroogde tuinboon

Laat de gedroogde vruchten in de port zwellen. Verkruimel de gist in een beetje warm water en voeg 100 g bloem toe. Meng goed en laat het mengsel op een warme plaats 20 minuten rijzen.

Meng de eieren met de suiker, de zachte boter, het zout en de rasp. Voeg het gistdeeg en beetje bij beetje de rest van de bloem toe. Kneed er een soepel en elastisch deeg van. Werk er de vruchten en de wijn door. Maak er een bal van, bestrooi het met bloem en laat het afgedekt op een warme plaats 5-6 uur rijzen; het volume moet tweemaal zo groot worden.

Bestuif uw handen met bloem en modelleer één grote of twee kleinere ringen. Bestrijk het gebak met losgeklopt ei en garneer de hele bovenkant met gekonfijte vruchtjes en sukade. Zet het 20-25 minuten in een tot 210 °C (stand 7) voorverwarmde oven of totdat het goudbruin is. Bewaar het in een blik of wikkel het in folie om het vochtig te houden.

Luxebrood

Boleima
Eenvoudig gebak

Provincie Alentejo
Voor 8-10 personen

Dit eenvoudige gebak is een soort luxebrood en is het makkelijkste te maken als u al wat brooddeeg bij de hand hebt. Weeg het en voeg volgens de onderstaande verhoudingen de andere ingrediënten toe.

500 g wit brooddeeg
1 theelepel bakpoeder
125 g reuzel
2 eetlepels boter
300 g suiker
3 eieren
2 eetlepels cognac o.i.d.
rasp van 1 citroen of sinaasappel
1 theelepel kaneel, gemengd met 2 eetlepels suiker

Kneed alle ingrediënten (behalve kaneel en suiker) door het brooddeeg. Leg het in een goed beboterd, rechthoekig bakblik van 20 x 30 cm, strooi het kaneel-suikermengsel eroverheen en zet het 20-25 minuten in een tot 190 °C (stand 5) voorverwarmde oven of totdat het goudbruin is.

Folar de Páscoa
Luxe paasbrood

Provincie Estremadura, maar in een vergelijkbare vorm in het hele land gegeten
Voor 8-10 personen

Het luxebrood van de paastijd ziet er mooi uit en is versierd met een of twee eieren, die met een latwerk van deeg zijn vastgezet. Het blijft tot de laatste hap lekker en is door zijn traditionele smaken (anijszaad en kaneel) heel geschikt voor bij de koffie of thee. *Folar* wordt overigens ook buiten de paastijd gegeten.

15 g verse gist
400 g bloem
3 dl melk, warm
50 g suiker
1 groot ei
100 g boter

½ theelepel zout
1 theelepel kaneel
1 theelepel gemalen anijszaad
garneren met: 2 hardgekookte eieren (ongepeld) en 1 losgeklopt ei

Meng in een warme kom de verkruimelde gist met een kwart van de bloem en een derde van de melk. Voeg de helft van de suiker toe, maak er een deeg van en laat het afgedekt op een warme plaats een halfuurtje rijzen. Roer intussen het ei met de rest van de melk en de suiker, het zout en de specerijen los. Voeg beetje bij beetje de bloem toe en bewerk het deeg een paar minuten. Voeg de zachte boter toe en kneed opnieuw. Werk er het gistdeeg door en kneed nu echt goed; het mag niet meer aan de kom kleven. Laat het afgedekt op een warme plaats 3 uur rijzen. Bestuif uw handen met bloem en modelleer een groot of twee kleinere broden (rond of iets ovaal). Steek er de eieren diep in en zet ze met twee kruisende reepjes deeg vast. Bestrijk het deeg met losgeklopt ei en bak het in een tot 210 °C (stand 7) mooi bruin.

Bola de manteiga

Boterbola

Provincie Beira Alta
Voor 8-10 personen

In sommige streken heet het brood *bola*, in andere *folar*, maar steeds is het een luxebrood op basis van brooddeeg, zoals ook het onderstaande recept.

500 g wit brooddeeg
200 g boter, gesmolten, plus 1 eetlepel
200 g suiker
3 eetlepels kaneel

Vet een diep, vierkant bakblik van 20-23 cm in. Verdeel het brooddeeg in vijf min of meer gelijke delen. Rol twee stukken uit en bekleed er de bodem en de zijkanten van het blik mee. Verdeel de boter en suiker in drie gelijke delen. Giet een derde van de boter over de bodem en bestrooi die met een derde van de suiker en 1 eetlepel kaneel. Leg daarop een volgend uitgerold stuk deeg, voorzie het weer van boter, suiker en kaneel. Herhaal dat nog een keer en leg er de laatste lap deeg op. Verdeel de *bola* met een scherp mes in vierkanten maar snijd niet verder dan ongeveer de helft van de dikte. Zet het 25-30 minuten in een tot 210 °C (stand 7) voorverwarmde oven of totdat het goudbruin is. Bestrijk de bovenkant met de laatste eetlepel gesmolten boter. Haal het brood uit het blik zodra u het kunt hanteren, en laat het op een rooster afkoelen.

Jams en geleien

Marmelada branca

Lichte of 'witte' kweeperenpasta

In het Engels heet dit gerecht *quince cheese* omdat u het met een mes kunt snijden. Maar ook een minder goed uitgevallen kweeperenpasta (voor een perfect resultaat is veel zon nodig) is altijd heel dik. U kunt het zo eten of er (zoals de Portugezen doen) brood, koekjes of plakjes kaas mee beleggen.

1¼ kg kweeperen
1 kg suiker

Kweeperenpasta blijft alleen licht van kleur als u het fruit niet laat oxideren. Gebruik daarom geen metalen lepels of messen. Kook ze dan ook ongeschild, maar was ze wel grondig en verwijder het 'bont' dat meestal een deel van de schil bedekt. Giet er zo veel kokend water bij dat ze half onderstaan en keer ze halverwege de kooktijd. Ze zijn in 10-12 minuten gaar (laat ze niet te gaar worden). Laat ze heel goed uitlekken, laat ze even afkoelen en schil ze met uw vingers (niet met een mes). Maak de kweeperen open en haal de pitjes eruit. Pureer het vruchtvlees en werk het door een zeef (bewaar – als u ook gelei wilt maken – alles wat in de zeef achterblijft, plus het kookvocht, de schillen en de pitjes). Het moet een gladde puree zijn; zeef hem zo nodig nogmaals.

Doe intussen de suiker in een grote pan en doe er wat water of kookvocht bij (zo weinig mogelijk, anders duurt het uren voordat de pasta droog is). Kook de suiker en het vocht tot 'slappe bal' (p. 37). De stroop moet zo dik mogelijk zijn maar mag niet te hard worden.

Roer er met een houten lepel het vruchtvlees door; meng goed. Breng het geheel al roerend op laag vuur aan de kook en laat de pasta zo droog mogelijk worden zonder te verbranden. (Bescherm uw handen met een doek of handschoenen tegen spatten.) Hoe langer de pasta kookt, des te groter het gevaar op een roodachtige kleur; doe alles dus tamelijk snel.

Haal de pan van het vuur zodra bij het roeren op de bodem een 'naad' ontstaat. Roer nog even krachtig door en laat het geheel een beetje afkoelen. Giet het in kommen of schalen om op te stijven.

Marmelada wordt traditioneel in de zon gedroogd. Een warm klimaat is dan heel handig. De bakken worden buiten op een beschut plekje gezet en met een net afgedekt zodat de insecten zich er niet tegoed aan doen. De pasta droogt totdat op de bovenkant een korst ontstaat. Dat kan verscheidene dagen duren. De pasta wordt elke ochtend buiten gezet en gaat tegen de avond weer naar binnen. Na 4-5 dagen moet de kweeperenpasta klaar zijn voor opslag op een vochtvrije plaats (een koele voorraadkamer bijvoorbeeld), afgedekt met cellofaan.

Als u niet zo lang op zon kunt rekenen, kunt u de *marmelada* verscheidene uren in een lauwe oven (120-140 °C, stand ¼-½) leggen; gebruik natuurlijk ovenvaste bakken. Ook op die manier ontstaat een korst. De pasta wordt dan alleen nooit zo licht van kleur als de bedoeling is. Gelukkig eet ik liever de roodachtige versie, die ik lekkerder vind hoewel de smaak niet veel verschilt.

Variant: Voor de 'rode' versie (*marmelada vermelha*) neemt u evenveel fruit en suiker als in het basisrecept. In dit geval moet het vruchtvlees zoveel mogelijk oxideren; schuw de metalen messen en lepels dus niet. Schil de kweeperen voor het koken, verdeel ze in parten (bewaar de schillen en klokhuizen voor gelei) en kook ze zoals hierboven gaar. Laat ze uitlekken en volg verder het basisrecept. Kook alle resten van de kweeperen 10-15 minuten in het kookvocht van de *marmelada*. Zeef het vocht; het bevat nu veel pectine voor een geurige gelei.

Geleia de marmelo
Kweeperengelei

Als u *marmelada* maakt, zou het natuurlijk doodzonde zijn om de heerlijke smaak van de schillen en klokhuizen te verspillen. De werkwijze is dezelfde als bij andere vruchtengeleien. Kook het vocht waarin de kweeperen gekookt zijn samen met de achtergehouden schillen en pitjes om er zoveel mogelijk smaak en pectine aan te onttrekken. Zeef het goed en meet het volume. Neem als regel evenveel suiker als vocht. Meng de twee ingrediënten en breng ze aan de kook (schuim het mengsel zo nodig af maar roer niet); 10-12 minuten later is de gelei klaar (test dat door een theelepel gelei op een koud schoteltje te leggen en er met uw vinger op te drukken: als de gelei rimpelt, is hij klaar). Doe de gelei in potten.

Doce de uvas
Druivenjam

Dit is een heerlijk lichte, geleiachtige jam. Hij wordt tegenwoordig minder vaak gemaakt dan vroeger (wat erg jammer is), maar een geliefde tante van mij uit de provincie Ribatejo maakte elk jaar na de druivenoogst potten witte-druivenjam.

1 kg schone druiven
1 kg suiker

Breng de druiven en de suiker aan de kook. Sommige velletjes komen bovendrijven en zijn met een schuimspaan makkelijk te verwijderen. Doe alle druiven in een zeef en pers er met een lepel al het sap en vruchtvlees uit. Doe het gezeefde vocht weer in de pan en laat het pruttelen totdat de jam klaar is – controleer dat zoals in het vorige recept. Het zal zo'n 12-15 minuten duren. Giet de jam in steriele potten.

Doce de chila

Spaghettipompoenjam

Voor dit recept gebruikt u spaghettipompoen, die na koken in draden uiteenvalt; vandaar de naam. Van die draden wordt een jam gemaakt die in heel Portugal populair is en met een lepeltje gegeten wordt of als vulling voor taartjes en gebak dient. Spaghettipompoen heeft een heel eigen textuur die zowel vlezig als knapperig is. De groente lijkt op een lange meloen en is niet altijd makkelijk te krijgen, maar wordt geïmporteerd in landen waar hij niet verbouwd wordt.

500 g gare spaghettipompoen (koop ongeveer het dubbele gewicht)
500 g suiker

Om de jam heel licht van kleur te houden mag u geen mes gebruiken. De klassieke manier is: gooi hem op de grond, raap de stukken op, was ze en verwijder met de hand de pitjes en het gele, weke middendeel. Doe al deze stukken ongeschild in een grote pan met kokend water en kook ze totdat de schil loslaat. Leg ze in koud water. Haal met uw handen de schil van het vruchtvlees en verwijder pitjes die tijdens het koken zijn opgedoken. Doe het vruchtvlees in een kom en trek het met uw vingers tot draadjes. Voeg zo veel water toe dat ze onderstaan, doe er wat zout bij en laat ze tot de volgende dag staan.

Laat de draadjes uitlekken en spoel ze in een zeef onder de koude kraan. Kook intussen een tamelijk dikke stroop van de suiker en 3 dl water. Voeg de draadjes toe en kook er opnieuw een dikke massa van; roer af en toe. Het gerecht ziet eruit als dunne, gare spaghetti die glimmen van de suiker. Giet het in kommen en bewaar ze afgedekt met cellofaan.

U kunt deze jam als gebakvulling verwerken maar er ook een paar eierdooiers doorroeren en het geheel tegen de kook aan brengen. Voeg per 150 g jam 2 dooiers toe en vul er bijvoorbeeld gebakken of gefrituurde flappen mee of verwerk ze in plaats van 'eierdraden' (zie blz. 232).

Delícia do frei João

Lekkers van pater Jan

Klooster van Alcobaça, noorden van de provincie Estremadura

Nonnen waren beroemd om hun inventiviteit op het gebied van zoetigheid en paters om hun wijn, maar dat betekent niet dat die paters geen eigen zoete gerechten konden maken. Nu volgt een jam van allerlei soorten seizoensfruit (Alcobaça heeft dat in overvloed) met walnoten. De jam is een specialiteit van de benedictijnen.

Het klooster werd in 1178 gesticht en tijdens de regering van de eerste Portugese koning ingewijd. Alcobaça werd een belangrijk cultureel centrum en de monniken droegen daaraan veel bij met hun historische boeken, die in de zestiende eeuw op hun eigen persen gedrukt werden. De abt was een machtig man met vele titels, onder andere 'heer van water en wind', wat sloeg op de wind- en watermolens op de uitgestrekte landgoederen van de orde. Een groot deel van de rijkdommen die de monniken in de loop van zeven eeuwen bijeenbrachten (zoals zilver en kostbare boeken) werd helaas door de legers van Napoleon geroofd; het restant werd bij de opheffing van de kloosterorden in 1834 in beslag genomen. Maar Alcobaça's nobele achtergrond is nog steeds duidelijk zichtbaar.

1 kg gemengd rijp fruit (de helft peren, de andere helft ontpitte en geschilde muskaatdruiven, meloen, peer, appel, kweepeer, enz.)
700 g suiker
60 g uitstekende walnoten, grof gestampt

Was en schil het fruit en verwijder de klokhuizen. Snijd het in kleine stukjes. Doe er de suiker bij en kook er in een grote pan een dikke jam van. Roer goed en vaak en zorg dat de jam niet aanbrandt. Voeg de walnoten toe, kook alles nog een minuut door, haal de pan van het vuur en giet de jam in potten.

Doce de abóbora

Pompoenjam

Deze uitmuntende jam is nuttig als taart- en gebakvulling, maar gemengd met geroosterde amandelen of gestampte walnoten ook als nagerecht. Als u er wat eierdooiers doorheen roert en het geheel even laat pruttelen, kunt u het gebruiken als vulling waar *ovos moles* zijn voorgeschreven (zie blz. 160).

500 g gare pompoen
600 g suiker
1 theelepel kaneel

Schil de pompoen, maak hem schoon en kook hem in water met heel weinig zout gaar. Laat hem heel goed uitlekken en druk er een beetje op om ook het water binnenin kwijt te raken. Pureer hem en werk hem door een zeef. Voeg de suiker toe, breng alles aan de kook en laat het al roerend pruttelen totdat de massa dik wordt. Haal de pan van het vuur en roer er de kaneel door. Giet de jam in een glazen kom en bestrooi hem met een beetje kaneel.

Opmerking: Pompoenjam is ook erg lekker met kaas. Neem in dat geval bijvoorbeeld de helft van de suiker en vervang de gemalen kaneel door een kaneelstokje. Of laat de zeef achterwege, zodat de puree minder glad wordt en een andere textuur krijgt. Deze jam is lichter en minder lang houdbaar, maar u kunt hem in de koelkast bewaren en ook invriezen.

Doce de tomate

Tomatenjam

De meeste Portugese huisvrouwen maken deze jam zodra ze veel tomaten over hebben. Deze lekkere jam is dik en donkerrood en heeft een heel eigen smaak.

rijpe tomaten (liefst vlezige)
suiker
citroensap
1 vanille- of kaneelstokje

Ontvel en ontpit de tomaten en snijd ze klein. Laat ze uitlekken. Weeg ze en roer er evenveel suiker door. Kook ze met vanille of kaneel op laag vuur en roer af en toe met een houten lepel. Als een theelepeltje jam op een koud schoteltje op gelei lijkt, is de jam klaar. Voeg op het laatste moment per 1 kg tomaten het sap van ½ citroen toe. Giet de jam in gesteriliseerde potten. Besmeer er beboterd brood mee of gebruik hem als gebakvulling.

Als u een gladdere jam wilt, pureert u de tomaten voordat u de suiker toevoegt, maar ik vind het lekkerder om kleine stukjes tomaat te proeven.

Doce de tomate

Tomatenjam

Deze versie met onrijpe tomaten wordt minder vaak gemaakt dan de vorige, maar blijft handig, zeker als u een onrijpe tomaten over hebt.

1 kg onrijpe, groene tomaten
1 middelgrote citroen
700 g suiker
vanille- of kaneelstokje
1 hele kruidnagel

Was de tomaten en snijd ze in heel dunne plakjes. Snijd ook de citroen in dunne plakjes en doe ze met de suiker en specerijen bij de tomaten. Laat het mengsel 24 uur staan. Verwijder het stokje en laat het gerecht zonder deksel 1½-2 uur pruttelen. Bottel de jam zoals gewoonlijk. U kunt deze jam met een lepeltje eten, op beboterd brood doen of als garnering en vulling voor gebak gebruiken.

Vullingen

Fios de ovos

Eierdraden

Dit is een van de manieren waarop de Portugezen hun hartstocht voor eierdooiers en suiker uitleven. Eierdraden lijken een beetje op bergjes gele noedels en dienen net als *ovos moles* (zie blz. 160) als garneringen van gebak en pudding en als vulling voor amandelgebak uit de Algarve.

De meeste mensen kopen, als ze thuis bijzonders willen klaarmaken, hun eierdraden kant-en-klaar. Ze zijn namelijk nogal bewerkelijk, en beroepskoks hebben een trechter met kleine gaatje om de eierdooiers in dunne draden op de kokende suiker te laten vallen. Wie zo'n trechter niet heeft, moet zich met een gewone behelpen maar dan wordt de operatie hachelijker en is het succes niet verzekerd. Laat u echter niet afschrikken: een dooier die niet mooi gelijkmatig op de stroop valt, blijft eetbaar, hoewel hij er dan niet zo fraai uitziet als echte, pasta-achtige draden.

200 g suiker
krap 1 dl water
1 heel ei plus 4 dooiers, samen losgeklopt

Kook de suiker en water tot 'kleine draad' (zie blz. 37). Zet het vuur lager maar houd de stroop op het kookpunt. Laat de helft van de eieren door de trechter in de stroop vallen; doe dat met draaiende bewegingen, zodat draden ontstaan. Kook ze een paar minuten mee. Haal ze er met een schuimspaan uit en leg ze op een vochtige schaal. Doe een scheutje water bij de stroop om hem niet te hard te laten worden en herhaal de procedure met de rest van de eieren. Scheid de gare draden met twee vorken, zodat ze niet aan elkaar kleven, en verwerk ze dezelfde dag. U kunt de stroop bewaren voor een ander zoet gerecht.

Chantilly in Portugese stijl

Crème chantilly wordt tegenwoordig veel gebruikt om gebak te vullen en allerlei soorten zoetigheden te garneren die in Portugese banketbakkerijen te koop zijn. Goede delicatessenwinkels in Lissabon en andere grote steden verkopen de crème kant-en-klaar, maar vanwege de versheid kunt u haar beter zelf maken.

1½ dl slagroom
1 eiwit, stijfgeslagen
1-2 druppels vanille-essence
30 g poedersuiker, gezeefd

Klop de slagroom stijf (niet te lang, anders wordt hij boter) en spatel er het eiwit door. Voeg vanille toe en zo veel suiker als u lekker vindt. Zet de room tot aan het gebruik in de koelkast; hij is dagenlang houdbaar.

Varianten:
1. U komt heel dicht in de buurt van Portugese crème chantilly als u de helft van de slagroom door goede zure room vervangt. Ga verder te werk zoals hierboven, als u niet veel crème nodig hebt, kunt u het eiwit weglaten.
2. Klop de slagroom stijf en voeg vanille, suiker naar smaak en een eetlepel gewone yoghurt toe. Spatel er desgewenst het eiwit door, maar nodig is dat niet.

Kastanjevulling

100 g poedersuiker
4 druppel vanille-essence
100 g zachte boter
3 eetlepels melk
300 g kastanjepuree (van gezeefde gare kastanjes of uit een blik ongezoete puree)
1½ dl slagroom, stijfgeklopt

Roer een deel van de suiker, de vanille, zachte boter en melk door de puree en klop er met kracht een gladde massa van. Spatel er de slagroom door en proef of het zoet genoeg is.

Deze vulling is geschikt voor taartjes, als glazuur of als vulling van gebak, maar is na een verblijf in de koelkast ook een lekker toetje. Garneer dan met room en/of chocoladehagelslag.

Koffiecrème als vulling

100 g boter op kamertemperatuur
1 eierdooier
1½ eetlepel instantkoffie of heel sterke echte koffie
poedersuiker naar smaak

Klop de boter zacht en roer er de dooier, de koffie en suiker naar smaak door. Klop goed en gebruik deze crème als vulling of glazuur van gebak.

Variant: Voeg ook een handvol stukjes walnoot toe.

Botercrème als vulling

175 g poedersuiker, gezeefd
200 g boter
2 eierdooiers
vanille-essence, citroenschil o.i.d. naar keuze

Roer de suiker grondig door de boter en de dooiers. Voeg de smaakstof toe en klop opnieuw goed. Het moet een romige massa worden. Gebruik deze crème als vulling voor taarten, als glazuur voor groot en klein gebak of tussen twee biscuitjes.

Custard als vulling in Portugese stijl

1 eetlepel maïzena
3 dl melk
100 g suiker
2 grote eieren, gesplitst
smaakstof naar keuze

Roer een papje van de maïzena en een beetje melk. Doe het met de suiker, de dooiers en de smaakstof bij de rest van de melk. Breng het geheel al roerend tegen de kook aan en laat het op heel laag vuur binden. Zet het vuur uit en klop de eiwitten stijf. Spatel ze door de custard. Vul er taarten, pasteibakjes en mille-feuilles mee. Of geef hem als saus voor pudding en gekookt of geconserveerd fruit; laat in dat geval de maïzena weg.

river minho
chaves
valpaços
miranda do douro
braga
trás-os-montes
vinho verde
rios do minho
régua
lamego
douro
porto
river douro
varosa
encostas da nave
castelo rodrigo
pinhel
lafões
viseu
bairrada
dão
coimbra
beiras
covilhã
fundão
estremadura
leiria
alcobaça
river tagus
tomar
encostas d'aire
obidos
santarém
chamusca
portalegre
torres vedras
almeirim
cartaxo
coruche
alenquer
ribatejo
arruda
bucelas
colares
lisbon
borba
carcavelos
palmela
setúbal
redondo
évora
arrábida
reguengos
granja
vidigueira
amareleja
terras do sado
moura
madeira
funchal
alentejo
graciosa
biscoitos
pico
terceira
algarve
lagos
portimão
tavira
faro

NEGEN

Portugese wijn

'Niets vervulde hem met zo veel enthousiasme als de wijn uit Tormes, uitgeschonken uit de groene kruik – een frisse, lichte, geurige wijn met meer ziel en inspirerend vermogen dan menig gedicht of gewijd boek.'
Eça de Queiroz, *A cidade e as serras*

De paleontologen hebben misschien gelijk als ze zeggen dat de wijnstok ouder is dan de mens. Al in de oudste documenten vinden we verwijzingen naar wijn, en de grootste beschavingen uit het verleden blijken verbonden met zowel de verzorging van de wijnstok als met de wijnmakerij. Toen de Feniciërs zich vestigden in wat later Portugal werd, hadden ze waarschijnlijk een grote verscheidenheid aan wijnstokken en andere planten bij zich. We weten niet of die eerste wijnstokken uiteindelijk geleid hebben tot de druiven die er tegenwoordig geteeld worden, maar het is een feit dat Portugal een ongelooflijk grote sortering aan druivenrassen kent en dat sommige rassen elders niet bestaan. Hun merkwaardige namen zijn altijd een bron van vermaak voor buitenlanders, die ze natuurlijk niet kunnen uitspreken. Een paar voorbeelden zijn de trajadura, vionzinho, esgana cão, rabo de ovelha, donzelinho, borrado das moscas, enzovoorts. Het zijn er vele tientallen. De Portugese wijnen zijn dan ook aangeprezen met de slagzin: 'Ontdek de verscheidenheid.' Ze zijn uniek en gevarieerd omdat de Portugese wijnmakers nog altijd uit die verscheidenheid kunnen putten, hoewel ze soms ook buitenlandse rassen als chardonnay en merlot gebruiken. Als die met inheemse rassen gemengd worden, ontstaat echter nog meer verscheidenheid en wordt de lange lijst van wijnen uit Portugal nog langer.

Men zegt dat de kruisvaarders de eerste export van Portugese wijn hebben gestimuleerd. Toen ze langskwamen om de Portugezen te helpen bij hun verdrijving van de moren, waren ze onder de indruk van de kwaliteit van hun wijn, en dat nieuws verspreidde zich snel. Persoonlijke aanbeveling is de beste reclame! Zelfs de Engelse dichter Chaucer (ca. 1340-1400) schreef over Portugese wijnen.

Tijdens de regering van koning Fernando (1367-1383) draaide de export al goed, zij het met horten en stoten. In de vijftiende eeuw – lang voordat de porthandel was geboren – ging veel wijn uit Minho en de streek rond Lissabon naar Engeland.

Vanaf het begin van de zestiende eeuw had Portugal het monopolie op de verkoop van specerijen en andere waardevolle goederen uit Brazilië en de Oriënt. Dat dwong buitenlandse kooplieden naar Lissabon en Oporto te gaan, en zo werden de Portugese wijnen steeds bekender, vooral bij de Engelsen, die hun handelsbetrekkingen met Portugal bijzonder hardnekkig ontwikkelden. Toen de winstgevende specerijenhandel eenmaal in andere dan Portugese handen raakte, gingen Engelse wijnkooplieden zelfs in Lissabon en Oporto wonen om zich helemaal aan de export naar Engeland te kunnen wijden.

Dankzij de nu al meer dan 600 jaar oude commerciële betrekkingen tussen Engeland en Portugal, die nog eens sterk bevorderd werden door het verdrag van Methuen (1730), kreeg de Portugese wijnhandel een stevige basis (ook al gingen de zaken niet altijd naar wens) en kregen de Portugese (port)wijnen een goede reputatie. In het kader van dit boek kan ik daarover niet uitweiden, maar het is de moeite waard iets meer te lezen over Engelands fascinerende banden met Portugal dankzij de wijn.

De huidige wijnindustrie is strikt geregeld. De wijnmakerij is aan veel regels gebonden en de wijnstreken zijn nauwkeurig afgebakend op grond van hun wijnsoorten en druivenrassen. Gezien het enorme aantal kan ik niet alle wijnen noemen die het drinken waard zijn, maar ik zal proberen om een overzicht van de beste te geven.

Op de eerste plaats moet ik zeggen dat er veel meer rode dan witte wijnen zijn en dat de witte wel eens teleurstellen, hoewel er ook schitterende uitzonderingen zijn. Ze moeten meestal jong en natuurlijk koel gedronken worden. Dat geldt zeker voor de *vinho verdes*, die heel verfrissend, pittig, citroenig en meestal tamelijk alcoholarm zijn, zoals *Quinta da Franqueira*, *Loureiro da Aveleda* en *Quinta de Azevedo*. Het druivenras *bical* uit Bairrada is meestal erg goed, zoals bijvoorbeeld *Bela Fonte* en *Galeria Bairrada Bical* bewijzen. Andere goede wijnen zijn *Redoma*, *Segada*, *Portada*, *João Pires*, *Esporão*, *Bucelas*, *Quinta de Alorna Ainto*, *Quinta da Murta* en witte wijnen van de rassen *malvasia*, *fernão pires* en *antão vaz*. Let op de etiketten, want die vermelden het ras.

Jonge rode wijnen zijn meestal goed, maar wijnen met de aanduiding *reserva* kunnen en moeten vaak rijpen. Ook dat staat meestal op het etiket.

Uit de streek Trás-os-Montes komen evenwichtige, fruitige wijnen zoals *Terra Boa*, *Valle Pradinhos* en *Terra Quente*. De Dourostreek biedt uitstekende tafelwijnen die door de porthuizen gemaakt worden, omdat ze maar een bepaald deel van de

Dourodruiven tot port mogen verwerken (ze houden zich strikt aan de jaarlijkse quota). Het zijn wijnen met veel diepte en kleur, fruitige en kruidige aroma's en een complexe intensiteit, zoals *Duas Quintas, Quinta do Crasto, Vinha do Fojo, Tuella, Redoma* en *Quinta da Gaivosa.* De streek Bairrada brengt enkele uitzonderlijke rode wijnen voort, zoals *Luis Pato Bairrada (Vinhas Velhas), Vinha Pan, Casa de Saima* en *Quinta do Ribeirinho.* Uit Beiras komen diverse goede rode wijnen, onder andere van de *baga*, zoals *Bela Fonte* en *Quinta de Foz de Arouce*, die veel diepte en een intense fruitigheid vertonen. De streek *Dão* is een klassieke leverancier van koppige wijnen met een mooi bouquet, bijvoorbeeld *Dom Ferraz Reserva, Quinta da Pellada* (*tinta roriz*), *Quinta da Pellada* (*touriga nacional*) en *Grão Vasco.* De streek Estremadura ten noorden van Lissabon maakt veel moderne, heerlijk fruitige wijnen, zoals *Portada, Quinta das Setencostas, Palha Canas, Quinta de Pancas, Quinta de Parrotes, Quinta da Abrigada* en *Beira Mar Garrafeira.* Een andere grote leverancier is de streek *Ribatejo.* De wijnen smaken er naar rijp fruit en specerijen, zoals *Casa da Alorna, Segada, Quinta da Lagoalva* en *Casacadaval Trincadeira. Terras do Sado* is een kleiner gebied ten zuiden van Lissabon met een goede sortering wijnen, vaak van de periquitadruif, zoals *Periquita, Quinta de Camarate* en *Palmela Aliança.* Een andere belangrijke streek is de enorme *Alentejo*, die vol smakende, soepele en betoverend fruitige wijnen voortbrengt. De keuze is groot: *Sinfonia, Vila Santa, Alandra*, de beroemde *Esporão Reserva, Borba, Convento da Vila Reserva* en andere uitmuntende wijnen zoals *Quinta do Carmo, Chaminé Cortes de Cima, Pegos Claros* en *Cartuxa.*

Hoe drinkt u ze?

De beste combinatie van voedsel en wijn is elders in Europa onderwerp van veel discussie, maar in Portugal veel minder. Bij eten hoort gewoon wijn, punt uit. Er wordt heel weinig wijn gedronken zonder er iets bij te eten. Cafés die alleen drank en niets te eten verkopen, zijn in Portugal onbekend. Wijn vult het voedsel aan en bij een maaltijd hoort een glas wijn te worden gedronken. Maar welke? Koele witte wijn is in het algemeen geschikt bij vis en schaal- en schelpdieren en zelfs wit vlees. Bepaalde vissoorten zijn echter ook lekker met rode wijn, vooral bij lichte rode. Dat geldt bijvoorbeeld voor gegrilde sardines, tonijn en andere zware soorten, maar ook voor bacalhau, die vanwege zijn textuur als licht vlees geldt (in ieder geval wat de wijn betreft). Lichte rode wijnen zijn ideaal bij licht vlees, koude, gerookte vleeswaren (gerookte ham, mortadela, enzovoorts), gevogelte en wild (mits niet te sterk van smaak). Volle rode wijnen zijn geschikt voor gebraden vlees, rood vlees en sterk smakend wild. Rode wijnen worden ook bij kaas geschonken, en hoe zwaar de wijn dan is, hangt van de pittigheid van de kaas af. Uw persoonlijke voorkeur is echter altijd de beste richtlijn.

Opmerking: Koele, witte wijnen zijn meestal heel geschikt als aperitief en bij hartige hapjes.

Enkele staaltjes volkswijsheid over wijn:

'Kop op, buik – er komt wijn aan.'

'Beter dronken dan verkouden worden.'

'Oude mensen die soep eten met wijn, worden weer jong.'

Maar ook waarschuwende woorden:

'Mijd slechte buren en een overmaat aan wijn.'

'In het glas verdrinken meer mannen dan op zee.'

'Als de wijn is in de man, is de wijsheid in de kan.'

Mousserende wijnen

De Bairrada-streek produceert redelijk goede mousserende wijnen met de *méthode champenoise.* Ze kunnen wit, rosé en zelfs rood zijn en variëren van droog tot zoet. Enkele producenten zijn *São Jão dos Cavaleiros, Raposeira* en *Caves da Primavera.*

Port, madera en andere versterkte wijnen

Versterkte wijnen heten in het Portugees *licorosos* of *generosos* en met hun volle smaak, diepte en geur zijn ze inderdaad 'genereus'. Het land is met een grote verscheidenheid aan zulke wijnen gezegend en ze zijn onlosmakelijk met Portugal verbonden. De allerbelangrijkste is natuurlijk port, 'de beste ambassadeur van Portugal'. Deze wijn is ongeveer drie eeuwen oud en de druiven groeien langs de Douro. Die streek werd in 1756 door de markies van Pombal afgebakend en was daarmee het eerste wijngebied ter wereld met een *appellation.*

> 'Een wijn van negentig jaar oud...' 'Mijn grootvader heeft hem geërfd...' 'We noemen hem senatorenport en kunnen dat van geen enkele andere wijn zeggen. Port is diep als de diepzee. Hij is diep in zijn smaak en overtreft alle andere. In zijn conceptie is hij organisch als een klassieke tragedie...' 'Port is ons nobelste erfgoed...' 'Ik zal zeggen dat dit ene glas voorvaderlijke wijn me verzoent met het feit dat ik niet negentig jaar geleden of in een andere periode dan het heden geleefd heb.'
>
> George Meredith, *The Egoist* (1879)

Deze citaten onderstrepen dat port vroeger bij uitstek een drank voor Engelsen was, maar een *vintage port* is er – zij het op kleinere schaal dan voorheen – nog steeds waardevol familiebezit dat hoogstens tijdens bijzondere veilingen in Londen (de grootste portmarkt ter wereld) van de hand wordt gedaan. Port is aan strikte regels onderworpen om vervalsing en overproductie tegen te gaan, en van alle druiven in de Dourostreek mag hoogstens de helft (soms minder) voor de portproductie gebruikt worden, hoewel elke wijnstok maar ca. 1 kilo druiven oplevert. De hele operatie – van de buitengewoon moeilijke aanplant op stenige berghellingen en terrassen tot de oogst en de portproductie zelf – is een jaarlijks epos over dappere mensen die dat land durven te temmen. Er zijn bijna veertig druivenrassen aangeplant en geschikt voor port, maar verreweg de belangrijkste daarvan zijn de volgende vijf: *touriga nacional, touriga francesa, tinta roriz, tinta barroca* en *tinta cão.*

Er zijn allerlei soorten port. *Witte* port kan zoet of droog zijn en moet koel gedronken worden, soms met een stukje citroenschil. Hij is ook ideaal als aperitief met bijvoorbeeld olijven of zoute amandelen. *Ruby* is een mengsel van portwijnen die drie jaar op hout gerijpt zijn. Het is een jonge, kruidige wijn met een mooie robijnkleur. Lekker bij kaas.

Vervolgens de *vintage character*, een mengwijn van vier jaar oude portwijnen die steeds beter wordt als u hem op fles laat rijpen. Hij heeft een afgerondere smaak dan de vorige en is uitstekend bij patés en ander geconserveerd vlees.

Ook de *tawny* is een mengwijn, die langer op hout is gebleven en een lichtere maar toch rijke kleur en een heerlijke soepelheid heeft gekregen. Als hij gebotteld wordt, is hij al volledig op dronk, en iets gekoeld is hij voor of na de maaltijd (of wanneer dan ook) heel lekker. *Colheita* is port van één enkele oogst. Het is een tawny van hoge kwaliteit die minimaal zeven jaar op hout blijft, heel soepel en vol is en uitstekend smaakt bij zuidvruchten en noten. Ook de *late bottled vintage* of LBV komt van één oogst en heeft vijf tot zes jaar op hout gerijpt. Deze diepe en complexe wijn wordt beter als u hem in de fles bewaart en moet misschien gedecanteerd worden. Een *single quinta vintage* komt van één landgoed en één oogst en wordt als een vintage behandeld: na twee tot drie jaar op hout rijpt hij verder op fles. Net als een vintage bereikt hij pas minstens tien jaar na botteling zijn volledige potentieel. Hij moet gedecanteerd worden. *Vintage* is port van één oogst en wordt alleen gemaakt als de kwaliteit daartoe aanleiding geeft. Hij blijft twee tot drie jaar op hout, wordt dan gebotteld en rijpt dan praktisch eeuwig verder. Mettertijd krijgt hij een steeds lichtere amberkleur en wordt hij heerlijk complex. Laat hem minstens tien jaar op fles, maar na twintig jaar of nog langer is hij misschien nog beter. Hij moet gedecanteerd worden. Heerlijk om zo te drinken of met walnoten en kaas.

De grote keuze aan portwijnen leidt misschien bij de aankoop tot verwarring. Daarom geef ik hier een lijst van enkele vooraanstaande producenten: *Burmester, Cálem, Cockburn, Delaforce/Croft, Dow, Feist, Ferreira, Fonseca, Graham, Kopke, Niepoort, Offley, Osborne, Poças, Quinta de la Rosa, Quinta do Crasto, Quinta do Noval, Quinta do Vesúvio, Ramos Pinto, Rozés, Taylor, Warre...* Het zijn er nog veel meer, maar ik kan ze niet allemaal noemen.

De andere belangrijke versterkte wijn is de wereldberoemde madera van het bijna gelijknamige eiland Madeira. De wijn wordt sinds de zeventiende eeuw gemaakt maar de eerste wijnstokken werden er geplant op bevel van prins Hendrik de

Zeevaarder zelf, zodra het eiland ontdekt en de grond ontgonnen was, niet alleen voor de teelt van druiven maar ook voor die van suikerriet, tropisch fruit, bloemen en tal van andere gewassen. Net als aan de Douro is de grond er moeilijk te temmen en moesten voor de wijnstokken terrassen worden aangelegd. Grond voor wijngaarden is moeilijk te krijgen en tegenwoordig herziet het eiland zijn beleid op dit gebied. De productie van madera is uniek: de druiven fermenteren op een beheerste manier en de wijn wordt in speciale vaten verhit. Daardoor en door de manier van rijpen ontstaat een wijn met heel veel geuren en een donkere amberkleur. De belangrijkste druivenrassen zijn de *verdelho*, *sercial*, *boal*, *malvasia*, *terrantez*, *moscatel* en de bijzonder productieve en meegaande negra mole. Ook sommige andere rassen zijn toegestaan.

Madera kent vier stijlen. De droge *sercial* is licht van kleur en heeft een goed evenwicht tussen de zuurgraad en zijn notensmaak. Hij wordt koud als aperitief geschonken, met of zonder een hapje erbij. Oude sercial krijgt een diepere kleur en geur en is bij veel drinkers favoriet. *Verdelho* is halfdroog, iets donkerder van kleur dan de vorige en bij veel maderaliefhebbers in trek. De wijn is soepeler en voller van smaak dan de droge versie en ook bijzonder geschikt als aperitief, maar koel hem niet. In het algemeen is dit de wijn die bedoeld wordt als recepten madera voorschrijven. De volgende stijl is de halfzoete *boal*. Veel mensen vinden deze soort de lekkerste. Hij heeft een rijke en volle smaak en is mooi afgerond en geurig – ideaal voor een gezellige avond met vrienden. De vierde stijl is de zoete *malvasia*, die fluweelzacht, bijzonder geurig en uitgesproken fruitig is. Hij past uitstekend bij gebak, vooral bij het honinggebak van Madeira. Dankzij hun speciale rijpingsproces zijn al deze wijnen heel flexibel en tot lang na de opening van de fles houdbaar.

Wat voor port geldt, geldt ook hier: de meeste vleesgerechten, sauzen, fruitsalades en andere nagerechten worden lekkerder met een scheutje madera. De wijn smaakt ook uitstekend bij fijne soorten vlees. De Britten zijn van begin af aan bij de productie van madera betrokken geweest (net als bij die van port) en beheersen de handel nog steeds. Maar het eiland is klein en er zijn niet veel producenten. De bekendste zijn *Blandy's*, *Oliveira's*, de grote *Henriques & Henriques*, *Barbeito*, *Borges* en tegenwoordig de in Oporto gevestigde familie *Symington*.

De *moscatel* uit de DOC-streek op het schiereiland van Setúbal ten zuiden van Lissabon is een uitstekende versterkte wijn die in Portugal heel populair is maar in het buitenland helaas nog niet. De wijn wordt gemaakt van de gelijknamige druif en heeft een mooie amberkleur, een uitzonderlijke geur en een mondvullende rozijnensmaak. De allerbeste is de buitengewoon elegante, *20 jaar oude Alambre* van *José Maria da Fonseca*.

Portugal kent nog een paar versterkte wijnen, die in kleine hoeveelheden gemaakt worden en niet zelden in de keel van de makers verdwijnen. Eén soort moet ik echter nog noemen: de *vinho abafado licoroso*. Een voorbeeld dat de hoogste lof verdient, is de heerlijke *Quinta da Alorna*, die niet van de moscatel is gemaakt (zoals men makkelijk denkt) maar van de *fernão pires*. De wijn rijpt heel lang op vat en heeft een vol bouquet van rozijnen met een bijbehorende smaak. Hij is op elk moment van de dag lekker, ook voor en na de maaltijd.

Ook op de Azoren wordt op kleine schaal wijn gemaakt. De inwoners houden hartstochtelijk van hun *vinho de cheiro* ('geurige wijn'), die inderdaad naar rijpe aardbeien smaakt en ruikt, bij de maaltijden gedronken wordt en ook veel in de keuken wordt gebruikt. Serieuzere wijnen zijn de witte *Terras de Lava* en de rode *Basalto*, maar de ster van deze archipelwijnen is de versterkte *verdelho lajido* van het eiland *Pico*, de rechtstreekse afstammeling van de verdelho's waarop de Russische tsaren verzot waren en die ook in de rest van Europa en in Amerika populariteit genoten. Het is een droge wijn met een lichte amberkleur, een sterke geur en complexe boventonen, die op elk moment (maar vooral als aperitief) lekker is. De wijn is jarenlang verwaarloosd maar krijgt nieuw leven ingeblazen. De *verdelho* uit *Biscoitos* is even uitmuntend.

Vinho quente

Warme wijn

Provincies Minho en Douro

'Ik heb mijn taak al gekozen,' zei het raadslid, dat een lepel uit Christina's handen trok. Ze was bezig met de warme wijn – de nationale punch die alleen op straffe van een ramp bij deze bijzondere maaltijd mocht ontbreken.'
Júlio Diniz, *A morgadinha dos canaviais*

1 liter water
3 dl madera
3 dl lichte rode wijn
6 eieren
200 g suiker
3 dl port

Breng het water in een grote pan aan de kook. Voeg de madera en lichte rode wijn toe en breng alles weer tegen de kook aan. Roer in een andere pan de eieren en suiker krachtig dooreen. Doe er wat hete wijn bij, roer opnieuw en giet het mengsel bij de hete wijn. Verhit het geheel al roerend maar zet het vuur uit zodra het tegen de kook aan is. Doe er de port bij en roer heel goed. Voeg desgewenst nog wat suiker toe. Zeef de wijn en laat hem tot vlak voor het opdienen staan.

Warm de wijn in een bain-marie op: zet de pan in een grotere pan met wat kokend water op laag vuur en laat de punch heet genoeg worden. De bain-marie is nodig om te verhinderen dat de eieren schiften, maar roer tijdens het opwarmen af en toe. Giet de drank met een soeplepel in kommen. Sommige mensen dopen er graag stukjes brood in.

Geef deze warme wijn na de nachtmis als afsluiting van het diner van de avond voor Kerstmis.

Porto quente

Warme port

Oporto en omstreken

Deze heerlijke drank bevat alleen port en cognac, en dat is te begrijpen, want hij is niet alleen voor het diner op de avond voor Kerstmis bedoeld maar ook voor Oudjaar. Als het buiten koud is, geeft dit drankje elke mismoedige ziel nieuwe kracht.

5 dl goede, zoete port
1 eetlepel bruine suiker of goede honing
3 eetlepels pitloze rozijnen of sultana's
1 kaneelstokje
2 eetlepels cognac

Meng de ingrediënten in een pan en laat ze een halfuur staan. Breng het geheel aan de kook, laat het 2 minuten pruttelen en schep het met een soeplepel in kommen.

Port is ook in tal van gerechten te verwerken. Het bedrijf Ramos Pinto bezit een oud, eigen receptenboek dat een kleine schatkamer is. Het adviseert de toevoeging van een klein glas port aan bijna alle vleesgerechten en natuurlijk aan fruitsalades. Snijd bijvoorbeeld een meloen doormidden, verwijder de pitjes, bestrooi de helften met suiker en giet er wat port in. Zet ze een paar uur in de koelkast, zodat de geur zich kan ontwikkelen, en dien ze koud op. Ramos Pinto verwerkt ook port in crème brûlée, gebak en puddingen. Hier volgt het recept voor portflip.

1 eierdooier
2 theelepels suiker
2-3 eetlepels port

Meng alle ingrediënten in een kom en drink het mengsel op. Verrukkelijk!

Likeur en sterke drank

Omdat alcoholische dranken in Portugal zo'n belangrijke aanvulling op de maaltijden zijn, is het gebruik om een bijzondere maaltijd met een kop koffie en een drankje te besluiten. De dames krijgen misschien een likeurtje voorgezet, maar de heren grijpen hetzij naar *bagaceira* (zoiets als eau-de-vie) of een goede, lang gerijpte *aguardente* (brandewijn). Er zijn heel veel *aguardentes* met een heerlijke geur en een mooie amberkleur. Twee van de beste zijn *Aguardente Velha Reserva* (oogst 1964) van *José Maria da Fonseca* en *Adega Velha* van *Avellada*. De meeste Portugese huisvrouwen maken hun eigen likeur volgens recepten die van moeder op dochter zijn overgeleverd. In Portugal is alcohol als basis voor deze dranken heel makkelijk te krijgen: u koopt *bagaceira* of *aguardente* of haalt *pure alcohol* bij de drogist. Pure alcohol heeft van zichzelf geen smaak en dat is ideaal voor een likeur. Bovendien is hij voor 96 procent zuiver, zodat u hem sterk kunt verdunnen, bijvoorbeeld tot een percentage van 25-40. Als u een paar van de nu volgende recepten wilt proberen maar geen alcohol, *aguardente* of *bagaceira* kunt krijgen, neem er dan wodka of cognac voor. Als een recept klaring voorschrijft, is dat meestal niet voor niets, maar als de ingrediënten de drank niet troebel maken, is het niet nodig.

Klaren gaat als volgt. Laat de ingrediënten de voorgeschreven tijd macereren en giet een eiwit en een verpulverde eierschaal in de fles. Schud hard en laat de fles 2-3 dagen staan. Er ligt dan veel bezinksel op de bodem. Giet het vocht zo voorzichtig mogelijk door een papieren filter en laat het opnieuw 1-2 dagen staan. Misschien moet u het opnieuw filteren, maar u krijgt dan een prachtig heldere likeur, klaar voor botteling in een goed sluitende karaf of een mooie fles met een goede kurk.

Ginjinha of Ginja em aguardente

Kersenlikeur

Ginjinha wordt in Portugal veel zelfgemaakt maar komt ook uit de fabriek en is in elk café en restaurant te krijgen. *Ginjinha* is de populaire aanduiding voor ginja em aguardente – Portugezen zijn dol op verkleinwoorden voor dingen waarvan ze houden of die bijzonder heerlijk of huiselijk zijn. *Ginjinha* is misschien wel de allertraditioneelste Portugese likeur en komt zelfs in populaire liedjes voor. Als u morellen kunt krijgen, kunt u de drank ook buiten Portugal probleemloos maken (vervang de *aguardente* desnoods door cognac; zie hierboven).

500 g gave morellen
200 g suiker
desgewenst: 1 kruidnagel
desgewenst: 1 kaneelstokje
ca. 5 dl aguardente of cognac
(de kersen moeten onderstaan)

Was de kersen, dep ze droog, verwijder de steeltjes maar ontpit ze niet. Doe ze in een likeurfles met een brede hals en voeg de suiker, desgewenst de specerijen en de alcohol toe. Sluit de fles heel goed af, zodat er geen lucht bij kan. Zet hem op een donkere plaats en schud hem de eerste week elke dag. Laat hem dan minstens drie maanden staan, maar de drank is na bijna een jaar nog veel lekkerder. Leg in elk glaasje ginjinha een paar kersen.

Licor de leite

Melklikeur

Dit is een dikke, kruidige likeur met een volle smaak. Er bestaan twee versies van.

1 middelgrote citroen, gewassen, ongeschild en in dunne plakjes
6 dl aguardente of cognac
6 dl koude melk
450 g suiker
1 kruidnagel
¼ vanillestokje, in kleine stukjes
1 eetlepel gemalen amandelen

Verwijder alle pitjes uit de plakjes citroen maar vang bij het snijden al het sap op. Doe alle ingrediënten in een pot met brede hals en sluit hem hermetisch af. Laat het mengsel 8 weken staan; schud de pot tweemaal per week. Klaar en filter de likeur (zie blz. 245), giet hem in een fles en sluit hem met een kurk goed af.

6 dl koude melk
6 dl aguardente of cognac
300 g suiker
1 vanillestokje, in kleine stukjes
1 hele muskaatnoot
1 citroen, in partjes

Ga te werk zoals hierboven. Na 6-8 weken is de likeur klaar om te filteren en te bottelen.

Licor de cacau

Cacaolikeur

Ook dit is een likeur die veel Portugese huisvrouwen maken.

300 g suiker
3 dl water
½ vanillestokje, in stukjes
3 dl pure alcohol, aguardente of cognac
100 g pure cacao

Doe suiker, water en vanille in een pan en kook alles een minuutje. Doe er nog warm de alcohol en cacao bij. Roer goed, doe het in een pot en laat het twee weken staan voordat u het klaart (zie blz. 245), filtert en bottelt.

Licor de erva-doce

Anijslikeur

Ik ben dol op deze geurige likeur, en mijn moeder was erin gespecialiseerd. Net als de meeste andere likeuren wordt hij mettertijd steeds lekkerder, en mits goed gemaakt doet hij zeker niet voor een fabriekslikeur onder.

3 dl zuivere alcohol, aguardente of cognac
15 g anijszaad, fijngewreven
3 dl water
350 g suiker

Doe de alcohol en het anijszaad in een pot, sluit hem goed af en laat hem 3 dagen staan zodat de alcohol alle smaak van de anijs kan overnemen. Kook dan een ietwat dikke stroop van water en suiker (2-3 minuten op laag vuur). Laat de stroop bijna afkoelen, giet hem in de pot, meng alles goed en laat het 3-4 weken staan – schud alleen de eerste 3-4 dagen aan de fles – alvorens het te klaren, te filteren en te bottelen.

Licor de café

Koffielikeur

Ook dit een populaire likeur, zeker in traditionelere gezinnen.

5 dl aguardente of cognac
2 eetlepels heel geurige, vers gemalen koffie (geen instant!)
500 g suiker
1¼ dl water

Doe de alcohol in een pot en roer er de koffie door, die vlak daarvoor gemalen moet zijn. Laat de pot 2 weken staan en schud hem 3 keer per week. Breng suiker en water aan de kook en laat ze een minuutje pruttelen. Laat de stroop afkoelen en giet hem in de pot. Schud krachtig. Laat de likeur weer 2-3 dagen staan alvorens hem te klaren (blz. 245), te filteren en te bottelen.

Variant: Dit is een wat minder sterke versie.

5 dl water
3 eetlepels koffie, vers gemalen
200 g suiker
3 dl aguardente of cognac

Breng de helft van het water aan de kook en doe er de koffie bij. Breng de rest van het water met de suiker aan de kook en laat alles 3-4 minuten pruttelen. Laat het afkoelen. Giet het bij de koffie, roer en doe het met de alcohol in een pot. Laat hem goed afgesloten 3-4 weken staan en schud hem in de eerste week 3-4 keer, alvorens de likeur te klaren, te filteren en te bottelen.

Licor de tangerina

Mandarijnlikeur

Deze heerlijk geurige likeur is een uitstekend ingrediënt van gebak, pudding en fruitsalades, en bevordert de spijsvertering. Hij is dus heel geschikt voor na de maaltijd.

schil van 6 middelgrote mandarijnen of clementines
6 dl pure alcohol, aguardente, bagaceira of cognac
sap van 3 van de vruchten (gezeefd)
700 g suiker
7½ dl water

Laat de schillen 3 weken trekken in de alcohol en het sap. Breng de suiker en het water aan de kook, laat de stroop 2-3 minuten pruttelen en laat hem afkoelen. Roer hem goed door het alcoholmengsel en laat het 2-3 dagen staan alvorens het te filteren en te bottelen.

VEGETARISCHE RECEPTEN

Soep

Broodgerechten

Sauzen

Andere gerechten

Tuinbonen met gele saus/Favas com molho amarelo (blz. 152)
Tuinbonen met olijfolie/Favas com azeite (blz. 153)
Alle zoete gerechten (blz. 155-235), behalve Pudding van de priester van Priscos/Pudim do abade de Priscos, Zoete droge soep/Sopa seca doce en Blancmanger/Manjar branco

De nu volgende gerechten zijn met de aangegeven ingrepen voor vegetariërs geschikt:

Soepen

Groene soep/Caldo verde en varianten (blz. 40) – laat de chouriço weg
Tuinbonensoep/Sopa de favas (blz. 54) – laat de ham weg
Erwtensoep/Sopa de puré de ervilhas (blz. 54) – laat de ham weg

Broodgerechten

Migas in de stijl van Beira Baixa/Migas à Beira Baixa (blz. 67) – laat het varkensvlees weg

Andere gerechten

Gestoofde bonen in Portugese stijl/Feijoada à portuguesa (blz. 111) – laat het varkensvlees weg
Doperwten met gerookte worst/paio com ervilhas (blz. 125) – laat het vlees weg
Gestoofde wilde paddestoelen/Cogumelos guisados (blz. 149) – laat het spek weg
Tuinbonen op de wijze van Lissabon/Favas à moda de Lisboa (blz. 151) – laat het varkensvlees weg

DANKWOORD

Dank ben ik allereerst verschuldigd aan uitgeverij Grub Street, die mijn boek – de derde en vierde druk – in zijn fonds wilde opnemen. Verder dank ik dr. António Silva, dr. Mário Azevedo Ferreira, Luís Avides, Ruy Oliveira e Silva, José Aragão en Sue Glasgow van de ICEP (de Portugese dienst voor handel en toerisme), de IVP (het portinstituut) en ook ICEP-functionarissen in Portugal, zoals de heer Francisco Marão Correia, die me in staat hebben gesteld een aantal Portugese streken te bezoeken om mijn kennis te actualiseren. Ook Hotel Altis in Lissabon (via Sofia Nobre) ben ik dankbaar, en dat geldt eveneens voor allerlei andere vriendelijke mensen die me nu en in het verleden behulpzaam zijn geweest, zoals (vooral) Maria Antónia de Vasconcelos, de hoofdredactrice van Reader's Digest in Portugal, mijn uitgevers Maria Rolim Ramos (van Colares Editora) en Francisco Espadinha (van Editorial Presença), Eugenio Lisboa, ambassadeur João Hall-Themido, prof. Luís de Sousa Rebelo, Maria Adosinda Torgal Ferreira en vele anderen, onder wie mijn kinderen Diana en Paul en wijlen mijn moeder.

Ik mag echter niet vergeten dat dit boek zonder mijn eerste uitgever nooit tot stand zou zijn gekomen. Martin Kendall, een van de directeuren van Hale Publishers, was de eerste die inzag dat een boek over de Portugese gastronomie (waarvan hij een groot liefhebber is) hoognodig was. Er was wat tijd en enig onorthodox denken voor nodig, maar uiteindelijk vond hij mij als auteur, en het boek verscheen in 1988. Zo is het allemaal begonnen. Ik grijp hierbij de kans aan om zowel mijn eerste als mijn laatste uitgever te danken, en natuurlijk ook iedereen die vertrouwen in me had.

REGISTER

E

F

G

Q

R

S

T

V

W

Z